AI 기반 융합교육의
이론과 실천

AI 기반 융합교육의 이론과 실천

박휴용 · 신인수 · 임선아 · 임다미 · 문정미 공저

dm 동문사

머리말

이 책은 AI의 일상화와 융합지식의 시대를 맞이하여 학교교육에서의 교수학습의 양상이 어떻게 변하게 될 것인지에 대한 이론적 관점 및 실천적 전략을 제시하고 있다. 이 책에서는 AI 기술들이 어떻게 학교교육의 다양한 상황 속에 적용될 수 있으며, 그로 인해 교수학습이 어떻게 변하게 될 것인지에 대해 미래 지향적인 학교교육의 차원에서 논의하고 있다.

1장에서는 인공지능 기술이 학교교육에 어떻게 적용될 수 있는지, 그리고 이것이 교사와 학생 모두에게 어떤 의미가 있는지에 대해 논의한다. 인공지능의 기본 원리를 바탕으로 교육 분야에서의 구체적인 활용 사례를 소개하며, 교사들이 이러한 기술을 어떻게 교실에 효과적으로 도입할 수 있는지에 대한 실질적인 전략을 제공한다. 이처럼 인공지능의 기본 원리와 교육 분야에서의 응용 가능성을 탐색함으로써, 독자들은 이 새로운 시대에 교육자로서 어떻게 준비해야 하는지에 대한 통찰을 얻을 수 있다.

2장은 융합지식과 인공지능 기반 학습의 원리에 초점을 맞추며, 학생들이 다양한 학문 간의 연결고리를 이해하고 창의적으로 문제를 해결할 수 있도록 돕는 방법을 탐구한다. 또한 융합지식과 인공지능 기반 학습의 원리를 깊이 있게 다룸으로써, 학생들이 다양한 학문 분야를 통합하고 창의적으로 문제를 해결하는 능력을 어떻게 향상시킬 수 있는지를 논의한다.

3장에서는 디지털 기반 학습환경에서 학생들의 심리적 요인들이 학습에 어떤 영향을 미칠 수 있는지를 논의한다. 즉, 디지털 기술이 학습자의 동기부여, 참여, 그리고 성취감에 어떻게 영향을 미치는지를 살펴보고, 이러한 환경이 학생들의 학습 방식에 어떤 변화를 가져오는지, 그리고 교육자들이 이러한 변화를 어떻게 긍정적으로 활용할 수 있는지에 대해 탐구한다.

4장에서는 컴퓨팅 사고력을 함양하기 위한 융합수업 설계의 이론과 실천을 탐구한다. 이 장은 교사들이 학생들에게 컴퓨팅 사고력을 가르칠 수 있는 혁신적인 방법과 전략을 제공함으로써, 학생들에게 컴퓨팅 사고력을 어떻게 효과적으로 가르칠 수 있는지, 이를 위한 교육적 전략과 실천 방안이 무엇인지를 소개한다.

5장은 생성형 인공지능을 활용한 교수학습법에 대해 다룬다. 생성형 인공지능은 다양한 방식으로 교수학습에 활용될 수 있는데, 이러한 생성형 인공지능의 개별화를 통해 학생들의 학습 경험과 환경을 풍부하게 만들고, 학생들의 창의적 사고를 자극하는 방법을 제시한다. 이로서 교사들이 생성형 인공지능을 구체적으로 활용하여 교육현장의 인공지능 활용 가능성을 높이는 데 도움을 줄 수 있다.

마지막으로, 6장에서는 학업성취도 예측을 위해 통계적 분석과 머신러닝의 활용이 어떻게 차별적으로 활용될 수 있는지를 탐구한다. 이로써 교육 분야에서 데이터 과학과 머신러닝의 활용성을 이해할 수 있으며, 실제적으로 학생들의 학업성취도 확인과 관련하여 교육평가 차원에서 많은 통찰력을 얻을 수 있을 것이다.

이 책은 한국연구재단 SSK(Social Science Korea) 연구지원사업의 하나인 '디지털 기반 교수학습 연구단'(연구책임자 박휴용)의 연구진들이 AI 기반 융합교육의 이론 및 실천과 관련하여 자신의 전공 연구 주제를 기반으로 저술한 것이다. 이 책에는 각 대학에서 인공지능 융합교육 차원에서 현장 연구와 교육을 선도하고 있는 저자들의 전문성과 통찰력이 본 저서에 잘 녹아 있으므로, AI 기반 융합교육에 대한 이론적 이해를 넓히고, 구체적 실천 전략을 탐색하기 위한 교육전문가들에게 많은 도움이 될 것이다.

2024년 3월

대표 저자 박휴용

차례

차례

Chapter

01

인공지능과 학교교육

임다미

인공지능의 교육적 활용은 학교교육에 많은 변화를 가져올 것이다. 이 장에서는 인공지능과 교육 관련 정책 동향을 살펴보고, 인공지능 교육을 위한 교사의 역량과 인공지능 교육이 교수학습에 미치는 영향 및 활용 방안, 인공지능의 교육적 활용과 관련된 윤리적 고려 사항 등에 대해 종합적으로 검토하여, 인공지능과 학교교육에 대한 이해를 돕고자 한다.

1. 인공지능과 교육 관련 정책 동향

인공지능이 미래를 선도할 핵심 기술로 각광받으면서 사회 각 분야에서 인공지능의 활용이 확대되고, 인공지능을 활용할 수 있는 역량을 갖춘 인재양성 방안이 정부 차원에서 발표되었다. 2022년 8월 관계부처합동 보도자료에 따르면, 정부는 디지털 시대에 주인공이 될 100만 디지털 인재양성, 디지털 교육 체제로의 대전환의 정책 추진 방향을 실현하기 위한 추진 과제들을 구체적으로 제시하였다.

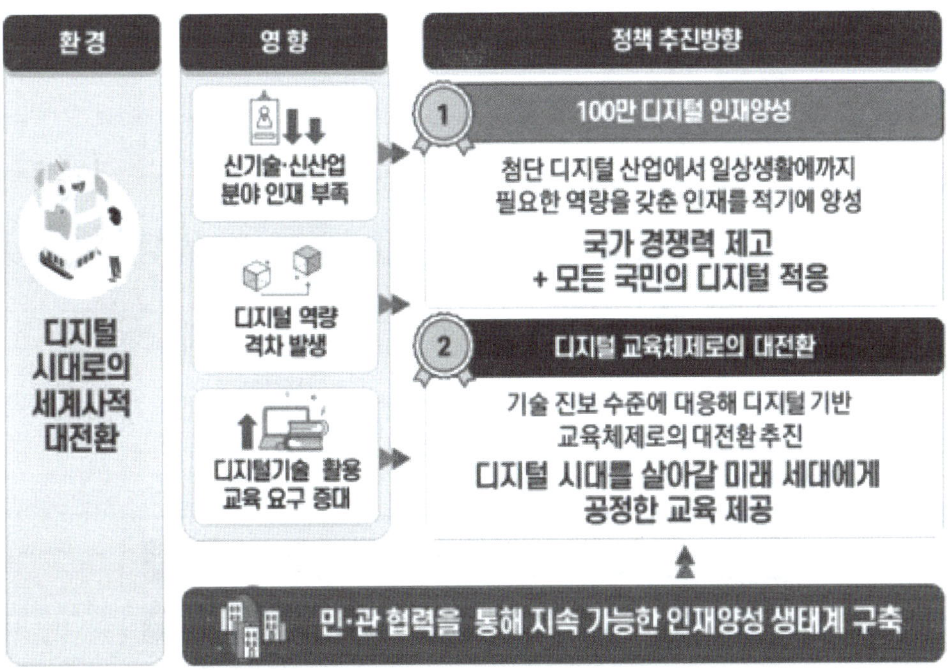

그림 1-1 디지털 인재양성 종합방안 정책방안 정책방향

출처: 관계부처합동(2022)

디지털 인재양성 종합방안 중 디지털 교육체제로의 대전환을 위한 추진과제를 살펴보면 교원의 디지털 전문성 향상, AI, 에듀테크를 활용한 교육 혁명, 디지털 혁신 지원 교육환경 구축, 교육데이터 표준화 및 활용 촉진으로 구성되어 있다.

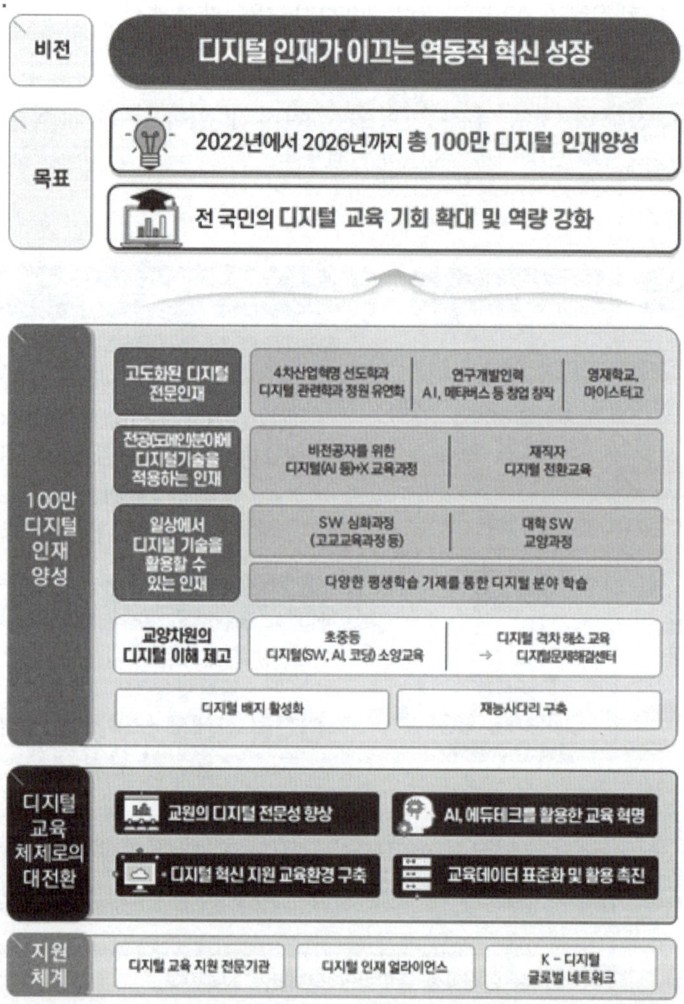

그림 1-2 디지털 인재양성 종합방안 추진과제

출처: 관계부처합동(2022)

디지털 교육체제로의 대전환을 위한 세부 과제로, 첫째, 모든 교원의 디지털 전문성 향상을 위한 교원 재교육, 교원양성기관 혁신, AIEDAP 구축, 둘째, AI, 에듀테크를 활용한 교육혁명을 위한 유·초·중등교육과 고등교육에서의 지원, 셋째, 디지털혁신을 지원하는 교육환경 조성, 넷째, 지원 체계 구축을 제안하였다.

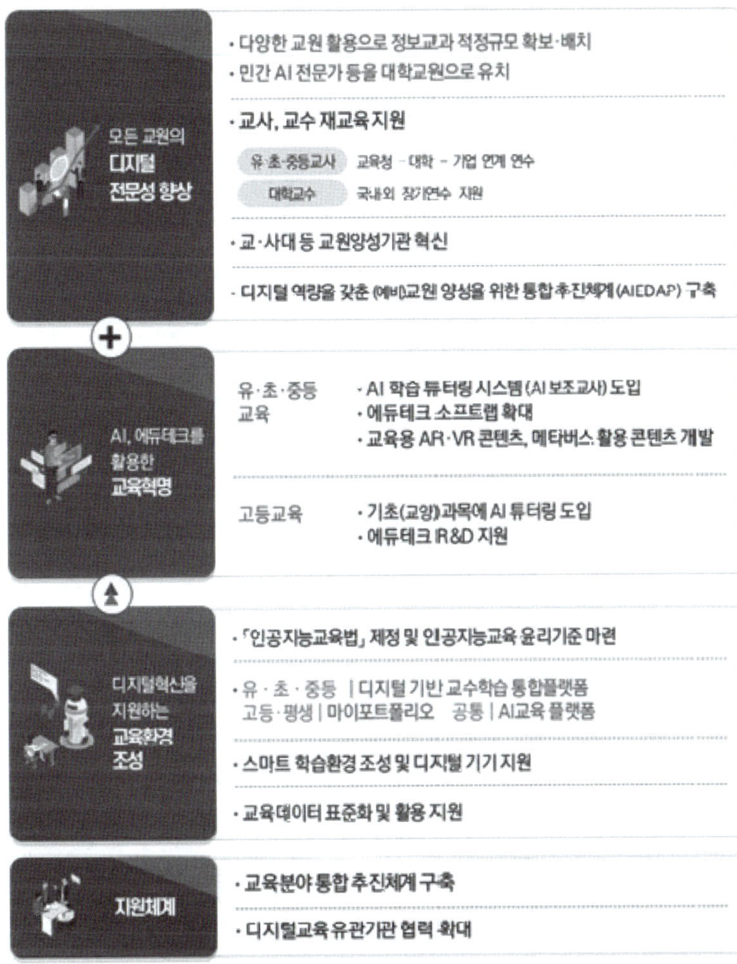

그림 1-3 디지털 교육체제로의 대전환 세부 내용: 디지털 인재양성 종합방안 추진과제

출처: 관계부처합동(2022)

2023년 2월 23일 교육부는 디지털 기반 교육혁신방안을 발표하고, AI를 활용한 디지털 교육으로 '모두를 위한 맞춤 교육시대'를 연다는 계획을 제시하였다. 주요 내용으로는 2025년부터 수학, 영어, 정보교과에 AI디지털 교과서 우선 도입, 교사와 AI보조교사(디지털교과서)가 협력하여 학생 맞춤 수업 제공, 인공지능 기술을 활용하며 인간적으로 지도하는 선도교사 집중 육성, 디지털 선도학교 운영 등이 포함되어 있다(교육부, 2023).

그림 1-4는 모두를 위한 맞춤 교육의 실현 디지털 기반 교육혁신 방안 중 디지털 시대 교육의 대전환 방향을 보여주는 것으로, 인공지능이 대체할 수 없는 인간의 창의성, 비판적 사고력, 인성, 협업 능력을 키울 수 있는 개념 중심, 문제 해결 중심 교육의 강화를 기본 방향으로 하고, 이를 통해 모든 학생의 각각의 학습목표, 역량, 학습속도에 맞는 맞춤형 교육을 받고 교사와 학생이 인간적으로 연결되는 체계를 구현하여 교육의 본질을 회복하는 것을 기본 방향으로 제시하고 있다(교육부, 2023, p. 3).

여기서 주목해야 할 부분은 디지털 시대 교육의 목표는 디지털 기술의 활용 그 자체에 있는 것이 아니라, 디지털 기술의 교육적 활용을 통해 학생들이 단순히 지식을 습득하는 것을 넘어서 동료 학습자들과의 프로젝트 학습 등을 통한 실제적 문제 해결을 통해 수업을 적극적으로 구성해 나가는 능동적 학습자로 성장할 수 있도록 지원하고, 인공지능을 포함한 디지털 기술을 통해 각자의 속도와 역량에 맞는 교육을 제공하고 원하는 시점에서 쉽게 보충, 심화 학습을 가능하게 하는 시스템을 구축하는 데 있다. 이때 교사의 역할이 중요한데, 교사가 인공지능, 에듀테크 등의 기술에 대한 이해도, 활용 능력을 갖추는 것도 필요하지만 더 중요한 것은 목적과 상황에 맞는 수업을 설계할 수 있는 수업 설계 능력, 학생의 변화를 진단, 파악하여 멘토링할 수 있는 능력 등이다.

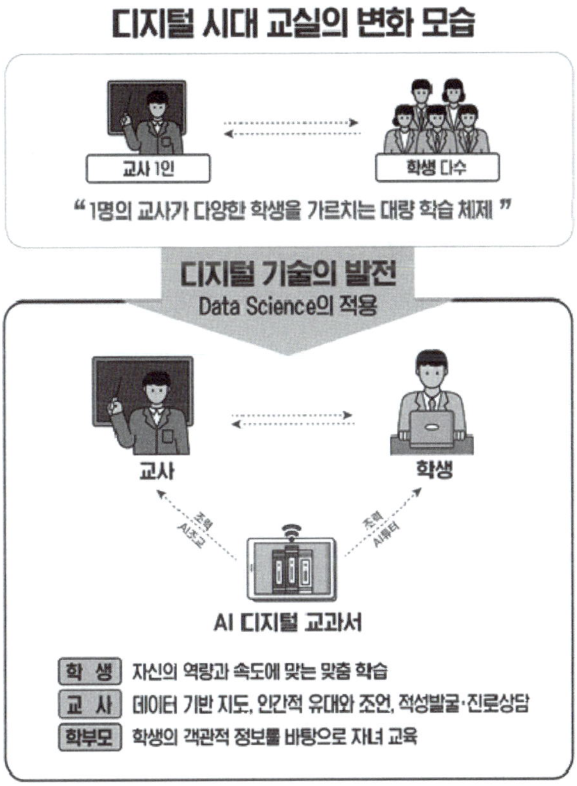

그림 1-4 디지털 시대 교육의 대전환 방향: 디지털 기반 교육혁신 방안, p. 2

출처: 교육부(2023)

디지털 시대의 수업은 지식을 활용할 수 있는 역량을 함양하는 것에 중점을 두게 되므로, 팀 기반 프로젝트 학습, 문제중심학습, 토론학습 등 교수학습방법의 적용을 통해 학생들이 상호작용을 통해 의사소통능력, 협업능력 등 사회정서적 역량을 함께 함양할 수 있는 기회를 마련하는 것이 교사의 중요한 역량으로 강조될 것이다(교육부, 2023, p. 3).

2. 인공지능 교육 실현을 위한 정책적 지원

인공지능이 학교교육에 효과적으로 활용되기 위해서는 교사 및 예비교사를 대상으로 한 교육과 지원이 선행되어야 한다. 교육부는 AIEDAP(AI EDucation Alliance and Policy lab)과 T.O.U.C.H(Teachers who Upgrade Class with High-tech) 교사단 사업을 통해 교사 및 예비교사 역량 함양을 위한 지원을 제공하였다.

AIEDAP(AI EDucation Alliance and Policy lab: https://aiedap.or.kr/)는 예비 · 현직 교원의 AI · 디지털 역량 함양을 목표로 교육부, 총괄위원회 및 사업기획단, 권역별 사업지원단, 서울대 AIEDAP 사업수행기관으로 구성된 추진체계이다. 1차년도에는 총괄위원회 구성, 사업기획단 구성 및 관련 연구 수행을 통합 방향 설정, 2차년도에는 권역별 사업지원단 시범사업 설계 및 운영을 진행하였다.

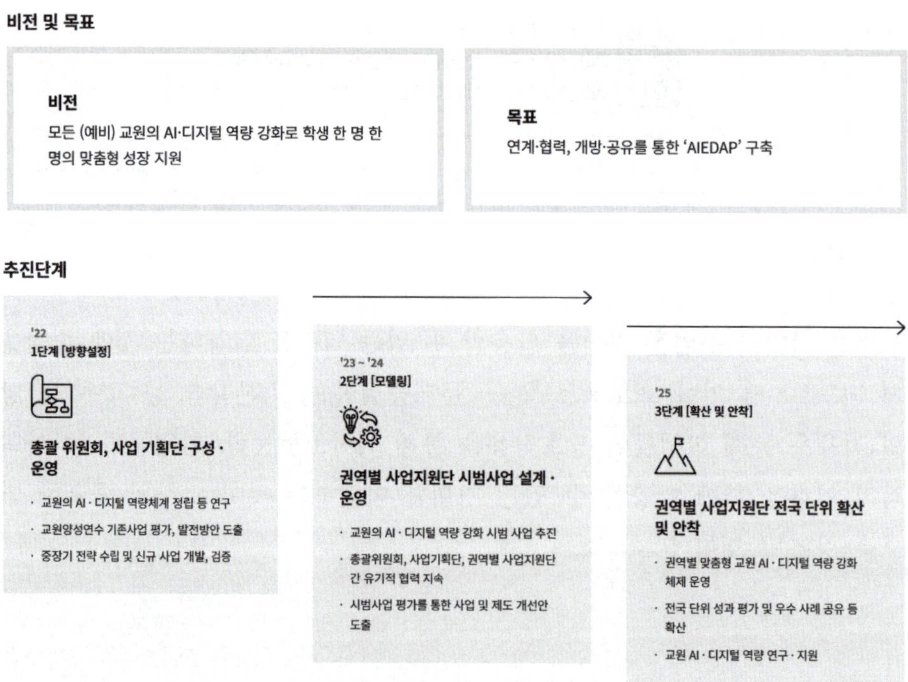

그림 1-5 AIEDAP 추진 방안

출처: AIEDAP 웹사이트

T.O.U.C.H 교사단은 디지털 대전환 시대에 첨단 기술을 바탕으로 맞춤 교육을 구현하며 학생들과의 인간적 연결을 통해 성장을 이끄는 교사 그룹이다. 교육부 발표에 따르면, 2024년에는 디지털 기반 교육혁신 정책이 학교 현장에 더욱 확산되도록 터치교사단을 대폭 확대할 예정이다. 터치교사단은 새학기부터 인공지능을 활용한 학생 참여 중심의 수업 혁신, 교사의 역할 변화 등을 통해 학교 현장의 디지털 전환을 촉진하는 동시에 교육부와 시도교육청의 정책 동반자로서 디지털 교육 정책 추진 과정에 참여한다(교육부, 2024).

3. 인공지능 교육의 범위

학교교육에 인공지능이 접목될 때, 인공지능 교육의 범위에 대한 정의는 다양하게 논의되고 있는데, 표 1-1은 국내 인공지능 교육의 범위에 대한 논의를 정리한 결과이다.

표 1-1 인공지능 교육의 범위

구분	인공지능 교육 영역
한선관 외(2020)	• 인공지능 이해 교육 • 인공지능 활용교육 • 인공지능 가치 교육
홍선주 외(2020)	• 인공지능에 대한 교육 • 인공지능 활용교육
충청남도교육청(2022)	• 인공지능 이해 • 인공지능 활용 • 인공지능 윤리 • 인공지능 융합

홍선주 외(2020)는 초중등 교육에서의 인공지능 교육에 대한 개념적 정의로 그림 1-6과 같이 인공지능에 대한 개념과 원리를 이해하고 관련된 기술과 태도를 기르기 위한 '인공지능에 대한 교육'과 인공지능을 다양한 교과의 교수학습 상황에서 교육의 도구로 활용하는 '인공지능 활용교육'으로 구분하였다.

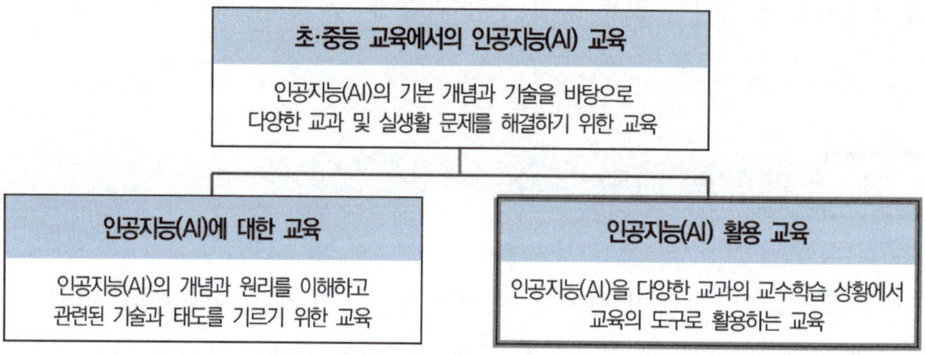

그림 1-6 인공지능(AI) 교육에 대한 개념적 정의에 대한 인식

출처: 홍선주 외(2020, p. 13)

한선관 외(2020)의 착한인공지능교육 가이드라인에 인공지능 교육 유형을 살펴보면 그림 1-7과 같이 인공지능을 이해하는 '인공지능 이해교육', 인공지능을 활용하는 '인공지능 활용교육', 인공지능을 바라보는 '인공지능 가치교육'으로 구성하였다.

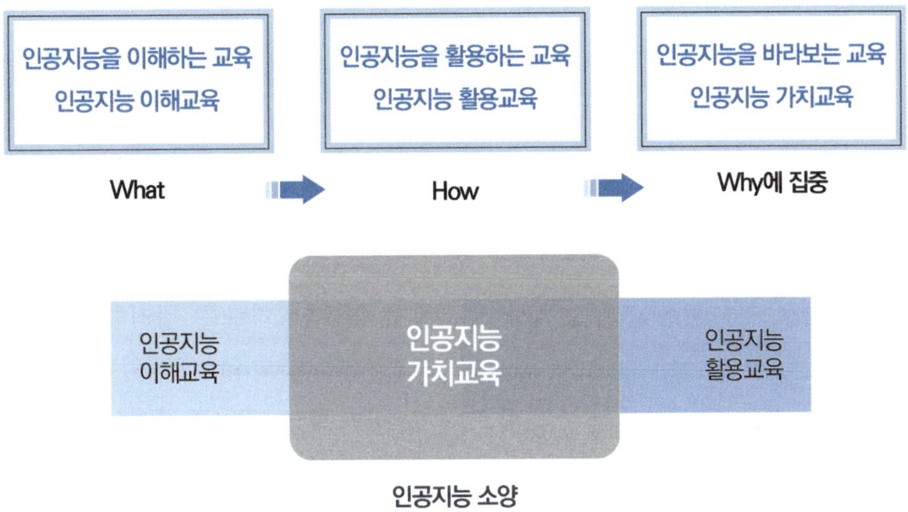

그림 1-7 인공지능 교육의 유형

출처: 한선관 외(2020, p. 8)

이를 종합하면 인공지능 교육은 아래 그림과 같이 인공지능을 내용으로 하는 교육인 인공지능 이해 교육, 인공지능을 교육에 활용하는 인공지능 활용교육, 융합교육에 인공지능이 접목된 인공지능 융합교육을 포함하고 그 중심에 인공지능 윤리교육이 필요한 것으로 볼 수 있다.

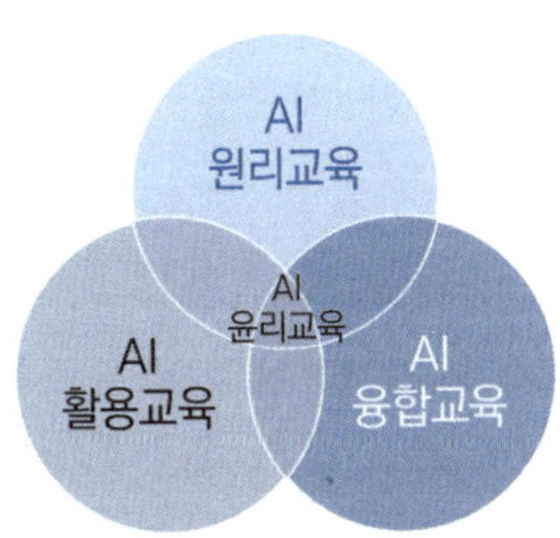

4. 인공지능 교육과 교사의 역량

인공지능 교육의 유형 중 국어, 사회, 수학, 미술 등 다양한 교과의 수업에 인공지능 기술, 인공지능 도구를 활용하는 인공지능 활용교육은 교과에 상관없이 인공지능을 학교교육에 접목하는 좋은 출발점이 될 수 있다. 인공지능과 같은 테크놀로지를 활용한 수업에서 교사에게 필요한 역량을 정리한 대표적인 모델이 TPACK(Technological Pedagogical and Content Knowledge) 프레임워크이다. TPACK은 다양한 테크놀로지의 활용이 확산되고 있는 교육환경에서 교수자에게 필요한 핵심 역량을 구체화한 것으로, 인공지능 활용 수업을 운영하기 위해 교사에게 필요한 역량으로 주목할 필요가 있다.

Mishra와 Koehler(2006)는 TPACK 프레임워크를 통해 교사들이 테크놀로지를 수업에 활용하기 위해서는 테크놀로지가 무엇인지를 아는 것도 중요하지만, 테크놀로지를 수업에 어떻게 적용하는지에 대한 이해가 필요함을 강조하였다. 이들은 TPACK을 이루는 세 가지 기본 지식 요소인 테크놀로지 지식, 교수지식, 내용지식이 독립적으로 존재하기보다는 서로 밀접하게 연관되어 역동적으로 영향을 주고 있으므로, 교사들이 이 3가지 요소들 간의 교집합을 통합적으로 이해하는 것이 중요하며, 이를 TPACK의 핵심이라고 설명하였다. 즉, 교사는 내용, 교수, 테크놀로지에 대한 지식을 유기적으로 통합하여 다양한 수업에서 TPACK을 활용하여 좋은 수업을 만들 수 있다.

그림 1-8은 Mishra와 Koehler(2006)의 연구를 바탕으로 TPACK 프레임워크를 도식화한 것이다. 이 그림에 담긴 TPACK의 요소들을 하나씩 살펴보면, 내용지식, 교수 지식, 테크놀로지 지식을 나타내는 세 개의 원이 겹쳐져 있고 그 밖은 맥락으로 둘러싸여 있다.

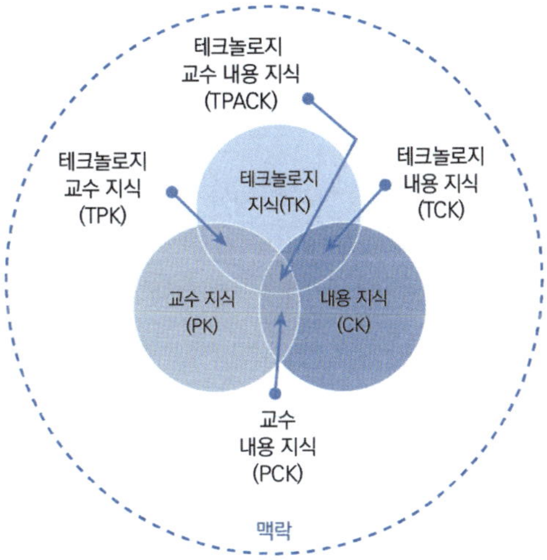

그림 1-8 TPACK 개념도

출처: 김유정, 권오남, 오혜미(2014, p. 110) 수정

TPACK의 기본 지식 요소는 **표 1-2**와 같이 내용지식(CK), 교수지식(PK), 테크놀로지 지식(TK)으로 구성된다.

표 1-2 TPACK 기본 지식 요소

기본 지식 요소	질문	설명
내용지식 (Content Knowledge, CK)	무엇을 가르칠지에 대한 지식	교과 내용과 관련된 핵심 개념, 원리, 이론 등에 대한 지식
교수지식 (Pedagogical Knowledge, PK)	어떻게 가르칠 것인지에 대한 지식	교수학습방법, 전략 등에 대한 지식
테크놀로지 지식 (Technological Knowledge, TK)	교수학습에 적용하기 위해 다양한 테크놀로지를 선정, 활용할 수 있는 지식	전통적인 교수학습 도구부터 인공지능 같은 최신 테크놀로지를 포함하여 이를 지속적으로 학습하고 활용할 수 있는 역량

내용지식(CK), 교수지식(PK), 테크놀로지 지식(TK) 세 가지의 기본 지식 요소를 바탕으로 통합된 지식 요소(교집합 부분)는 교수내용지식(Pedagogical Content Knowledge, PCK), 테크놀로지 교수지식(Technological Pedagogical Knowledge, TPK), 테크놀로지 내용지식(Technological Content Knowledge, TCK)이 있고, 통합된 지식 요소별 관련 지식과

설명은 표 1-3과 같다.

표 1-3 TPACK 통합된 지식 요소

통합된 지식 요소	관련 지식	설명
교수내용지식(Pedagogical Content Knowledge, PCK)	교수지식 & 내용지식	각 교과의 내용을 학습자들이 이해하기 쉽도록 수업할 수 있는 교수학습방법에 대한 지식
테크놀로지 교수지식 (Technological Pedagogical Knowledge, TPK)	테크놀로지 지식 & 교수지식	교수방법에 적합한 테크놀로지를 선정, 활용할 수 있는 지식
테크놀로지 내용지식 (Technological Content Knowledge, TCK)	테크놀로지 지식 & 내용지식	각 교과의 내용을 가르치는 데 효과적인 테크놀로지를 선정, 활용할 수 있는 지식

기본 지식 요소, 통합된 지식 요소들이 중심에 자리한 것이 테크놀로지 교수내용지식(TPACK)이다. TPACK을 구성하고 있는 지식 요소들은 일곱 가지 지식 요소가 관련되어 있으나, 실제적으로는 지식 요소 간에 긴밀하게 상호작용하는 것으로 이해할 필요가 있다. 테크놀로지 교수내용지식(TPACK)은 각 교과 내용에 대한 학습자들의 이해를 돕는 데에 적합한 교수방법과 테크놀로지를 선정하고 수업에 적용하여 효과적인 수업을 만들 수 있는 종합적인 지식으로 정의할 수 있다.

TPACK 프레임워크에서 지식 요소들 외에도 반드시 고려해야 할 요소는 TPACK 요소들을 둘러싸고 있는 '맥락'이다. '맥락'은 TPACK의 하나의 내용 요소는 아니지만 TPACK 프레임워크를 학교 현장에서 효과적으로 활용하기 위한 중요한 개념이다. 교실에서의 테크놀로지 활용은 교과 특성, 학년 특성, 학습환경 등 다양한 '맥락'을 기반으로 하여 적절하게 다르게 이루어질 때 교육적 효과를 기대할 수 있고, 특정 테크놀로지가 모든 교과, 상황, 교수방법에 효과적일 것이라고 생각하는 것은 바람직하지 않다. 효과적인 수업은 교사가 교과 특성, 학습자 특성, 환경 특성, 교수자 특성에 대한 분석과 이해를 바탕으로 교수학습에 관련된 맥락에 따라 차별화된 교수학습방법과 테크놀로지를 선정, 활용할 때 가능한 것이다.

인공지능을 교육에 접목하기 위해 교사에게 필요한 역량은 TPACK 프레임워크에서 강조하는 바와 같이 인공지능 기술 자체에 관련된 역량만이 아니라, 학습자, 교과, 학습환경에 대한 분석부터 교과를 포함한 다양한 '맥락'에 적합한 교수방법, 테크놀로지를 선정하고 수업에 활용 가능하도록 수업을 설계하는 역량, 인공지능 교육을 실행하고 이에 적합한 평가와 피드백을 반영하여 수업을 성찰하고 개선할 수 있는 역량 등이 종합적으로 요구된다.

인공지능 교육의 한 영역인 인공지능 융합교육을 위한 교수 역량 척도를 개발한 박가영, 황수민, 이정민(2023)의 연구에서는 **그림 1-9**와 같이 인공지능 융합교육을 위한 교수 역량을 인공지능 융합교육 기초역량군과 인공지능 융합교육 교수설계군으로 구성하고, 인공지능 융합교육 기초역량군 내에 인공지능융합교육 이해역량과 인공지능 이해역량을, 인공지능 융합교육 교수설계군 내에 교육과정/수업 재구성 역량, 인공지능 기반 학습환경 조성 역량, 교육성과평가 및 피드백 역량, 수업성찰 및 개선 역량을 포함하는 척도를 제안하였다.

[인공지능 융합교육 기초역량군]	
인공지능 융합교육 이해역량	1. 나는 인공지능 융합교육의 개념을 설명할 수 있다. 2. 나는 인공지능 융합교육의 필요성을 설명할 수 있다. 3. 나는 인공지능 융합교육의 구체적 사례를 설명할 수 있다. 4. 나는 학교 현장에서 인공지능의 주요 역할과 필요성을 설명할 수 있다. 5. 나는 인공지능이 사회, 학교 현장, 개인의 삶에 미치는 영향을 설명할 수 있다. 6. 나는 인공지능 활용에 대한 윤리적 쟁점을 바탕으로 인공지능 윤리의 중요성을 설명할 수 있다.
인공지능 이해역량	7. 나는 인공지능의 개념과 특성을 설명할 수 있다. 8. 나는 인공지능이 인식하고(예: 센서, 컴퓨터비전 등), 탐색과 추론하고(예: IF-THEN 규칙), 학습하는(예: 머신러닝, 딥러닝 등) 것에 대해 설명할 수 있다. 9. 나는 인공지능 관련 컴퓨터 과학의 개념(예: 알고리즘, 프로그래밍, 자료구조 등)을 설명할 수 있다. 10. 나는 인공지능 관련 데이터 과학의 개념(예: 데이터 수집, 분석, 처리, 모델링 등)을 설명할 수 있다.

[인공지능 융합교육 교수설계 역량군]	
교육과정/ 수업 재구성 역량	1. 나는 인공지능 융합교육을 설계하기 위해 교사 수준에서의 교육과정을 재구성할 수 있다. 2. 나는 가르칠 교과(예: 국어, 영어, 수학, 사회, 과학 등) 내용 중에서 인공지능 융합교육에 적합한 내용을 선정할 수 있다. 3. 나는 교과별 교육과정 성취기준을 고려하여 인공지능 융합교육의 성취기준을 설정할 수 있다. 4. 나는 학생들의 선수학습 정도를 파악하여 적절한 수준의 인공지능 융합교육을 설계할 수 있다. 5. 나는 인공지능 융합교육에 적합한 학생 참여형 교수학습방법(예: 문제 해결형, 토의·토론, 프로젝트형 등)을 선택할 수 있다. 6. 나는 인공지능 융합교육에서 학생 참여 수준을 높일 수 있는 학습활동 및 학습자료를 구성할 수 있다. 7. 나는 인공지능 융합교육에서 학생의 이해를 촉진하기 위해 학습 내용을 실생활 문제와 연결할 수 있다. 8. 나는 인공지능 융합교육에서 학생의 사고력과 문제 해결 능력을 함양하는 학습활동을 구성할 수 있다.
인공지능 기반 학습환경 조성 역량	9. 나는 인공지능 융합교육을 원활하게 진행하기 위한 학습환경을 사전에 조성할 수 있다. (예: 스마트 기기 및 무선 네트워크 점검, 학습자료 최신성 확인 등). 10. 나는 인공지능 융합교육에서 활용할 수 있는 다양한 멀티미디어 자료(예: 뉴스, 사진 자료, 유튜브 동영상 등)를 찾을 수 있다. 11. 나는 인공지능 융합교육에서 발생하는 기술적 문제(예: 인터넷 및 기기 연결 관련, 수업에 필요한 하드웨어 및 소프트웨어 준비 등)를 대처할 수 있다. 12. 나는 인공지능 융합교육에서 일어나는 데이터 및 윤리적 문제(예: 데이터 편향, 데이터 유출, 사생활 침해, 저작권 침해 등)를 대처할 수 있다. 13. 나는 학생 및 수업 자료(예: 데이터 세트, 멀티미디어 자료 등)와 관련하여 인공지능을 윤리적으로 활용할 수 있다. 14. 나는 인공지능 융합교육 과정에서 학습 내용이 편향적이지 않도록 고려할 수 있다. 15. 나는 인공지능 융합교육이 진행되는 온라인 또는 오프라인 환경 특성을 고려하여 학생 참여를 유도할 수 있다. 16. 나는 인공지능 융합교육 수업 상황에서 학생들이 어려워하는 부분을 도와줄 수 있다. 17. 나는 인공지능 융합교육의 수업 과정에서 학생의 수준과 관심 방향을 고려하여 지도할 수 있다. 18. 나는 인공지능 융합교육 수업 전반에 걸쳐 개별 학생의 몰입 및 협력학습을 모두 지원할 수 있다.

교육 성과평가 및 피드백 역량	19. 나는 인공지능 융합교육에 대한 과정 중심 평가 계획을 마련할 수 있다. 20. 나는 인공지능 융합교육에서 학생들의 이해 수준을 평가하는 도구(예: 평가표, 포트폴리오 등)를 선정할 수 있다. 21. 나는 인공지능 융합교육 과정에서 설정된 평가 기준에 기반해 학생들을 평가할 수 있다. 22. 나는 인공지능 융합교육 과정에서 다양한 수준 및 유형의 평가 문항을 제시할 수 있다. 23. 나는 인공지능 융합교육에서 학생들의 산출물을 바탕으로 적절한 피드백을 제공할 수 있다.
수업성찰 및 개선 역량	24. 나는 인공지능 융합교육 실행 후, 수업 설계-개발-실행의 과정을 성찰할 수 있다. 25. 나는 인공지능 융합교육 전문성 제고 및 수업 개선을 위해 지속적인 노력을 할 수 있다. 26. 나는 인공지능 융합교육 교수역량 개선을 위해 다양한 프로그램(예: 연수, 연구회, 워크숍, 대학원 등)에 참여할 수 있다. 27. 나는 내가 개발한 인공지능 융합교육 사례를 다양한 방법(예: 수업 공개, 교원학습공동체, 논문 등)으로 공유함으로써 수업을 개선할 수 있다.

그림 1-9 인공지능 융합교육 교수역량 척도

출처: 박가영 외(2023, pp. 315-344)

이처럼 학교 현장에서 인공지능 교육을 실행하기 위해서는 인공지능 교육을 위한 수업설계 역량이 필요하므로 관련 연구와 교육이 계속 진행되고 있다. 예를 들어, 김소연 외(2022)는 전통적 교수설계모형인 ADDIE(Analysis, Design, Development, Implementation, Evaluation) 모형을 기반으로 **그림 1-10**과 같이 초중등교육에서 인공지능 교육을 설계할 때 참고할 수 있는 인공지능 교육을 위한 수업설계모형과 체크리스트를 개발하였다.

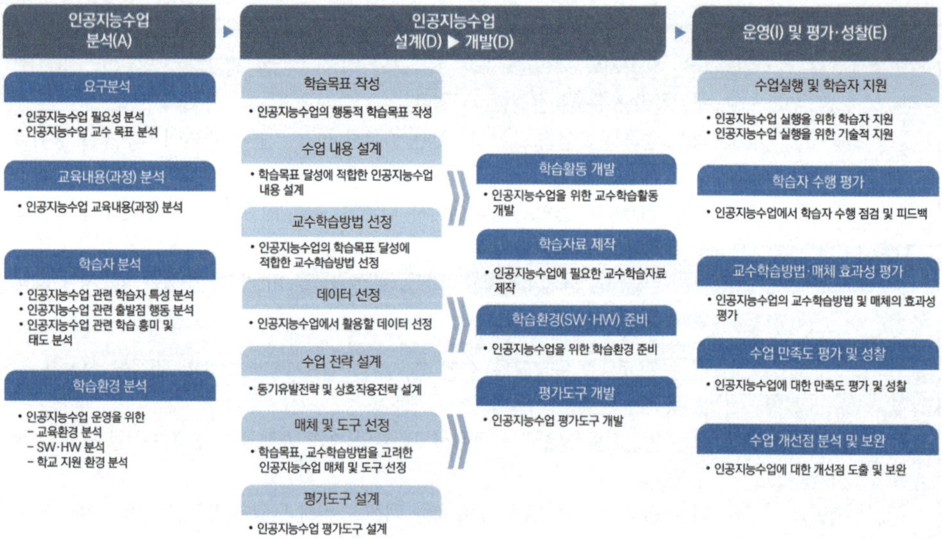

그림 1-10 인공지능 교육을 위한 수업설계모형

출처: 김소연 외(2022, p. 86)

5. 인공지능 교육과 교수학습

인공지능 교육은 학교 수업에서 교과와 관련된 다양한 데이터들을 학습자들이 직접 수집하거나 공공데이터를 활용하여 교과와 관련된 실제적인 문제를 이해, 분석, 해결하는 경험과 실험을 가능하게 한다는 데에 교육적 의의가 있다. Kolb(1984)의 경험학습 이론에 따르면 학습은 구체적 경험, 반성적 관찰, 추상적 개념화, 능동적 실험의 4단계를 거쳐 순환적으로 이루어질 수 있다. 이때 학습은 경험을 기반으로 한 과정이며, 환경과 개인의 상호작용을 중요하게 포함한다. Kolb의 경험학습은 미래 사회에서 강조되는 창의융합 문제 해결형 인재에게 필요한 필수 역량을 함양하는 데 시사점을 제공한다. 학습자가 수업을 통해 새로운 내용을 접하고, 배운 것을 내면화하고, 새로운 상황에 적용하는 과정을 통해 진정한 의미의 학습이 일어날 수 있는데, 인공지능 활용교육이나 인공지능 융합교육이 이를 촉진시키는 효과를 가져올 수 있다.

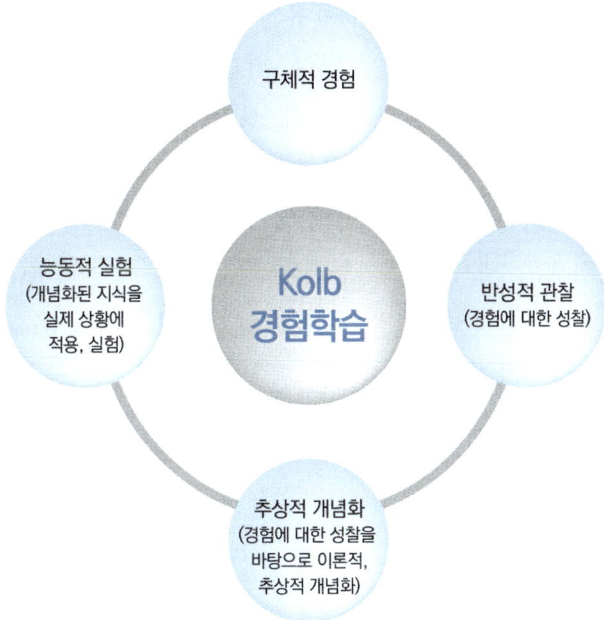

그림 1-11 Kolb의 경험학습 단계

이러한 맥락에서 인공지능 교육에 가장 많이 활용되는 교수학습방법이 프로젝트 학습이다. 프로젝트 학습은 학습자들이 우리의 삶과 관련성이 있는 실제적인 프로젝트 주제, 문제 등을 바탕으로 자료 수집, 가설 검증, 해결 방안 도출 등을 인공지능을 활용하여 실제로 수행해 보는 교수학습방법이다.

인공지능을 학교교육에 활용한 연구 결과를 살펴보면, 국어, 영어, 수학, 사회, 미술, 체육, 융합수업 등 다양한 수업에서 인공지능을 활용한 수업을 했을 때 교과 관련 역량, 교과 이해도, 비판적 사고력, 몰입, 흥미. 만족도, 자신감 등의 향상에 긍정적인 영향을 미치는 것으로 나타났다(김태림, 2023; 서유나 외, 2023; 오석환, 김현진, 2021; 이지효, 민덕기, 2022; 정유남, 이영희, 2022; 허희정, 천재순, 2022; 홍희주, 박찬정, 2023).

인공지능 교육은 학습자의 동기를 유발하여 학습의 참여를 높이고 학습 성과를 향상시키는 데 도움이 될 수 있다. 학습자의 동기는 학습의 참여, 노력의 정도, 지속 가능성 등을 결정하여 학습 성과에 영향을 미칠 수 있는 중요한 요인 중 하나이다. John Keller(1987)의 ARCS모형은 동기에 관련된 기존 이론들을 정리하여 하나의 모형으로 종합하고, 동기를 향상시킬 수 있는 전략을 요소 별로 구체적으로 제시하여 수업에의 활용도가 높다. ARCS모형에서는 동기에 영향을 주는 요소로 주의집중(Attention), 관련성(Relevance), 자신감(Confidence), 만족감(Satisfaction)의 4가지를 제시하였고, 인공지능 교육을 통해 각 요소를 향상시킬 수 있는 키워드를 그림 1-12에 제시하였다.

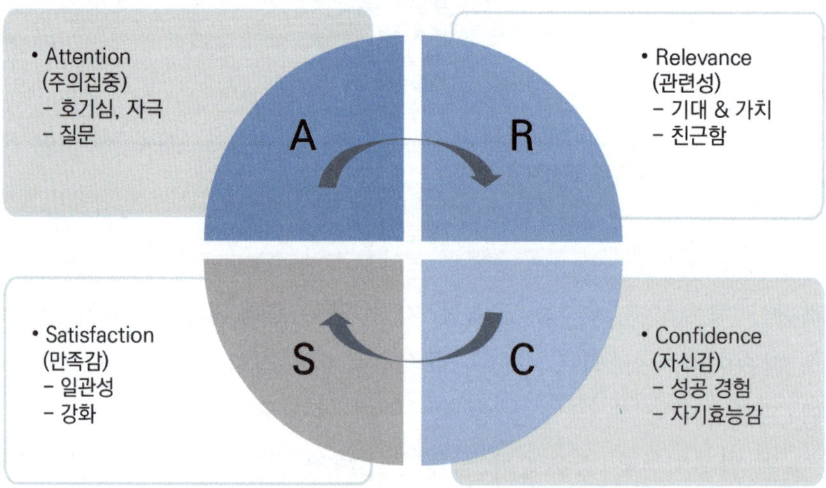

그림 1-12 ARCS모형

표 1-4는 인공지능 도구를 활용한 인공지능 활용교육을 통해 ARCS모형의 각 요소를 향상시킬 수 있는 예시를 제시하고 있다.

표 1-4 인공지능 도구 활용을 통한 동기 향상 예시

ARCS모형 요소	인공지능 도구 활용을 통한 동기 향상 예시
A (Attention: 주의집중)	수업 초반에 모럴머신을 활용한 인공지능 윤리에 대한 호기심 및 문제의식 고취
R (Relevance: 관련성)	우리 마을 관련 공공데이터를 활용한 마을 소멸 예측 프로젝트 수행을 통한 사회 교과의 관련성 향상
C (Confidence: 자신감)	티처블머신과 같이 쉬운 인공지능 도구를 활용하여 학생들이 직접 찍은 사진, 영상, 소리 등으로 분류하는 프로젝트를 통해 성공을 경험하고 자신감 향상
S (Satisfaction: 만족감)	클로바 더빙, 미드저니와 같은 생성형 인공지능을 활용하여 영화, 웹툰 등과 같은 창작물을 직접 제작함으로써 내적강화와 함께 만족감 향상

학교교육에 인공지능을 활용하고자 할 때, 교사와 학생들이 쉽게 접근할 수 있는 인공지능 도구는 다음과 같다.

표 1-5 쉽게 적용 가능한 인공지능 도구

명칭	홈페이지	설명
모럴머신	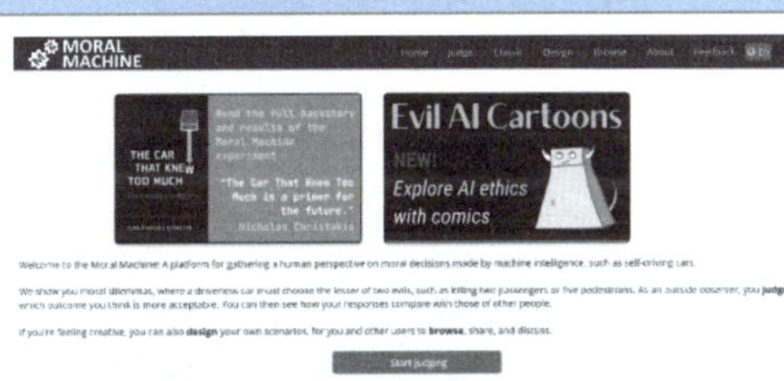	무인자동차와 같은 인공지능의 윤리적 결정에 관한 선택을 해 볼 수 있는 플랫폼
AI for Oceans		인공지능과 관련된 윤리, 세계적 문제에 대해 생각해 볼 수 있는 플랫폼

퀵드로우		내가 그린 그림을 인공지능이 맞추는 플랫폼
오토드로우		내가 그린 그림을 보고 무엇을 그리고자 했는지 파악해서 다른 이미지를 추천해주어 그림 그리기를 도와주는 플랫폼
티처블머신		쉽게 사진, 소리, 영상을 학습시켜 머신러닝 모델을 만들 수 있는 플랫폼
클로바 더빙		글로 작성하면 상황에 맞게 다양한 인공지능 목소리를 입힐 수 있는 플랫폼

미드저니		글로 작성하면 인공지능이 그림을 그려주는 플랫폼

6. 인공지능을 학교교육에 접목할 때 필요한 윤리적 고려사항

인공지능을 활용할 때 가장 중요한 것은 윤리적인 부분에 대한 지각과 실천이다. 인공지능 윤리에 대한 중요성이 강조되면서 국내외에서 인공지능 윤리에 관한 가이드라인이 제시되고 있다. 인공지능 윤리란 인공지능 연구, 개발, 활용, 폐기 등 모든 단계에 걸쳐 인공지능 관련 이해당사자들이 준수해야 할 사회 규범으로 정의할 수 있다(이우권, 2020; 허유선, 이연희, 심지원, 2020).

2020년 12월 23일에 과학기술정보통신부와 정보통신정책연구원은 학계, 기업, 시민단체 등 전문가 의견수렴을 거쳐 사람이 중심이 되는 인공지능(AI) 윤리 기준을 발표하였다. 이 윤리기준은 '인간성(humanity)'을 위한 3개 기본원칙과 10대 핵심요건을 제시하고 있고, 인공지능 개발부터 활용까지 모든 과정에서 고려되어야 할 기준으로 인간 존엄성 원칙, 사회의 공공선 원칙, 기술의 합목적성 원칙의 3대 기본원칙이 제시되었다.

① 인간 존엄성 원칙
- 인간은 신체와 이성이 있는 생명체로 인공지능을 포함하여 인간을 위해 개발된 기계제품과는 교환 불가능한 가치가 있다.
- 인공지능은 인간의 생명은 물론 정신적 및 신체적 건강에 해가 되지 않는 범위에서 개발 및 활용되어야 한다.
- 인공지능 개발 및 활용은 안전성과 견고성을 갖추어 인간에게 해가 되지 않도록 해야 한다.

② 사회의 공공선 원칙
- 공동체로서 사회는 가능한 한 많은 사람의 안녕과 행복이라는 가치를 추구한다.
- 인공지능은 지능정보사회에서 소외되기 쉬운 사회적 약자와 취약 계층의 접근성을 보장하도록 개발 및 활용되어야 한다.
- 공익 증진을 위한 인공지능 개발 및 활용은 사회적, 국가적, 나아가 글로벌 관점에서 인류의 보편적 복지를 향상시킬 수 있어야 한다.

③ 기술의 합목적성 원칙
- 인공지능 기술은 인류의 삶에 필요한 도구라는 목적과 의도에 부합되게 개발 및 활용되어야 하며 그 과정도 윤리적이어야 한다.
- 인류의 삶과 번영을 위한 인공지능 개발 및 활용을 장려하여 진흥해야 한다.

그림 1-13 사람이 중심이 되는 인공지능 윤리기준 3대 기본원칙

출처: 관계부처합동(2020)

이 3대 원칙을 실천하기 위한 세부 10대 핵심 요건으로 인권보장, 프라이버시 보호, 다양성 존중, 침해금지, 공공성, 연대성, 데이터 관리, 책임성, 안전성, 투명성이 충족되어야 한다고 제시하였다.

① 인권보장
- 인공지능의 개발과 활용은 모든 인간에게 동등하게 부여된 권리를 존중하고, 다양한 민주적 가치와 국제 인권법 등에 명시된 권리를 보장하여야 한다.
- 인공지능의 개발과 활용은 인간의 권리와 자유를 침해해서는 안 된다.

② 프라이버시 보호
- 인공지능을 개발하고 활용하는 전 과정에서 개인의 프라이버시를 보호해야 한다.
- 인공지능 전 생애주기에 걸쳐 개인 정보의 오용을 최소화하도록 노력해야 한다.

③ 다양성 존중
- 인공지능 개발 및 활용 전 단계에서 사용자의 다양성과 대표성을 반영해야 하며, 성별·연령·장애·지역·인종·종교·국가 등 개인 특성에 따른 편향과 차별을 최소화하고, 상용화된 인공지능은 모든 사람에게 공정하게 적용되어야 한다.
- 사회적 약자 및 취약 계층의 인공지능 기술 및 서비스에 대한 접근성을 보장하고, 인공지능이 주는 혜택은 특정 집단이 아닌 모든 사람에게 골고루 분배되도록 노력해야 한다.

④ 침해금지
- 인공지능을 인간에게 직간접적인 해를 입히는 목적으로 활용해서는 안 된다.
- 인공지능이 야기할 수 있는 위험과 부정적 결과에 대응 방안을 마련하도록 노력해야 한다.

⑤ 공공성
- 인공지능은 개인적 행복 추구뿐만 아니라 사회적 공공성 증진과 인류의 공동 이익을 위해 활용해야 한다.
- 인공지능은 긍정적 사회변화를 이끄는 방향으로 활용되어야 한다.
- 인공지능의 순기능을 극대화하고 역기능을 최소화하기 위한 교육을 다방면으로 시행하여야 한다.

⑥ 연대성
- 다양한 집단 간의 관계 연대성을 유지하고, 미래세대를 충분히 배려하여 인공지능을 활용해야 한다.
- 인공지능 전 주기에 걸쳐 다양한 주체들의 공정한 참여 기회를 보장하여야 한다.
- 윤리적 인공지능의 개발 및 활용에 국제사회가 협력하도록 노력해야 한다.

⑦ 데이터 관리
- 개인정보 등 각각의 데이터를 그 목적에 부합하도록 활용하고, 목적 외 용도로 활용하지 않아야 한다.
- 데이터 수집과 활용의 전 과정에서 데이터 편향성이 최소화되도록 데이터 품질과 위험을 관리해야 한다.

⑧ 책임성
- 인공지능 개발 및 활용과정에서 책임주체를 설정함으로써 발생할 수 있는 피해를 최소화하도록 노력해야 한다.
- 인공지능 설계 및 개발자, 서비스 제공자, 사용자 간의 책임소재를 명확히 해야 한다.

⑨ 안전성
- 인공지능 개발 및 활용 전 과정에 걸쳐 잠재적 위험을 방지하고 안전을 보장할 수 있도록 노력해야 한다.
- 인공지능 활용 과정에서 명백한 오류 또는 침해가 발생할 때 사용자가 그 작동을 제어할 수 있는 기능을 갖추도록 노력해야 한다.

⑩ **투명성**

- 사회적 신뢰 형성을 위해 타 원칙과의 상충관계를 고려하여 인공지능 활용 상황에 적합한 수준의 투명성과 설명 가능성을 높이려는 노력을 기울여야 한다.
- 인공지능 기반 제품이나 서비스를 제공할 때 인공지능의 활용 내용과 활용 과정에서 발생할 수 있는 위험 등의 유의사항을 사전에 고지해야 한다.

그림 1-14 사람이 중심이 되는 인공지능 윤리기준 10대 핵심요건

출처: 관계부처합동(2020)

ChatGPT의 활용이 급속도로 증가하면서 생성형 AI 관련 윤리에 대한 필요성이 대두되었고, 2023년 11월 서울시는 서울시 생성형 AI 윤리 가이드라인을 발표하였다. 이 가이드라인의 기본 원칙은 3가지로, 이용자 중심, 위험예방, 지속 가능성을 제시하였다.

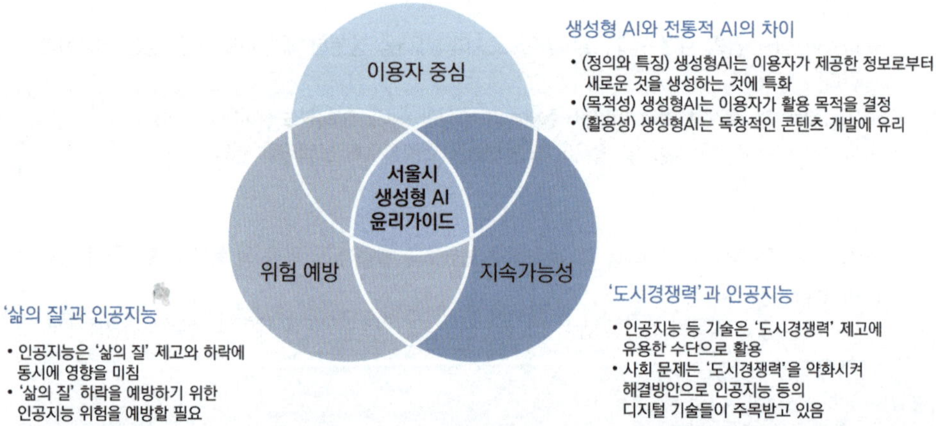

그림 1-15 서울시 생성형 AI 윤리 가이드라인 기본원칙

출처: 서울시(2023, p. 19)

서울시 생성형 AI 윤리 가이드라인의 적용 대상은 이용자, 개발자, 운영자를 포함하는 모든 이해당사자이며, 가이드라인은 다음과 같이 비전, 추진방향과 기본원칙, 9대 핵심요건으로 구성되어 있다. 9대 핵심요건은 이용자의 검증 역량, 책임성, 데이터 권리와 책임, 사용가능성 확보, AI학습데이터의 안전

성, AI윤리 소양, 공공성, 생태적 지속가능성, 보안성이며, 각 요건에 대한 위험 유형, 대표 사례, 쟁점, 기존 윤리원칙 등을 구체적으로 제시하였다는 특징이 있다.

비전	신뢰 기반의 AI 도시, 서울		
추진방향과 기본원칙	▪ 생성형 AI와 전통적 AI의 차이 → (원칙1) 이용자 중심의 윤리 가이드라인 ▪ 市 핵심가치 '삶의 질'과 AI → (원칙2) 위험예방을 위한 윤리 가이드라인 ▪ 市 핵심가치 '도시경쟁력'과 AI → (원칙3) 지속가능성을 중시하는 윤리 가이드라인		
9대 핵심 요건	**1. 이용자의 검증 역량** (허위정보 답변)	**4. 사용가능성 확보** (결과물의 저작권 침해)	**7. 공공성** (사회적 문제 야기)
	▸이용자는 활용 상황에 따라 생성형 AI의 도출 정보를 검증하고 활용하는 역량을 확보 ▸이용자는 생성형AI의 결과물을 객관성이 요구되는 상황에 활용할 경우 편향·차별 등의 내용이 포함되어 있는지 점검	▸이용자는 생성형AI 결과물을 활용할 때 사용가능성을 확보하기 위해 노력 ▸이용자는 생성형AI 결과물을 활용할 때 타인의 권리침해 여부를 법·제도적으로 고려	▸이용자는 생성형 AI를 보조적 수단으로 인지·활용해야 하며 공공성을 침해하지 않도록 노력 ▸운영자는 생성형AI 도입 시 해당 서비스 관련 일자리에 미치는 영향을 고려
	2. 책임성 (악의적 활용)	**5. AI 학습데이터의 안전성** (저작권 침해와 오용·편향 데이터 학습)	**8. 생태적 지속가능성** (탄소 多배출)
	▸이용자는 생성형AI를 개발 목적에 부합하도록 활용 ▸이용자는 생성형AI 결과물이 사회 전반에 부정적인 영향을 미치지 않도록 노력 ▸이용자는 자신이 생성을 유도한 생성형AI의 결과물에 대한 책임을 인지	▸개발자는 타인의 저작권을 침해하지 않은 범위에서 데이터를 학습 ▸개발자는 오용·편향 데이터를 학습에 활용하지 않아야 함	▸이용자·운영자는 생태적으로 설계된 서비스를 도입·활용하기 위해 노력 ▸개발자는 데이터 구축 단계에서 최소한의 탄소배출을 위해 노력
	3. 데이터 권리와 책임 (개인정보·중요정보 유출)	**6. AI 윤리 소양** (이용자 이해도 증진)	**9. 보안성** (생성형 AI 자체의 보안)
	▸이용자는 개인·중요정보가 생성형AI에 노출되지 않도록 유의 ▸이용자는 생성형AI를 활용함과 동시에 서비스가 이용자 정보를 수집한다고 인식 ▸이용자는 개인정보에 대한 책임과 권한이 자신에게 있음을 인식	▸이용자는 생성형 AI 특성을 이해하고 사용상의 문제점을 인식하려고 노력해야 하며, 운영자는 이용자의 AI 윤리 소양을 가질 수 있도록 노력	▸이용자·운영자는 생성형AI가 가진 해킹 등 보안 위험에 유념 ▸개발자는 생성형AI에 대한 보안 사항을 적시에 설명하고 통보 ▸이용자는 생성형AI로 인해 보안상 피해를 입은 경우 책임과 보호조치를 요구해야 하며, 운영자·개발자는 보안사고 발생 시 명확한 책임 주체를 설정하고 통보

그림 1-16 서울시 생성형 AI 윤리 가이드라인 구성

출처: 서울시(2023, p. 21)

인공지능을 학교교육에 접목할 때에는 교사와 학생 모두가 인공지능 윤리 원칙을 이해하고 준수하면서 인공지능을 활용할 수 있도록 인공지능 윤리 교육이 선행되어야 할 것이다.

참고문헌

관계부처합동 보도자료(2020.12.23.). 과기정통부, 사람이 중심이 되는 인공지능(AI) 윤리기준 마련.
https://www.msit.go.kr/bbs/view.do?sCode=user&mPid=112&mId=113&bbsSeqNo=94&nttSeqNo=3179742

관계부처합동 보도자료(2022.8.22). 디지털 인재양성 종합방안.
https://www.moe.go.kr/boardCnts/viewRenew.do?boardID=72769&boardSeq=92573&lev=0&searchType=null&statusYN=W&page=1&s=moe&m=0315&opType=N

교육부 동정자료(2024.2.28). 오석환 차관, 디지털 선도학교 및 터치교사단에 교실 혁명의 핵심 주체로서 역할 당부.
https://www.moe.go.kr/boardCnts/viewRenew.do?boardID=72729&lev=0&statusYN=W&s=moe&m=020404&opType=N&boardSeq=98207

교육부 보도자료(2023.2.23). 디지털 기반 교육혁신 방안.
https://www.moe.go.kr/boardCnts/viewRenew.do?boardID=294&boardSeq=94011&lev=0&searchType=null&statusYN=W&page=1&s=moe&m=020402&opType=N

김소연, 조서연, 강신천, 이은상, 임다미(2022). 인공지능교육을 위한 수업설계모형 및 체크리스트 개발. 공학교육연구, 25(6), 81-92.

김유정, 권오남, 오혜미(2014). 수학 교사의 테크놀로지 교육을 위한 과제 분류기준표 개발. 교육공학연구, 30(1), 105-131.

박가영, 황수민, 이정민(2023). 교사의 인공지능 융합교육 교수역량 척도 개발 및 타당화. 교육공학연구, 39(1), 315-344.

서울시(2023). 생성형 AI 윤리 가이드라인

서유나, 노지영, 박미림, 정수진(2023). 데이터 기반의 인공지능 융합 초등 사회과 탐구학습을 위한 수업모형 및 교수전략 개발연구. 학습자중심교과교육연구, 23(12), 1-25.

오석환, 김현진(2021). 인공지능 애플리케이션을 활용한 고등학교 수학 수업설계의 효과: 학업성취도와 정의적 영역을 중심으로. 교육정보미디어연구, 27(2), 401-422.

이우권(2020). 인공지능의 윤리적 사용을 위한 정책대안에 관한 연구. 한국정책논집, 20(1), 1-15.

이지효, 민덕기(2022). 초등학생 대상 AI 챗봇 기반 교감적 영어 말하기 수업 모형 개발 및 적용. 초등영어교육, 28(3), 133-157.

정유남, 이영희(2022). 인공지능 콘텐츠를 활용한 국어과 융합 교육 사례 연구. 학습자중심교과교육연구, 22(5), 681-705.

충청남도교육청(2022). 충남형 AI 융합교육과정 도움자료. 충남 홍성.

한선관, 이철현, 류미영, 김세호, 홍수빈, 김태령, 고병철(2020). 착한인공지능교육 가이드라인. 인천광역시 교육청.

허유선, 이연희, 심지원(2020). 왜 윤리인가: 현대 인공지능 윤리 논의의 조망, 그 특징과 한계. 인간 · 환경 · 미래, (24), 165-209. https://doi.org/10.34162/ hefins.2020..24.006

허희정, 천재순(2022). 인공지능을 주제로 한 과학탐구실험 교과 내 '첨단과학탐구'단원 수업 프로그램의 개발 및 적용. 학습자중심교과교육연구, 22(8), 173-190.

홍선주, 조보경, 최인선, 박경진(2020). 학교교육에서 인공지능의 개념 및 활용. KICE Position Paper, 12(3).

홍희주, 박찬정(2023). 컴퓨팅 사고력 향상을 위한 중학교 기술교과의 수송기술 문제 중심 인공지능 기반 융합교육프로그램 개발. 컴퓨터교육학회 논문지, 26(1), 83-94.

모럴 머신 홈페이지: https://www.moralmachine.net/hl/kr
미드저니 홈페이지: https://www.midjourney.com/home
오토드로우 홈페이지: https://www.autodraw.com/
퀵드로우 홈페이지: https://quickdraw.withgoogle.com/
클로바 더빙 홈페이지: https://clovadubbing.naver.com/
티처블머신 홈페이지: https://teachablemachine.withgoogle.com/
AI for Ocean 홈페이지: https://code.org/oceans
AIEDAP 홈페이지: https://aiedap.or.kr/
T.O.U.C.H교사단 홈페이지: http://www.keristouch.kr/

Keller, J. M. (1987). Development and use of the ARCS model of instructional design. *Journal of instructional development, 10*(3), 2-10.

Kolb, D.(1984). *Experiential Learning : Experience as the source of learning and development*. Englewood Cliff, NJ: Prentice-Hell.

Mishra, P., & Koehler, M. J. (2006). Technological Pedagogical Content Knowledge:

A Framework for Teacher Knowledge. *Teachers College Record, 108*(6), 1017-1054. https://doi.org/10.1111/j.1467-9620.2006.00684.x

So, H., Choi, J., Lee, C., & Kim, Y. (2023). 테크놀로지 교수내용지식 (TPACK: Technological Pedagogical and Content Knowledge). In J. Moon, G.W. Choi, Haesol Bae, & JaeHwan Byun (Eds.), Educational/Instructional Technology and Learning Sciences: Korean Open Access Guide. EdTech Books. https://dx.doi.org/10.59668/431.13535

Chapter

02

융합지식과 인공지능 기반 학습의 원리

박휴용

지식 증가는 문명발전을 위해 좋은 일이다. 그러나 지식이 폭발적으로 증가해서 지나치게 세분화되면 지식 전체상도 보이지 않고 지식 간 관련도 알 수 없다. 누구나 방대한 양의 지식을 갖기 원한다. 남들보다 아는 것이 적으면 불안하다는 이유로 많은 지식을 흡수해야 한다는 강박관념에 시달린다. 그러나 이렇게 되면 스스로 경쟁력의 원천인 전문성을 잃고, 결국 지식의 홍수에 압도당하고 만다. 이것이 지식사회의 딜레마다.

출처: 고이야마 히로시(2008). 지식의 구조화. 21세기 북스. (p. 31)

1. 융합지식 시대의 학습

1) 기술 중심 시대의 지식관의 변화

기술적 변화가 만들어 놓은 현실의 변화가 의미하는 것은 그 속에서 인간의 경험과 그 경험의 총체인 지식에도 변화가 일어난다는 것이다. 즉, 기술이 지식을 결정하고 있다는 것이다. 이미 대부분의 직장인들이 Facebook, Linkedin, Plaxo 같은 소셜 네트워킹 사이트를 드나들면서 소통, 인맥 관리, 정보 검색, 이메일(업무용 및 개인용) 사용을 통해 업무를 수행하고 있다. 이 과정을 통해 수많은 데이터들이 생성되며, 이동하고, 현실적 문제 해결에 적용됨으로써 각자에게 유용한 정보로 재탄생하게 된다. 즉, 데이터가 정보(information)로 변하고, 이러한 정보가 특정 상황이나 문제 해결 목적에 맞추어 좀 더 가공되고 정교화된다면 그것이 바로 지능(intelligence)이 되는 것이다. 이러한 정보와 지능이 다양한 분야에서 오랜 시간 축적되고 거기에 인간의 통찰력까지 덧붙여진다면 그것이 바로 지식(knowledge)이라고 볼 수 있다.

기술의 발전은 이러한 정보와 지식의 발전을 촉진하고 그 발전의 속도도 가속화시킨다. 예를 들어, 지금까지의 지식의 발전은 각 학문/지식 분야별로 세분화 및 전문화하는 데 집중해 왔다면, 4차산업혁명 이후의 지식의 발전은 각 분야들의 지식을 통합하여 실생활의 문제에 응용하는 방향으로 집중되게 될 것이다. 과거에는 데이터의 질적 타당성(quality)이 지식의 효용성을 결정하였으므로 그 논리성과 진실성을 확인하기 위해 인간의 통찰력이 요구되었다면, 빅데이터가 빠르게 수집되는 통신기술이나 이를 처리할 수 있는 인공지능 기술이 개발된 현 시점에는 데이터의 양(quantity)만으로도 지식의 가치가 효율적으로 판정될 수 있다.

미래의 학교교육은 위와 같은 지식 생태계의 변화에 부응하여 세 가지 지식의 변화-지식의 디지털화, 지식의 무구조성, 그리고 감성적 지식-이라는 성격을 반영할 필요가 있다.

첫째, 지식의 디지털화는 기존의 종이 교과서를 대신하여 디지털 교과서의 효용성이 더욱 커지게 될 것이다. 지금까지의 학교 지식은 사전 선별되고 위계화된 지식이 교과서라고 하는 형식에 갇혀서 학생들에게 전달되는 방식으로 교육이 이루어졌다. 하지만 이미 인터넷을 통해 수많은 지식이 검색되고 참조될 수 있는 현실에서 종이 교과서의 역할은 시대의 흐름 속에서 도태될 수밖에 없다.

둘째, 지식의 무구조성이란 지식을 구조화되고 위계화된 내용을 간주하였던 기존의 관점에서 탈피하는 것이다. 즉, 지식 자체에 구조가 있는 것이 아니라 인간의 사고 구조에 따른 내용의 이해방식이라는 점에서 지금까지 '지식의 구조'란 개념이 당연시되어 왔다. 하지만 앞으로는 지식을 그러한 '인간의 사고 구조'로서 간주하기에 지식의 양과 내용의 생태계가 급격하게 변하게 되었기 때문에 그러한 관념에도 변화가 필요하다는 것이다. 인터넷상에 산재된 무한한 지식을 빅데이터 관리와 검색 엔진을 통해 과거와는 다른 방식으로 지식에 접근하게 된 정보통신 환경이 그러한 필요성을 대변해 준다.

셋째, 지금까지의 지식은 인간의 이성적이고 논리적인 사고를 바탕으로 지식과 정보들이 문자화되어 전달되고 수용되는 literacy의 시대였다면, 미래 사회의 포스트휴먼적 사회에서 더욱 차별성과 효용성을 갖게 될 지식은 감성적(affective)이거나 감각성(Sensitivity)에 기반한 지식이 될 것이다.

2) 융합적 지식의 필요성

미래 지식이 위와 같은 융합적 지식을 필요로 하는 이유는 다음 **표 2-1**과 같은 미래 사회의 변화에 따른 산업계 혹은 기술계의 긴박한 요구 때문이다.

표 2-1 미래 사회의 변화에 대응하는 기술의 발전과 지식관의 변화

미래 사회의 변화 양상	관련 지식과 기술	지식을 바라보는 관점의 변화 방향
동물 없이 고기를 배양한다.	유전학, 생명공학, 생화학	• 유기물과 무기물의 경계의 붕괴 • 기술성과 생태성에 대한 관점의 변화
바다에 부유하는 수직 농장을 건설한다.	해양학, 생물학, 재료공학	• 해양자원의 활용성에 대한 이해 • 공학적 기술을 새로운 환경에 적용
사이버 자아가 될 아바타를 만든다.	컴퓨터공학, 심리학, 정보공학	• 인간, 자아, 정체성, 인권 등에 대한 휴머니즘적 관점의 탈피 • 사이버네틱스에 대한 이해
생물공학 기술로 만들어진 옷을 매일 입게 된다.	생명공학, 재료공학, 디자인	• 생명공학과 웨어러블(wearable) 기술의 접목 • 물질과학, 재료공학, 디자인의 결합
도시를 에코스마트 도시로 만든다.	도시공학, 건축학, 통신공학	• 생태적 환경과 기술적 환경의 공존 • 도시, 에너지, 자원, 공해(폐기물) 등의 밀접한 연관성에 대한 이해 필요
전 세계적으로 디지털화된 고용시장에서 일자리를 창출한다.	컴퓨터공학, 사이버공학, 경제학, 산업공학	• 인공지능 기술과 정보통신 기술의 급격한 발전과 사회적 파급력 이해 • 노동과 직업의 성격, 그리고 고용시장의 변화에 대한 이해
신장과 자동차를 프린트한다.	생명공학, 기계공학, 3D프린터	• 신산업(자동차, 반도체, 미디어, 생명공학 등)의 생태계에 대한 이해
디지털 집단지성을 개발한다.	정보공학, 컴퓨터공학, 사회심리학	• 행위자-망이론(네트워크성), 신물질주의(지식의 물질성), 분산적 심리학(지식의 사회성)에 대한 이해

위 표 2-1에 정리된 바와 같이, 미래사회의 변화 양상(왼쪽 줄)에 따라 필요한 관련 지식들(가운데 줄)이 있을 것이고, 미래의 변화 양상에 맞게 그러한 지식들을 어떻게 새롭게 인식해야 하는지(오른쪽 줄)를 보여주고 있다. 이러한 변화의 핵심은 미래의 지식은 20세기까지의 학문적 경계, 지식의 고착성 및 관념성, 인본주의적 지식관, 사회구조에 대한 기존의 인식이 전반적으로 완전히 바뀌어야 한다는 것이다.

기술의 발전 또한 인간과 사물의 소통 방식에 근본적인 변화를 일으키고 있다(Thrift, 2007). 다음 **표 2-2**는 미래 사회의 기술적 변화에 따라 인간의 학습과 소통 방식에 어떤 변화가 일어나고 있는지를 잘 보여준다.

표 2-2 미래 사회의 기술적 변화와 그에 따른 소통방식의 변화

기술적 변화	소통방식의 변화
횡적 네트워크, 링크스, 뉴미디어, 통신-디자인의 결합	네트워크적 소통
터치스크린, 동작/맥락인식 인터페이스	인터페이스의 변화
유비쿼터스 컴퓨팅, 위치 태그의 일상화	유비쿼터스 환경
소셜미디어, Apps/Bots, 생체 인식, 신체측정술(biometry)	피드백 기술의 혁신
로보틱스, 인공지능, 만물인터넷	사물의 능동성

위의 기술적 변화와 그에 따른 접촉(contact) 방식의 다변화가 보여주고 있는 것처럼, 오늘날 인터넷을 통한 검색, 빅데이터의 활용, SNS 활동, 방대한 정보를 담고 있는 웹문서, 유튜브를 통한 영상적 정보들, 스마트폰에 내재된 앱(Apps) 등은 우리의 생활과 학습의 방식들을 근본적으로 변화시키고 있다. 이는 오랜 진화적 역사를 가진 인간과 도구의 상호의존성이 기술사회에 걸맞게 적응됨으로써, 인간 속에 기술이 내포되고, 기술 속으로 인간성이 확장되고 있는 현실을 잘 보여준다. 결국, 자연성(생태), 문화성(인간), 기술성(기계) 간의 차이와 구별은 희미해지고, 그로 인해 자연스럽게 인간의 학습과 소통방식이 변화될 수밖에 없으며, 이러한 포스트휴먼적 환경에서의 인간존재의 의미와 경험을 새롭게 이해하기 위해선 비대표성이론(인간 중심적 인식론에서의 탈피)과 더불어 포스트현상학적 관점(인간 경험의 본질에 대한 새로운 설명)이 필요하다는 것이다.

2. 기술적 시대의 학교교육의 변화

1) 학교교육에 있어서 AI 기술의 적용

AI에 대한 이해와 소양의 습득이 학교교육을 통해 도입되어야 하는 이유로는 다음과 같은 것들이 있다.

첫째, 교육에 AI를 도입하게 되면 교육의 효율성, 개별화, 행정적 합리성을 촉진해 줌으로써, 기계가 수행하기 어려운 역할을 교사들이 보다 충실히 이행할 수 있도록 시간과 노력을 줄여줄 수 있다. 학교교육에서 교사와 기계의 역할 배분이 AI의 도입을 통해 최적화된다면 학생들의 학습의 성과도 최고로 높아질 수 있고, 동시에 학생들도 미래의 AI 중심 사회에서 기술적 도구들을 보다 익숙하게 사용하게 만들어 준다.

두 번째는 AI의 도입은 차별화(differentiated)되고 개별화(individualized)된 학습을 가능하게 해준다. 그동안 교사가 30명 가까이 되는 학생들을 다루어야 하는 환경 속에서 개별화 교수를 현실화시키고 못하고 있었지만, AI 교육의 등장으로 그것이 가능해질 수 있다. 예를 들어, Content Technologies나 카네기 학습(Carnegie Learning)과 같은 교육서비스업체들이 AI기술을 기반으로 학습, 평가, 피드백을 제공하는 지능형 교수 디자인(intelligent instruction design)과 디지털 플랫폼을 개발하고 있다. 이 프로그램은 학습자들의 지식 격차를 식별하여 그들에게 적절한 학습과제를 부여하여 학습을 안내해 주고 있는데, AI가 점점 정교화되어 감에 따라 학습자 얼굴 표정을 스캔하거나 입력현황(keystroke)을 분석해서 수업 내용에 대한 난이도나 만족도를 평가하여 그에 적절한 학습과제를 제공해 주기도 한다. 이러한 개별학생 맞춤형 커리큘럼(customizing curriculum)은 머지않아 모든 AI 기반 학습기계에 표준적 기능이 될 것이다.

세 번째는 교육접근의 보편성(Universal access)을 높일 수 있다. AI의 도입은 전 세계적으로 서로 다른 언어를 사용하거나 다양한 장애를 가지고 있거나 학업 준비도가 높지 않는 학생들도 교육적 수혜를 받을 수 있게끔 도와준다. 예를 들어, PowerPoint 번역기(Presentation Translator)는 교사들이 만든 프레젠테이션에 실시간으로 자막(subtitles)을 만들어 주는 무료 프로그램이다. 이 프로그램의 도움으로 여러 가지 사정으로 학교에 다니지 못하거나, 최근 COVID-19 사태처럼 대면수업이 불가한 경우에 학생들이 특정 학습 내용에 쉽게 접근할 수 있게 해주고 있다. 이러한 AI 기술들은 기존 학교의 학과, 언어, 학년의 장벽들에 더 이상 제한받지 않게 해주고 있다.

네 번째는 AI로 인해 행정 관련 업무들이 자동화되어 교육행정의 효율성이 증가하고 교사들이 잡무에 시달리지 않고 수업에 집중할 수 있게 도와준다. 예를 들어, 선다형 시험뿐 아니라, 서술형 응답에 대한 평가를 대신해 줄 수 있고, 그에 따라 입학 및 성적 관리를 보다 효율적으로 해주고 있다.

2) 학교 밖에서의 AI 기술 적용의 효과

AI 기술 덕분에 튜터링이나 학습 보조 프로그램들이 점점 지능화되고 있어서, 다양한 수준과 학습 유형을 가진 학생들에게 큰 도움이 될 수 있다. 사실 AI 기술들은 다른 분야보다는 교육 분야에 적용되는 속도가 더디지만, 현재 AI의 학습 보조 기술들이 인공지능 학습 멘토, 스마트 콘텐츠 개발, 교사의 교수법 개발, 교육전문가들의 가상 컨퍼런스 등에 활용되고 있다. 학교 밖에서 AI 기술이 교육에 적용되는 양상은 다음과 같은 예들이 있다.

첫째, AI가 학생들의 학습에 도움이 되는 방식은 스마트폰이나 태블릿을 가지고 여유 시간을 활용하여 학습하면서 실시간으로 튜터의 피드백을 받을 수 있는 AI 기반 앱들이 많이 출시되어 있다. 예를 들어, Amazon Alexa, Apple Siri, Google Home과 같은 음성 인식 기술을 적용한 음성 비서(Voice Assistants) 기기들은 인간 교사에게 의존하지 않고도 다양한 자료와 정보를 검색하거나 설명을 들을 수 있도록 해주고 있다. 실제로, 미국 애리조나 주립대에서는 아마존의 Alexa를 이용해 캠퍼스 내의 다양한 학생들의 FAQ에 응답하거나, 학생들의 스케줄을 관리하도록 하였다.

둘째, AI 기반 학습솔루션들은 학생들의 사전 지식이나 흥미 주제 등에 맞추고 특히 학생들의 취약점에 대응해 주는 다양한 부가기능을 활용할 수 있다. 예를 들어, 학습 코스를 시작하기 전에 진단테스트를 실시하고, 그 진단결과를 분석하여 사용자에게 적합한 과업과 코스를 제시해 줄 수 있다. 예를 들어, Brainly는 학생들의 협력을 촉진해 주는 소셜 네트워크인데, 학습자들이 과제와 관련된 이슈를 토론하고, 서로 정보나 아이디어를 교환할 수 있도록 해주는 앱을 개발하는 회사이다. 이를 위해 Machine Learning 기술을 활용하여 스팸 정보나 부적절한 내용은 걸러주고, 각 사용자의 특성에 맞게 개별화된 자료들을 추천해 줌으로써 보다 향상된 사용자 경험을 제공해 준다.

셋째, 스마트 콘텐츠(Smart Content)는 디지털 교과서에서부터 학습자 맞춤형 인터페이스에 이르기까지 다양한 학습자료를 제공해 주는 서비스를 가리킨다. 예를 들어, 인공지능 솔루션을 제공해 주는 Content Technologies 사의 Cram101 프로그램은 교과서의 내용을 세분화하여 요약본을 만들고 핵심적 내용을 추출해 주거나, 테스트를 생성해 주는 프로그램이다. 그리고 스마트 콘텐츠 플랫폼을 개발하는 Netex Learning이란 회사는 AI 기반으로 한 개인별 클라우드 플랫폼을 통해 가상 훈련, 가상 회의, 실시간 피드백, 그리고 디지털 커리큘럼의 환경을 제공해 주고 있다.

넷째, AI 기반 학습 플랫폼은 학생들의 진도와 학습과정을 추적해서 그에 적합한 다양한 가상 멘토를 제공해 줄 수 있다. 물론 이러한 멘토링이 인간 교사의 수준보다 못할 수도 있지만, AI 기반 멘토링은 인간 교사가 서비스해 주기 힘든 시간-장소 등에 구애받지 않고 즉각적인 피드백을 받을 수 있다는 장점을 가지고 있다. AI 교수 솔루션의 예로는 DreamBox, Khan Academy, Achieve3000 등이 있는데, 이러한 플랫폼을 통해 학생들은 자신의 지식수준을 평가한 후, 후향적 소통방식을 활용해, 학생들의 학습을 안내하고, 개선점을 모색하도록 해주고 있다.

3) AI 기반 교육의 장점

첫째, 학생들의 취약점을 효과적으로 찾아서 대응해 준다. 예를 들어, Coursera 학습 플랫폼은 많은 학생들이 오답을 보여주는 문제를 출제자에게 알려줌으로써 그 오답이 학습자의 문제인지 평가상의 문제인지를 검토하게 해준다.

둘째, 학생들은 AI 기반 학습에 훨씬 더 잘 집중한다. 예를 들어, VR 기술이나 게임화학습 프로그램들은 학습주제나 환경에 더욱 몰입하여 깊이 있게 상호작용할 수 있도록 유도한다.

셋째, 학습의 개별화가 가능하다. 다양한 AI 응용 알고리즘이 학습자 개개인의 지식, 흥미를 분석하여 보다 개별화된 학습과정으로 안내해 준다. 예를 들어, Little Dragon이란 스마트앱은 사용자의 감정을 분석하여 그에 따라 사용자 인터페이스를 변경해 주고, 이를 교육용 게임에 활용하기도 한다. 또한 ThinkerMath는 어린이들을 위한 AI 기반 수학학습 솔루션인데, 다양한 게임형식의 과업과 보상시스템을 통해 아이들이 보다 학습과정에 몰입하도록 하고, 아이의 현재 지식수준에 맞는 개별화된 학습 플랜을 제공하여 성취도를 높이게 만들어 준다.

넷째, 교육과정의 자동 생성 기능이다. 오늘날 교사들은 더 이상 교육과정 개발을 백지에서부터 시작하는 것이 아니라, AI 프로그램의 도움으로 훨씬 다양한 자료와 교수법이 내재된 교육과정 템플릿을 교사가 필요에 맞게 수정하여 수업에 활용하고 있다. 예를 들어, 런던대(London University College) 학자들에 의해 AI기술이 적용되어 개발된 제3의 공간 학습(Third Space Learning) 시스템은 교사가 말은 너무 느리거나 빠르게 하면 이를 실시간으로 체크해 주는 등과 같은 교수 기술을 개선시켜 주는 프로그램이다.

다섯째, 다양하고 유능한 전 세계의 인간 및 AI 교사들을 사이버 교수학습 네트워크를 통해 만날 수 있다. AI 활용교육 플랫폼은 공간적, 지리적 여건에 제한받지 않고 전 세계의 다양한 재능과 경험을 가진 교사들을 학생들에게 적절하게 분배해 줄 수 있다.

3. 기술 기반 사회를 위한 학습의 원리

기술 기반 사회에서 일상화될 학습의 방식을 사이버학습, 가상 공간의 학습, 메타세계에서의 학습, 네트워크 학습, 그리고 뉴미디어 학습의 개념을 중심으로 살펴보자.

1) 사이버 학습

(1) 사이버 학습의 개념

오늘날 통신기술의 발전은 가상 공간의 창조와 향유가 가능한 기술적 환경을 만들었고, 그 속에서의 사람들의 경험이 가짜로 치부될 수 없다. 한마디로 생태적(ecological) 공간이나 가상적(virtual) 공간이나 모두 진짜(real)라는 것이다. 앞서 언급한 바와 같이, Clark(2003)이 얘기했던 '의식의 데이터화'는 바로 인간의 경험(의식)이 데이터의 형태로 가상 공간과 네트워크 속에서 자유롭게 이동할 수 있다는 것을 의미한다. 이는 인간의 의식이 정신 현상에서 물질 현상(데이터)으로 변환되는 것을 의미하며, 네트워크화된 가상 공간 속에서 활동하는 인식의 의식도 '진짜'라는 것이다. 이것이 신물질주의의 기본 아이디어이다.

인간의 의식이 가상의 공간 속으로 '들어갈 수', 즉 디지털화될 수 있다는 것은 모든 정신적 활동(학습, 기억, 사고, 정서, 감정 등)은 물론 신체적 활동(감각적 반응, 동작, 자극, 행동, 스킬 등)도 디지털화될 수 있다는 것이다. 그런 의미에서 포스트휴먼적 학습은 인간적(인지적, 신체적) 학습뿐만 아니라, 사이버적(정신의 데이터화와 디지털화) 학습도 포괄한다. 포스트휴먼적 조건에서는 인간의 사고와 의식이 디지털화될 수 있고, 그 경우 "인간은 더 이상 생물학적 존재만이 아닌" 것이다(Hayles, 1999). 특히 이러한 사이버적 존재로서의 인간의 포스트휴먼적 조건에 관심을 갖는 그룹이 트랜스휴머니스트(trans-humanists)인데, 이들은 인간-기계 공생체(symbiotics)로서의 인간의 마음, 감정, 정체성들이 브레인넷(Brainnet: Kaku, 2018) 등을 통해 네트워크에 접속하여 사회관계망적 서비스(SNS: Conti, Passarella, & Das, 2017)를 경험할 수도 있다.

학습을 위와 같은 사이버 학습의 개념으로 확장하면 다음과 같은 장점을 갖는다.

첫째, 사이버 학습은 교사와 학습자의 관계가 보다 역동적으로 변할 수 있는 가능성이 있으며, 학습이 시간, 공간, 내용의 의미 차원에서 맥락에 국한되지 않는 탈맥락성을 띠게끔 하고 있다.

둘째, 사이버 학습은 인터넷 망에 접속하여 이루어지기 때문에, 자연스럽게 인터넷의 자료나 지식 데이터베이스의 정보를 활용할 수 있어서 데이터의 접근성도 훨씬 뛰어날 수밖에 없다.

셋째, 사이버 학습은 실제 공간의 학습을 완전히 배제한 것이 아니라, 실제 공간과 가상 공간의 혼성적 활용을 기반으로 하기 때문에, 전통적 교실의 공간적 한계에 얽매이지 않으면서도, 보다 안정적이면서 효율적인 교수환경을 모색할 수 있다.

넷째, 사이버 학습은 교과서 지식에 국한되거나 전통적 지식/학문의 경계에 얽매이지 않고, 교수자-학습자 구별이나 학습 내용과 교수 방법의 구분에 구애되지 않는 개방성과 이동성을 가지고 있다. 한마디로 사이버 학습은 온라인-오프라인, 교수자-학습자, 내용-방법, 시간-공간, 학교 안-밖의 경계를 초월한 학습이라는 성격을 갖는다(Peters & Humes, 2003).

(2) 사이버 학습의 단점

물론 사이버 학습이 갖는 단점이나 한계점도 존재한다. 첫째는 학습과 비학습의 경계나 공적 공간-사적 공간 등의 경계가 사라진다는 것이 반드시 긍정적인 효과만 가지고 있는 것이 아니라는 것이다. 이러한 경계 붕괴의 대표적인 문제점이 학생들이 자신이 수행하는 활동의 성격이나 목적에 대한 분별력이 흐려지는 것이나, 집중력 감퇴가 일어나기 쉽다는 것이다(Dirckinck-Holmfeld & Jones, 2009).

둘째는 학습에 대한 주도권이나 통제가 학생 스스로에 의해서 이루어져야 하고, 이를 보완하는 기술적 장치들이 개발되더라도 궁극적으로 학습활동에 대한 주인의식(ownership)이 모호해질 수 있다는 것이다(Castells, 1996: 59).

셋째, 사이버 공간에서의 학습은 필수적으로 컴퓨터를 활용하고 인터넷 망에 접속하여 이루어지기 때문에, 컴퓨터 바이러스나 작동 에러, 혹은 광고나 애드웨어(adware) 같은 원치 않는 요인들에 노출될 우려가 있다는 것이다. 아울러 학습자의 개인적 자료나 학습 내용 및 방법에 대한 기술적 빅브라더(big brother)의 감시나 통제(panopticism)의 대상이 될 가능성이 높다는 것도 단점요인이 될 수 있다(Edward & Usher, 2000).

요컨대, 이러한 사이버 학습의 성격과 장단점을 모두 고려하였을 때, 사이버 학습을 정착시키기 위해서는 현실 공간에서의 기존의 질서와는 다른 이질적 공간(heterotopia)에서의 대안적 질서를 모색해야 되므로, 그러한 사이버 학습을 위해 교사, 학습자, 그리고 지식이나 매체들이 어떤 새로운 관계성을 맺으며, 각 주체의 역할 범주를 어떻게 혁신적으로 변화시킬지에 대해 고민해 볼 필요가 있을 것이다(Focault, 1986).

2) 가상 현실 공간에서의 학습

(1) 가상 현실 학습의 개념

인간의 학습의 양상들이 언어의(verbal) 시대에서, 영상의(visual) 시대를 거쳐, 가상의(virtual) 시대로 빠르게 바뀌어 가고 있다. 이제 많은 사람들이 도서보다는 영상매체 등을 통해 정보를 얻거나 학습을 하고 있으며, 점점 가상적 활동을 활용한 여가, 직업훈련, 학습 프로그램들이 엄청나게 개발되고 있다. 예를 들어, 최근에는 남녀노소의 구분 없이 컴퓨터나 휴대폰에 접속해 다양한 온라인 게임을 즐기고 있고, 자동차나 비행기의 조종 훈련, 다양한 기술의 학습, 건축이나 토목의 모델하우스 등을 통해 시뮬레이션 학습은 일상화되어 가고 있고, 명상, 상담치료, 스포츠 훈련, 기술 훈련 등의 분야에서 이미지 훈련(image training) 기술들이 적용되고 있다. 한마디로 언어적 학습을 대신하여 영상 및 가상적 학습이 뉴노멀(new normal)이 된 것이다(Hinsen, 2013).

오늘날 사람들이 사용하는 카메라의 99.9%가 디지털이듯이, 어떤 현상을 표현하기 위해 수식어가 더 이상 필요 없는 상태를 뉴노멀이라고 한다. 이미 가상 현실 게임이 컴퓨터 게임의 뉴노멀이고, 이메일이나 문자를 통한 소통이 손편지를 대신한 뉴노멀이 되었듯이, '디지털 교과서'로 대표되는 디지털 학습은 이미 인간의 학습 양식의 뉴노멀이 되어 가고 있다(Negroponte, 1995). 아날로그 학습과 디지털 학습의 차이는 인간이 '지식'을 어떤 형태로 경험하고 있느냐의 차이인 것처럼, '현실적' 지식 및 경험과 '가상적' 지식 및 경험도 마찬가지로 지식이 매개되는 형식만 다를 뿐이다. 이제는 '가상 현실'에서 '가상'이라는 용어의 의미를 다르게 이해해야 한다. 가상 현실 속에서의 학습은 다음과 같은 여러 가지 효과를 가지고 있다.

- 다른 매체에서는 경험할 수 없는 현존감(sense of presence)을 느낄 수 있다.
- 가상학습 환경은 실재 세계의 경험을 재현해 주므로 보다 융합적 접근을 할 수 있다.
- 역할 수행이나 시나리오 작성은 학습자가 자신의 역할을 수행할 때, 실세계의 결과에 얽매이지 않고 일시적으로 책임감을 느껴보는 경험을 할 수 있다.
- 모사된 문제 해결 활동들은 접근하기 힘든 특수한 환경(수술실, 생산시설, 가상 도시, 전투 상황 등)을 학습자 맞춤형 세팅으로 설계할 수 있다.
- 가상 세계에서는 비의도적 학습이 촉진되므로, 학생들은 지식 이외의 경험을 해볼 수 있다.
- 다중의 학습자들이 주어진 문제를 해결하기 위해 서로 소통하면서 협력할 수 있다.
- 가상 세계의 소통은 기존의 소통 방식보다 훨씬 더 현실적인 소통을 가능케 해준다.
- 점점 복잡하고 다양화되어 가는 미래 사회를 학습하고 적응하는 데 도움이 된다.
- 현실 세계에서는 불가능한 리더십의 역할을 경험하거나 창조적이며 실험적인 아이디어를 체험해 볼 수 있다.

(2) 가상 현실 학습의 차별성

그렇다면 가상 현실 속에서의 학습은 기존의 학습과 어떤 차별성을 갖는가?

첫째, 가상 세계에서는 기성 세계의 질서(교사-학생)가 전도될 수 있기 때문에, 교사 중심에서 학생 중심으로 전환하는 것이 필수적이다. 가상 세계에서는 젊은 학생들이 기성 세대의 추종자일 수밖에 없는 현실의 벽에서 벗어나서, 현실 세계에서는 불가능한 선도자의 역할을 경험해 볼 수 있기 때문에, 창조적이고 실험적인 사고나 행위들을 '간접적으로나마' 경험해 볼 수 있다.

둘째, 가상 세계에서 학생들은 보다 적극적으로 학습에 개입할 수 있고 자신들의 경험을 자유롭게 확장함으로써 보다 의미 있는 학습과정을 경험할 수 있다(Polka, 2001). 그리고 학습의 내용이 이미 구성된 형태로 학습자에게 전달되는 것이 아니기 때문에, 학생들이 자발적이고 적극적으로 이해를 구성하는 것을 강조하는 구성주의 학습이론의 채택이 필요하다. 예를 들어, 학습자는 병실이나 발전소, 심지어는 전체 타운을 건설하기 위한 시나리오를 작성하거나 그 속에서의 자신의 역할을 학습자 맞춤형으로 자유롭게 설정할 수 있다. 그 과정에서 실재 세계의 결과들에 크게 제한받지 않고, 창의적으로 문제 해결 활동들을 시도해 볼 수 있다(New Media consortium, 2007, 19).

셋째, 가상학습 환경은 그 속에서의 경험이 실재 세계의 적용이나 훈련과 유사하기 때문에 본질적으로 융합적인 학습이 가능하다(Lombardi, 2007). 가상 세계는 점점 더 복잡하고 전 지구화되어 가는 사회 속에서 학습자들이 생활과 학습이 분리되지 않는 환경에 보다 잘 적응할 수 있게 해준다(Moore, Fowler, & Watson, 2007: 46). 예를 들어, 가상 세계의 생태계가 정치적, 경제적, 사회문화적 요소들을 모두 포함하고 있기 때문에, 그러한 가상적 세계의 규칙이나 규범(norm)에 적응하기 위한 전략이나 태도를 융합적으로 배워 보는 기회를 가질 수 있다.

넷째, 가상 세계에서의 학습은 비의도적 학습이나 정서적 학습에 훨씬 더 효과적이다. 학생들은 지식 자체를 위한 발견이나 창조가 아니라, 그들이 이룩하기를 원하는 뭔가 새로운 것을 경험함으로써 보다 분명한 이해와 깊은 통찰력을 얻게 된다(EDUCAUSE learning initiative, 2006).

다섯째, 가상 세계 환경은 다중의 학습자들이 주어진 문제를 해결하기 위해 서로 소통하면서 협력할 수 있도록 해준다(Antonacci & Modaress, 2005: 5). 가상 세계에서는 온라인 가상 플랫폼을 바탕으로 전 세계의 학생들이 쉽게 상호작용할 수 있고, 기존의 이메일, 블로그, 위키 등과 같은 초기 매체들보다 훨씬 현실적인(대면적인) 소통을 가능하게 해준다.

3) 메타-세계(meta-verse)의 경험과 학습

(1) 메타-세계 학습의 개념

메타-세계란 실재 세계가 다양한 가상 공간을 통해 경험되거나 재현될 수 있으므로, 실재 세계와 가상 세계를 모두 포함한 세계를 가리킨다(Metaverse Roadmap Glossary, 2007). 메타-세계 속 공간의 거주자들은 실재 세계를 반추하면서 자신만의 아바타와 활동 환경을 구축하여 경험해 볼 수 있다. 이때 실재 세계에서는 불가능한 광범위한 경험(날기, 물속 걷기, 공간이동, 아바타 창조 등)을 창조하는 자유를 경험해 볼 수 있는데, 이러한 가상적 경험들은 "사회적 네트워크, 시뮬레이션, 온라인 게임의 융합(convergence)"을 통해서 활발하게 개발되고 있다(Gartner research, 2007). 가상 세계의 환경 설정은 어떠한 교과 지식이나 학습의 영역에도 적용될 수 있으며, 장소나 인공물들은 상상하는 만큼의 실재적이거나 세밀하게 혹은 일반적이거나 대략적으로 만들 수 있다. 예를 들어, 가상 세계 프로그램의 3D 구성 툴을 활용하여, 물리적 사물들이나 물질들을 우주적 스케일에서 나노 스케일에 이르기까지 시각화할 수 있다(New Media consortium, 2007).

그렇다면, 이러한 메타-세계 속에서 인간은 어떻게 학습할 수 있을까? 우선 메타-세계는 다음 그림 2-1과 같은 네 가지 양상으로 나누어진다.

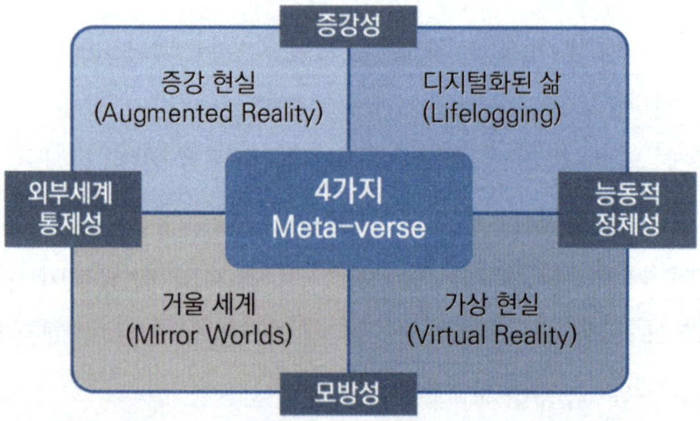

그림 2-1 메타-세계의 4가지 형태

메타-세계는 증강성에서 모방성에 이르는 정도와 능동적 정체성에서 외부세계 통제성의 수준에 따라, 4가지 세계로 나누어진다(Pucihar & Kljun, 2018). 즉, 증강 현실은 증강성과 외부 세계의 통제성이 높은 세계이고, 디지털화된 삶(웨어러블 모바일 장비를 장착한 개인들의 삶과 행동들이 종합적으로 네트워크에 기록됨으로써, 개인들의 삶을 보다 편리하고 유용하게 안내하는 기술)은 증강성도 높고 인간의 능동적 정체성도 높은 세계이다. 같은 방식으로 거울 세계는 현실 세계의 모방성(simulation)이 높고 외부세계의 통제성도 높은 세계이고, 가상 현실이란 현실 세계를 모방하면서도 인간의 능동적 정체성이 높은 세계이다. 거울 세계는 현실 세계를 그대로 디지털 환경(프로그램)을 통해 재현해 놓은 것으로 그 대표적 예로 Google Earth나 Microsoft Virtual Earth 등과 같은 맵 프로그램이 있다.

(2) 증강 현실 기술과 학습

오늘날 다양한 산업 및 보안 분야의 모바일 기기에는 많은 센서들(얼굴인식, 혈압 및 심박체크, 유해가스 감지, 적외선 탐지 등)이 달려 있어서 사람들의 활동을 편리하게 보조해 주고 있다. 증강 현실 기술도 마찬가지인데, 모바일(mobile) AR 기기들은 HUD(head-up display), 트라이코더(tricorder: 환경이나 공간을 스캔하는 드론), 홀로체스(holochess: 가상적 물체를 현실 공간에 투영하는 기술), 그리고 엑스레이 비전(x-ray vision: 물체의 내부를 투시하는 기술) 같은 기술들에 이미 적용되고 있다(Lamantia, 2009). 이처럼 매체와 실재 세계를 연결해 주는 센서 기술들은 비행, 전투, 과학 및 산업적 실험, 로봇 성능, 그리고 수술 등의 시뮬레이션을 위한 상황적 학습 경험(situated learning experiences)과 자신의 행동에 대한 검토(reflection)를 도와준다(Schon & Gustafsson, 2005).

이처럼 증강 현실 기술은 학습자가 현상을 보다 깊이 이해할 수 있게 하고, 실재 세계를 투영하면서도 그것을 넘어서는 탐색을 통해 역사, 예술, 기술, 생물학, 천문학, 지리학 등 다양한 지식 분야의 주제들과 관련한 물리적 환경을 탐험할 수 있게 해준다. 특히 인간의 활동을 분석적 활동(analytic activity: 사물과 환경에 대한 논리적, 합리적 탐색)과 감각적 활동(sensitivity activity)으로 나눈다면, 증강 현실 기술은 환경으로부터 주어지는 감각에 몰입하고(immersion), 감각적 경험을 감정으로 내재화하고(impregnation), 내재화된 감정을 다시 외적 상상으로 확산시키는 과정

(imagination)을 통해 감각적 활동을 훨씬 활성화시킬 수 있다(Tillon, Marchal, & Houlier, 2011).

증강 현실 기술들이 학습에 미치는 영향을 이해하기 위해서는 더 이상 과거의 종이 도서에 기록된 문자의 형태로 담겨진 지식을 시각에만 의존하여 학습하는 모습을 상상해서는 안 된다. 즉, 증강 현실 기술을 이용한 학습은 다음과 같은 학습의 변화를 전제로 하는 것이다.

첫째, 지식은 문자의 형태로만 담겨 있지 않고, 다양한 양식성(그림, 동영상, 소리, 공간적 행위, 시간적 변이 등)을 통해 존재한다.

둘째, 그러한 지식을 수용하는 인간의 감각 기관도 시각적 기관뿐만 아니라, 청각, 촉각, 후각, 미각, 공감각 등의 다양한 정보의 통로를 활용하여 학습이 이루어질 수 있다.

셋째, 증강 현실 기술들은 다양한 첨단 기술적 매체들을 통해 구현되기 때문에, 그러한 매체들의 활용에 익숙해지는 것이 학습의 기본적인 출발점이다.

넷째, 증강 현실 기술을 활용한 학습은 인지적 학습뿐만 아니라, 정서적, 사회적, 행동적, 그리고 윤리도덕적 학습에도 널리 확장될 수 있는 가능성을 가지고 있다.

다섯째, 증강 현실 기술은 평균적 지적, 신체적 능력 수준을 가진 학습자를 대상으로 한 보편적 학습자를 상정한 것이 아니라, 다양한 능력 수준을 가진 학습자들의 필요나 개별성에 더 효과적으로 적응하여 학습을 촉진해 줄 수 있다.

결국 위와 같은 증강 현실 기술의 가능성은 학습이 세상을 인간의 관점에서 인지적이거나 논리적으로 이해하려는 것이 아니라, 인간(정신적 및 물질적)과 사물, 기술, 그리고 실제 환경(생태적 및 가상적)의 상호의존적 관계성에서 나오는 것이다. 따라서 그러한 관점을 올바로 이해하기 위해서는 신물질주의(생태성과 가상성의 연결성), 행위자-망이론(인간 및 비인간적 존재들의 상호의존적 역할), 그리고 객체지향존재론(인간과 동물, 기계 등의 평등한 상호주체성과 능동성)과 같은 포스트휴먼적 관점들이 어떻게 인간의 경험을 설명하고 있는가를 이해할 필요가 있는 것이다.

4) 네트워크 학습

(1) 네트워크 학습의 이해

네트워크적 학습은 학습에 관여하는 사람, 사물, 기술, 아이디어 혹은 개념 등과 같은 모든 존재들이 네트워크 내의 상호의존적인 관계성 속에서 각자 동등한 역할을 수행하며 학습하는 것을 의미한다. 따라서 네트워크적 학습에서 교수법 이론의 핵심은 모든 존재들이 어떻게 연결되고, 능동적으로 관여하고, 효과적으로 작동함으로써 학습자의 흥미를 유발하고, 새로운 아이디어를 생성하며, 지속적으로 학습효과를 높이는 방법을 탐색하는 일이 된다(Fenwick & Edwards, 2014). 이 네트워크 학습이 갖는 교수학습의 메커니즘은 세 가지 특징을 가지고 있다.

첫째, 네트워크 학습은 비선형적(nonlinear) 학습 로직을 바탕으로 유연하고 융통성 있는 학습경로를 제공해 준다. 비선형적 학습 로직이란 학습을 수행해 나가는 방식에 있어서 모든 학생들에게 동일한 일반적 학습 방식을 강조하거나, 한 학생에게도 동일한 학습 방식이나 학습 원리를 적용하지 않는다는 것이다. 즉, 인터넷의 기본 원리가 다중 접속과 다중 경로를 허용하는 하이퍼텍스트적 연결망이듯이, 네트워크적 학습도 지식을 탐색하는 과정이나 최종 학습 목표에 도달하는 방법이 획일화되거나 고정되어 있지 않다는 것이다.

둘째, 네트워크 학습은 비주얼 학습 플랫폼의 등장을 낳게 되었는데, 이는 5G 통신과 빅데이터로 대표되는 초고속 인터넷 기술의 등장으로 가능해진 것이다. 따라서 이제는 더 이상 과거와 같이 텍스트 기반 정보나 학습 콘텐츠를 일방적으로 수용하는 것이 아니라, 유튜브(YouTube)나 틱톡(TikTok)과 같은 영상플랫폼 등을 활용하여 다양한 음성 및 영상 학습 콘텐츠들이 속도나 용량의 제한 없이 양방향으로 교류될 수 있는 환경을 경험하게 되었다.

셋째, 네트워크 학습은 매개적 학습(mediated learning)의 성격을 갖는데, 이는 학습의 기본 동력이 '메시지'에서 '미디어'로 이동하게 됨으로써 촉발되었다. 여기서 '메시지'란 학습의 대상이 되는 정보의 내용을 가리키고, '미디어'는 학습의 매개가 되는 정보를 전달하는 '형태(format)'나 양식성(modality)을 의미하는 것이다. 즉, 미디어 비평가 M. McLuhan이 말한 '미디어가 메시지다'란 것과 같은 의미로써, 기술정보사회에서는 정보 자체의 중요성 못지않게 정보를 매개하는 매체나 미디어의 역할과 영향력이 중요해진다는 것이다. 따라서 앞으로는 학습의 대상이 되는 내용만큼이나 학습을 매개하는 도구나 기술들이 훨씬 학습에 큰 영향력을 끼치게 된다는 것에 주목할 필요가 있다.

예를 들어, 인본주의적 학습관은 학습의 주된 목표를 학습한 내용을 개인 학습자의 기억 속에 저장하는 것으로 간주되었다. 하지만, 지식이 폭발적으로 증가하는 정보화 사회에서 학습은 필요한 지식을 머리 속에 저장하는 것이 목표가 아니라, 우리가 원하는 과업을 수행하기 위해 정보를 효과적으로 관리하고 활용하는 것이 주된 목표가 되어야 한다. 즉, 지식정보화 사회에서 학습의 역할은 정보처리 능력을 기르는 것이고, 이 경우 어떤 지식이나 정보를 개인의 두뇌 속에 저장할 필요성이 점점 줄어드는 것이다. 따라서 앞으로 학습의 결과는 인간의 두뇌 속에 저장하는 '기억'으로 남는 것이 아니라, 정보를 효과적으로 관리하고 응용할 수 있는 기술적 매체들(컴퓨터, 스마트폰, 인공지능 앱)에 저장한 데이터가 되는 것이다. 이러한 기억의 외장화(enternalization of memory)는 과거에는 메모, 노트, 저널, 저서와 같은 기호적 내용의 기록에서 시작하여, 오늘날에는 외장하드, 클라우드 및 네트워크 컴퓨팅 등을 통해 기술적으로 훨씬 다양하게 확장되고 있다(Radvansky, 2017).

(2) 네트워크 학습의 성격: 공간성, 가상성, 연결성

모든 학습은 공간성에 기반하여 발생하며, 공간 속의 여러 주체들, 사물들, 그리고 에너지의 흐름을 포함하는 물질성을 띠고 있다. 즉, 인간의 사고가 형성되고, 이동하며, 적용되는 작용들은 순전히 정신적이거나 관념적인 활동이 아니라, 두뇌 속의 뉴런에서 전기적이고 화학적 신호가 흘러 다니듯이 물질성을 띤 활동이라는 것이다. 이 물질적 학습활동이 공간 속의 다양한 요소들과 상호작용하면서, 환경적 요소들의 영향을 받으며, 적절한 맥락 속에 적용되고 실천되는 것 모두 공간성으로 설명될 수 있다는 것이다(Donoghue, 2007: 62, 70). 이것이 바로 학습 공간(Learning Spaces)이란 개념의 의미로써, 그러한 공간의 가장 중요한 특징이 바로 네트워크성이다. 따라서 학습은 다양한 요소들(학습자들, 기계

들, 기술들, 정보들)이 관계성을 맺고 구성된 네트워크적 공간 속에서 그 요소들 간의 유기적인 상호작용에 의해 이루어진다는 것이다(Miller et. al., 2008).

5) 뉴미디어 학습

(1) 뉴미디어 학습의 개념과 특징

뉴미디어 학습이란 무엇인지 이해하기 위해서는 우선 뉴미디어에 대해 알아야 한다. 뉴미디어는 크게 두 가지 개념으로 사용되는데, 하나는 전자 통신기술의 발전으로 등장한 새로운 정보교환 및 통신수단으로서 대중매체에서 주로 활용되는 미디어라는 개념과 기존 매체와 새로운 기술이 결합함으로써 기존 미디어의 경계영역에 등장하여 정보화시대의 소비자들의 일상 속에서 더욱 편리하고 유용하게 활용되는 미디어란 개념을 지닌다. 이러한 뉴미디어의 예로, DVD, VOD, 케이블 TV, 영상전화, 인터넷 방송, 셀룰러 전화, 위성통신, 광통신 등의 하드웨어적 기술과 위키피디아, 구글검색, 네이버지식 등과 같은 분산 지능 플랫폼, 사회관계망서비스(SNS: 블로그, 트위터, 메신저, 페이스북 등), YouTube, TikTok과 같은 동영상 플랫폼, 뉴스레터 등의 주문형 뉴스서비스 등이 해당된다.

이러한 뉴미디어는 기존의 미디어가 발신자에게서 수신자에게로 메시지나 정보를 일방적으로 전달하는 매개였다면, 뉴미디어는 정보의 흐름이 비위계적이고, 쌍방적인 정보의 흐름을 포함하기 때문에 정보의 생산자(작가)와 소비자(독자)의 구분이 고정되어 있지 않다는 것을 특징으로 한다. 그리고 정보의 생산자가 공적 권위나 정체성이 갖추어져 있지 않기 때문에, 정보의 내용적 진실성이 보장되어 있지 않으며, 그 진실성과는 상관없이 매체 자체의 영향력(구독자 수, 인기도 등)에 의해 정보의 파급력이 커질 수 있다는 특징도 갖는다(Lister, Giddings, Dovey, Grant, & Kelly, 2008).

오늘날 위와 같은 특징을 갖는 뉴미디어가 생활 속에 파고들어 일반 대중에 널리 보급됨에 따라 뉴미디어를 통해 다양한 정보를 습득하고 학습하는 일이 일상화되고 있다. 이를 뉴미디어 학습이라고 부를 수 있는데, 그 대표적 특징으로 다음 세 가지를 들 수 있다.

첫째, 뉴미디어는 인간의 사고, 지각, 의식, 주목이 파악하지 못하는 방식으로 정보를 매개하거나 소통의 목적을 달성하는 미시시간성(micro-temporality: Hansen, 2015)을 가졌다는 것이다. 예를 들어, 인간이 동영상(영화)을 자연스럽게 인식하기 위해서는 최소 초당 24프레임의 정지된 이미지를 빠른 속도로 처리하게 되는데, 뉴미디어는 그러한 미시시간적으로 흐르는 정보를 다룰 만한 기술적 특성을 지니고 있다는 것이다.

둘째, 뉴미디어의 메시지들은 간접적이고 비인지적으로 그것을 활용하는 사람들의 감정이나 성향에 영향을 미칠 수 있다는 것이다. 이것도 앞서 소개한 미시시간성의 효과인데, 미시시간성이란 인간의 의식적 수준에서 감지하기 어려운 시간의 단위로 정보가 처리되는 것을 말한다. 즉, 미시적 시간 단위를 거치는 정보들은 논리적이나 합리적 사고보다는 인간의 감각적이고 정서적인 부분에 무의식적으로 더 큰 영향을 줄 수 있다는 것이다.

셋째, 과거의 미디어가 이미 지나간 정보를 수집하거나 기록하고, 전달하는 피드백(feed-backward)의 원리에 주로 의존하였다면, 뉴미디어는 미리 앞서서 필요한 정보를 탐색하고 예측하는 전향-먹임(feed-forward)의 원리를 동시에 활용한다는 것이다. 즉, 첨단 정보통신 기술에 기반한 뉴미디어들은 빅데이터나 데이터-마이닝기술 등을 활용하여 지식이나 정보들을 다루는 방식이 훨씬 지능화되어짐에 따라 추론, 예측, 융합과 재조합, 창의적 아이디어를 촉발하는 방식으로 정보를 처리함으로써 사용자의 학습이나 사고 작용을 효과적으로 지원할 수 있게 된 것이다(Hansen, 2015).

요컨대 뉴미디어적 매체를 활용하여 정보 탐색이나 학습을 수행하는 것은 뉴미디어의 미시시간성에 영향을 받게 되며, 인지적인 측면뿐만 아니라 정서, 감정적인 측면에서 더 큰 효과를 볼 수 있으며, 기존의 피드백 원리를 활용한 학습과는 전혀 다른 피드포워드 원리를 활용함으로써 보다 창의적인 사고와 학습을 경험할 수 있는 기회를 갖게 되는 것이다.

(2) 뉴미디어 학습의 원리

뉴미디어가 가져오는 경험의 변화를 설명하는 또 하나의 원리가 바로 앞서 소개한 전향-먹임(feed-forward)이다. 전향-먹임은 말 그대로 아직 경험하지 않은 내용(감각, 신호, 데이터 등)을 미리 예측하며 시행착오를 거치지 않은 채 선제적으로 대응해 나가면서 학습하는 전략을 말한다(Frean, 1990). 기존의 인본주의적 학습 이론은 19세기적인 투입-산출(input-output) 모형을 기반으로 인간의 기억의 한계성을 감안하여, 학습 내용을 기억으로 저장하고 효과적으로 인출하기 위한 피드백 원리를 강조하였다. 그렇기 때문에 논리적 계획, 시행착오, 그리고 회고적 수정으로 이어지는 순차적 학습에 초점을 맞추었던 것이다.

뉴미디어 학습은 무의식적이고, 비의도적이며, 명확한 계획이나 분명한 형식에 얽매이지 않는 학습을 포함한다. 그렇기 때문에, 뉴미디어 학습은 집단적 학습보다는 개별적 학습이고, 일방적 전달에 의한 학습보다는 자발적이고 실천적 학습이며, 학습의 준거에 얽매이거나 학습 목표에 도달 여부로 학습의 의미를 판단하기보다는 학습의 과정에 더 큰 의미를 둔다. 그리고 뉴미디어 학습은 기존의 규범적 학습 내용이나 획일적 교과서의 내용, 그리고 다음에 설명하게 될 인본주의적 학습이론에 의존하지 않기 때문에 점차 전통적인 학교나 교사의 역할이 축소될 수도 있다.

뉴미디어 학습은 학습과 생활의 경계가 분명하지 않은 일상적 학습이며, 프로젝트 학습, 탐구학습, 그리고 평생학습(Life-long learning) 등의 개념들과 잘 어울린다. 이러한 뉴미디어 학습에 대해 Ito와 동료들(2009)은 “같이 어울려 다니면서, 이것저것 어지럽히면서, 몰두하면서 배운다.”라는 표현으로 잘 설명한 바 있다. 실제로 초고속 인터넷의 확장으로 다양한 학습 플랫폼들이 개발되고 있으며, 많은 학생들이 학교에서 배우는 것 이상으로 인터넷의 여러 매체들을 통해 비형식적인 온라인 학습을 경험하고 있다. 예를 들어, 가상 세계 속에서 아바타를 통해 사회적 교류나 자신만의 세계를 만들어 가는 가상 현실 게임(Second Life)을 통해서는 온라인에서의 문화, 예절, 사회성을 기르는 전자시민교육(e-Citizens)이 이루어질 수도 있다(Buckingham & Willett, 2013).

무엇보다도 뉴미디어 학습을 가장 잘 대표하는 학습이 게임 기반 학습이다.

지난 30여 년 동안 비디오 게임의 학습효과 및 가능성에 대해 많은 논쟁이 있어 왔고, 그 의미에 대해 학자들마다 서로 다른 견해를 가지고 있다. 하지만 비디오 게임에 대한 부정적 입장을 지닌 학자들도 오늘날의 미디어 환경에서 영상 매체가 인간의 정보탐색과 학습활동에 너무나 중요한 영향을 끼치고 있다는 것은 부인하지 못할 것이다. 예를 들어, 게임 기반 학습의 전문가인 Thomas와 Brown(2011)은 전 세계적으로 널리 보급된 World of Warcraft와 같은 다중접속역할게임(MMORPG)을 제대로 수행하기 위해서는 동료로부터의 학습(peer-to-peer learning), 조언해주기(mentoring), 탐구기반학습(inquiry-based learning), 실험적(experimentation)이며 암묵적(tacit) 학습, 그리고 정열과 협동 등의 다양한 학습전략의 활용이 필수적인데, 이러한 전략들은 Z세대가 살아가는 새로운 학습환경에 대한 거의 완벽한 묘사라고 극찬하기도 하였다.

뉴미디어를 활용한 학습은 인터넷과 첨단 정보통신 매체들을 활용한 학습이기 때문에 디지털 리터러시(digital literacy) 역량과도 직접적인 연관성을 가진다. 이 디지털 리터러시에는 디지털 세계에 통용될 신산업들(웹 툰, 웹 작가, 웹 홍보, 인터넷 미디어 등)에 참여하기 위한 디지털 스토리텔링, 유튜브나 SNS 활동 등을 포함하는 디지털 미디어 제작, 디지털 문화 산업 등에 대비하기 위한 역량들이 포함되는데(Ohler, 2013), 이러한 역량들은 뉴미디어 환경에 익숙하고 그러한 매체들을 능숙하게 다룸으로써 길러질 수 있는 것이다. 그리고 이러한 뉴미디어 학습의 중요성을 강조해 주는 용어들이 바로 뉴미디어 생태계(New Media ecology), 디지털 네트워크 미디어, 네트워크된 공공 문화(Networked public culture), 동료기반 학습(Peer-based learning), 학교 밖 학습, 우정기반(friendship-driven) 및 흥미기반(Interest-driven) 참여, 수평적, 공동체적 관계성과 윤리의식 등이다(Ito, Horst, Bittanti et al., 2009).

4. 생성형 AI 기술의 이해

1) 기계 학습 기술의 발전 과정

시대별로 새롭게 등장하였던 핵심적 인공지능 기술을 정리하면 다음과 같다.

① 1950년대: 앨런 튜링 등이 인공지능 개념을 제안하고, 최초의 AI 프로그램을 개발함
② 1960년대: 전문가 시스템(Expert Systems)과 검색 알고리즘이 개발되었음
③ 1970년대: 인공신경망(ANN, Artificial Neural Network)의 등장과 기계 학습(machine learning)의 개념화
④ 1980년대: 자연어 처리(Recurrent Neural Network, RNN) 기술이 발전됨
⑤ 1990년대: 인터넷과 컴퓨팅 기술의 발전이 인공지능 기술의 발전에 기여함
⑥ 2000년대: AI기술의 다양한 활용(온라인 서비스, 빅데이터 분석, 스마트 가전 등)과 딥러닝(Deep Learning) 기술의 등장으로 인공지능의 발전이 가속화됨
⑦ 2010년대: 자연어 처리, 이미지 분석, 음성 인식 기술의 응용이 활성화되고 고성능화됨
심층 강화 학습(Deep Reinforcement Learning) 기술의 발전이 이루어짐
⑧ 2020년대: 생성형 인공지능(generative AI)이 등장함

위와 같이 시간의 변화에 따라 발전해 온 AI 기술들의 상호연관성을 정리하면 다음 **그림 2-2**와 같다.

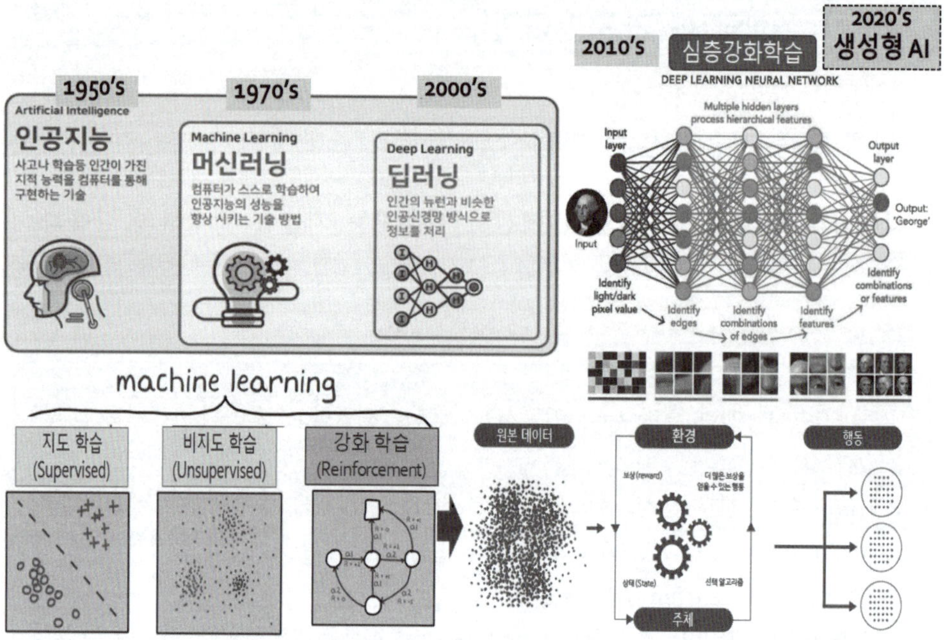

그림 2-2 인공지능 기술의 시대별 발달 과정

위 그림과 같이 인공지능 기술은 기계 학습(machine learning)의 원리에 기반한 것으로, 기계 학습은 지도학습, 비지도학습, 그리고 강화학습으로 구분된다. 이 중 2010년대에 등장한 강화학습이 딥러닝 알고리즘과 결합하여 개발된 것이 심층강화학습 모델이고, 이것이 최근 생성형 AI 학습 알고리즘의 기본 메커니즘이 된다.

2) 생성형 AI 기술의 등장

글로벌 IT업체인 Google은 2017년 AI 기반 자연어 처리 모델인 트랜스포머(Transformer)를 출시한 바 있는데, AI 솔루션업체인 미국의 OpenAI는 이러한 트랜스포머를 12단계 쌓아 올려 사전학습을 실시하는 딥러닝 알고리즘 모형인 GPT-1을 개발하기에 이르렀다. 2018년 OpenAI는 이 모델을 기반으로 은닉층(hidden-layer)에서 딥러닝을 위해 참조하는 매개변수를 기존(GPT-1)의 1.2억 개에서

약 15.4억 개로 늘린 GPT-2모델을 개발하였다(Radford et al., 2018). 곧이어 2019년에 OpenAI는 AI 학습 능력을 급속화시킬 수 있는 최소 시도 학습(few shot learning)의 원리를 적용한 GPT-3 모형을 개발하였는데, 이 GPT-3는 인간 언어사용에 대한 사전학습을 통해 최소의 대화 사례만으로도 전체 맥락을 파악하여 구문의 구조와 대화의 의미를 파악할 수 있는 자기학습 기능을 완성하게 되었다(Vaswani et al., 2017).

이 GPT-3는 비지도학습, 생성적 전이학습, 특정 작업에 맞춘 정교화 작업(fine-tuning) 등을 거치고, 데이터의 인식 과정에서 토큰 처리 방식을 개선하는 어텐션(attention) 기술을 보완함으로써 AI 알고리즘의 정확성과 효율성을 높일 수 있게 되었다(Brown et al., 2020). 이와 동시에 데이터 해석과 응답을 위해 참조하는 매개변수를 1,750억 개로 증가시킴으로써, 이 GPT-3.5 모델만을 가지고도 번역, 질의응답, 스토리 구성, 단어 순서 배열, 내용 요약, 문장 변환(paraphrasing) 등의 과업을 인간 수준에 못지않게 훌륭하게 구현해 낼 수 있는 툴이 개발된 것이다(Radford et al., 2019). 그리하여 OpenAI는 2022년 11월 30일 앞서 소개한 대규모 언어모델(Large Language Model, LLM)인 GPT-3.5를 기반으로 약간의 예시나 프롬프트만으로도 다양한 응답을 생성해 내면서 정교화 작업이 별로 필요 없는 완성도를 가진 'ChatGPT'를 출시하게 되었다.

이윽고 몇 개월이 지나지 않아 약 10조 개의 파라미터를 활용하여 이전 모델인 ChatGPT보다 더욱 정확하게 사용자의 의도를 예측하고 세밀한 응답을 제공해 줄 수 있는 GPT-4가 출시되었다. 이 GPT-4는 사용자가 제시한 간단한 몇 단어의 문장만으로도 자료 수집, 정리, 오류 검토 등의 일상 수준의 정보검색 및 처리작업을 AI가 인터넷과 연동하여 관련 데이터베이스를 순식간에 검색하여 명확한 응답을 제시해 줄 수 있다는 것이다. 즉, 생성형 AI 모델의 가장 큰 특징은 방대한 데이터를 활용한 강화학습을 통해 사전학습이 이루어졌고, 고도의 일반화 능력을 기반으로 인간 사회의 다양한 언어적 데이터를 학습하고 인간 수준의 소통능력을 기반으로 사용자의 필요나 요구를 능숙하게 처리해 줄 수 있다는 것이다(Brown et al., 2020). 현재 이 ChatGPT 4를 활용하여 개발된 다양한 툴들이 사무자동화, 일상적 AI 챗봇, AI 기반 비즈니스 업무,

AI 기반 창작 활동 등에서 활발히 활용되고 있다.

위와 같은 기계 학습 모델의 일종인 생성 모델(Generative model)은 다음과 같은 핵심 원리와 특징을 가지고 있다.

첫째, 사전 학습(Pre-trained): 인간 사회의 데이터들을 수합하여 자료들의 '상호관계'를 미리 학습한다. 그리고 사전학습을 통해 단어들 간의 상호관계를 이해한 내용을 바탕으로 질문에 응답하게 된다. 즉, AI는 기존의 인간의 언어적 상호작용 데이터를 사전에 학습한 내용을 토대로 답변한다는 것이다.

둘째, 확률 모형: 질문(문제)과 관련된 자료들의 상호관계를 이해한 후, 답변일 가능성이 높은 경우를 확률모형에 기반하여 차례대로 추출한다. AI 개발 초기에는 판별모델을 바탕으로 사전에 응답의 알고리즘을 설계하고, 그 시나리오에 기반하여 사전조사된 데이터베이터를 바탕으로 정확하고 자연스러운 답변을 하였다. 하지만 이러한 판별모델은 기존에 설정된 내용에 기반하여 답변하기 때문에 새롭거나 창의적인 질문에 응답할 수 없었다. 반면 생성 모델은 초기에는 어린 아이처럼 단순한 답변만 가능하거나 많은 답변 오류가 있었으나, 많은 강화학습과 확률모델의 개선을 통해 점점 답변의 성능이 향상되게 된다. 특히 빅데이터의 등장, 병렬처리 기술이 향상된 칩셋, 연산 속도의 증가 등으로 인해 인공지능의 학습 능력이 가속화되었다.

셋째, 인류 지식/경험 기반: 지금까지의 AI의 답변은 인류의 경험, 지식, 문화로부터의 학습한 내용을 토대로 하고, AI가 생성하는 편견이나 오류도 인간으로부터 배운 것이다. 하지만 인공지능은 인간의 지식이나 문화에 대한 학습에만 그치지 않고, 인류가 해결하지 못했던 과학적 및 기술적 난제와 새로운 관점과 창의성을 제시하는 쪽으로 발전하고 있다.

3) 생성형 인공지능이 가져온 변화: 맞춤형 정보와 자동화

생성형 인공지능은 정보검색(Googling)의 시대에서 맞춤형 정보(ChatGPT) 시대로의 변화를 가져왔다. 생성형 인공지능 시대를 ChatGPT는 정보 검색(추출, 정리)과 관련한 대부분의 역할을 인간을 대신해 주게 되었고, 검색된 자료에 대한 비평이나 창의적 활용만이 인간의 몫으로 남게 되었다. 또한 다양한 ChatGPT

확장 프로그램(plug ins)의 등장으로 사용자의 질문을 실시간으로 관련 자료를 웹에서 검색한 후 사용자가 원하는 방식으로 답변해 줄 수 있다(Microsoft Bing, 프로메테우스).

한편 Google은 능동성(agency)과 주체성을 지닌 AI agent를 개발하기 시작하였는데, AutoGPT의 등장이 그 예이다. AutoGPT는 거의 대부분의 인간의 작업을 자동화(기획: 사업계획, 여행계획, 예산편성, 유튜브 콘텐츠 제작) 해주고, 심지어는 인간 고유의 능력으로 간주되었던 생각하기, 자기성찰, 비판적 추론, 문제 해결 등의 과업도 수행할 수 있게 되었다. 다음 그림 2-3은 AutoGPT의 기본적인 구조를 보여준다.

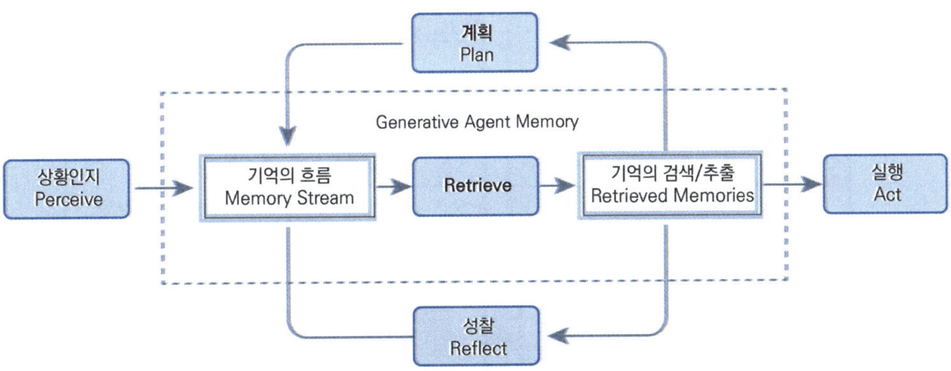

그림 2-3 능동성을 가진 AutoGPT의 인식, 계획, 성찰, 실행의 알고리즘

위 그림 2-3에서처럼 AutoGPT는 인간을 대신해 주도성을 가지고 자동적으로 업무를 대신해 줄 수 있다. 예를 들어, 메타버스 내에서 아바타를 생성하여 다양한 커뮤니티를 만들어 대화, 회의, 파티, 아이디어 제안 및 다양한 사무업무를 수행할 수 있다. 이는 시뮬레이션 학습 및 현실 과업 수행을 대신해 주는 기능으로 점차 실재 세계를 보완하거나 대체하는 것이 가능하다는 것을 의미한다.

4) 생성형 AI 활용 'creator'의 시대

생성형 AI를 활용하면 다양한 분야에서의 작업을 보다 창의적이고 생산적으로 수행할 수 있다. 예를 들어, 각종 대본, 시나리오, 문학작품 등의 작성, 동화책, 애니메이션, 웹툰과 같은 이미지 생성 작업, Mixamo, MetaHuman, Vroid, Daz3D 등의 툴을 활용한 가상인간(avatar) 제작 작업, AI Code Helper, Colab 등과 같은 각종 코딩 툴(coding apps)을 활용하여 ChatGPT를 개선하는 작업 등이 그것이다. 특히 다양한 이미지 생성툴이 등장하면서, ChatGPT와 이미지 툴을 연동시켜 다음 **그림 2-4**와 같은 작업들을 수행할 수 있다.

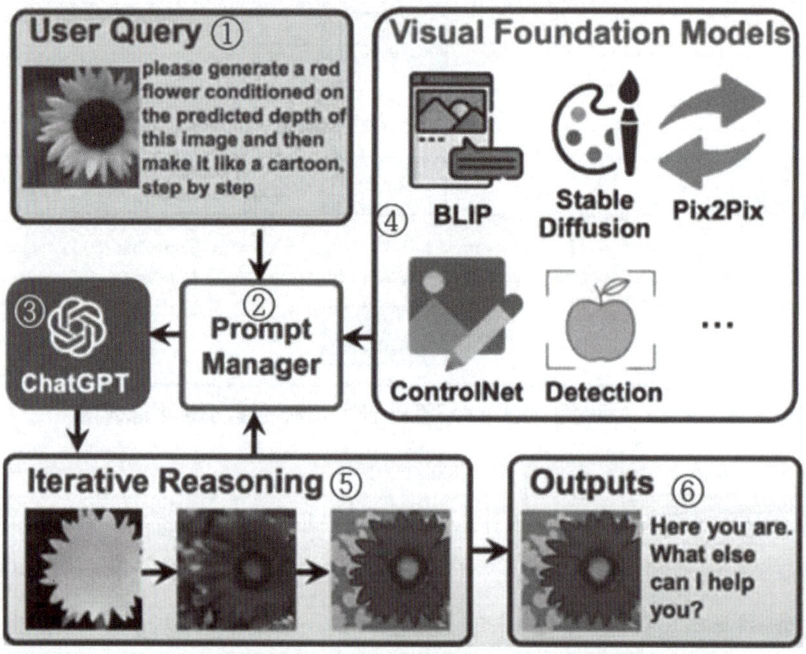

그림 2-4 생성형 AI의 능동적 이미지 생성 작업

출처: 박휴용(2023)

위 그림은 능동성을 가진 인공지능 챗봇과 이미지 생성 모델을 연동시켜 사용자가 원하는 다양한 이미지를 쉽게 생성해 내는 과정을 보여준다. 이를 통해 2D나 3D 형태의 초상화 그리기 작업(Particle), 비디오를 생성(video diffusion)하는

작업(Dreamix), 텍스트 입력만으로도 3D 이미지를 생성하는 작업(Point-E), 그리고 복잡한 3D 이미지를 모델링하는 작업(LumaAI)을 쉽고 효율적으로 수행할 수 있다.

5) 대규모 다양식적 모델(Large Multimodal Model, LMM)의 등장

가장 최근(2023. 10.)에 개발된 생성형 AI 툴은 바로 대규모 다양식 모델의 등장이다. 즉, 사용자가 언어에 기반한 입출력으로 인공지능과 소통하는 것이 아니라, 언어 이외의 자료(이미지, 사운드, 동영상, 촉감 등)들을 양방향으로 활용하여 인공지능과 소통하는 기술이 등장하였다는 것이다. 예를 들어, Riffusion이라는 툴은 Stable Diffusion 기술을 기반으로 텍스트와 그림으로 음악의 생성을 명령할 수 있고, 이러한 Dall-E 3는 이러한 다양식성(Multimodality)에 기반하여 사용자가 입력한 자료를 변환하여 그림으로 생성하여 준다. 다음 **그림 2-5**는 다양식적 데이터를 처리하는 인공지능 시스템의 기본 얼개를 잘 보여준다.

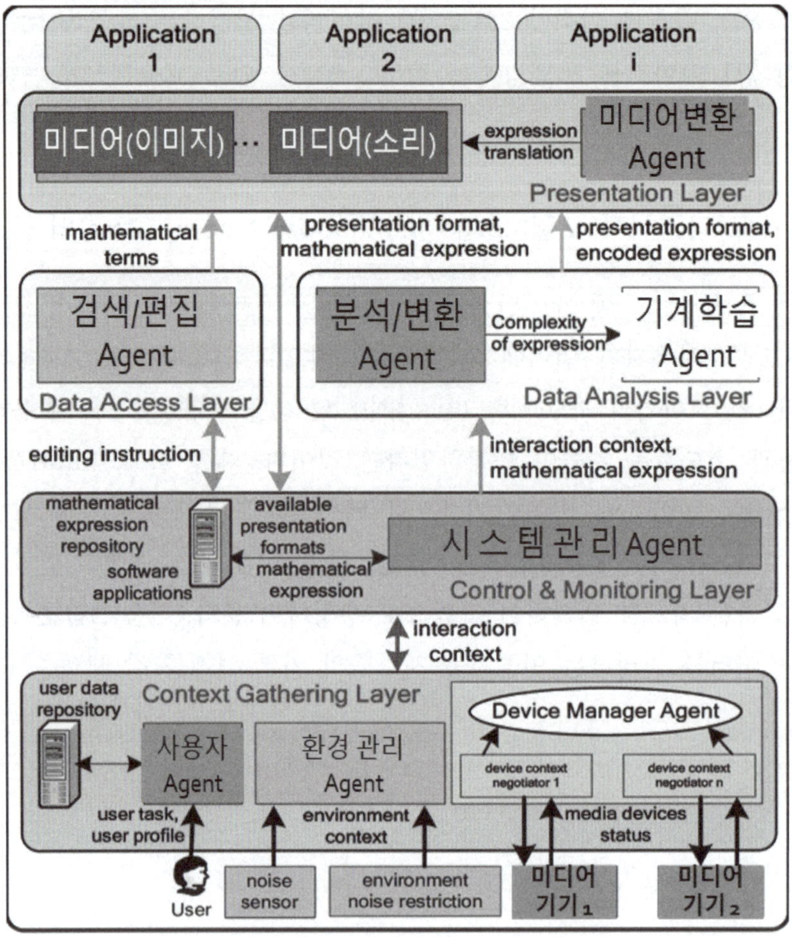

그림 2-5 대규모 다양식 모델(LMM)의 작동 알고리즘

이러한 대규모 다양식 모델(LMM)이 기존의 다양식적 인터페이스와 다른 차이점은 단순히 여러 감각적 데이터를 변환시켜 처리해 주는 것이 아니라, 인공지능이 다양식적 데이터를 이해하고 연산 및 추론하여 사용자가 원하는 형태로 생성해 줄 수 있다는 점이다. 즉, 인지적(cognitive) 혹은 개념적 데이터와 물질적(material) 데이터의 자유로운 변환이 가능하다는 점이다. 예를 들어, 다음 그림 2-6(상)과 같이 생성형 AI는 소리 데이터와 이미지 데이터를 입력받았을 때, 이 두 데이터 사이의 연관성을 인식하고 그 자료의 깊이 있는 의미를 해

석(depth 연산)하여 사용자가 원하는 산출물(예: 특정 모양과 특성을 가지고 역동적으로 움직이는 기차의 3D 영상 생성)을 생성해 낼 수 있는데, 이를 교차-양식적 추출(cross-modal retrieval)이라고 한다.

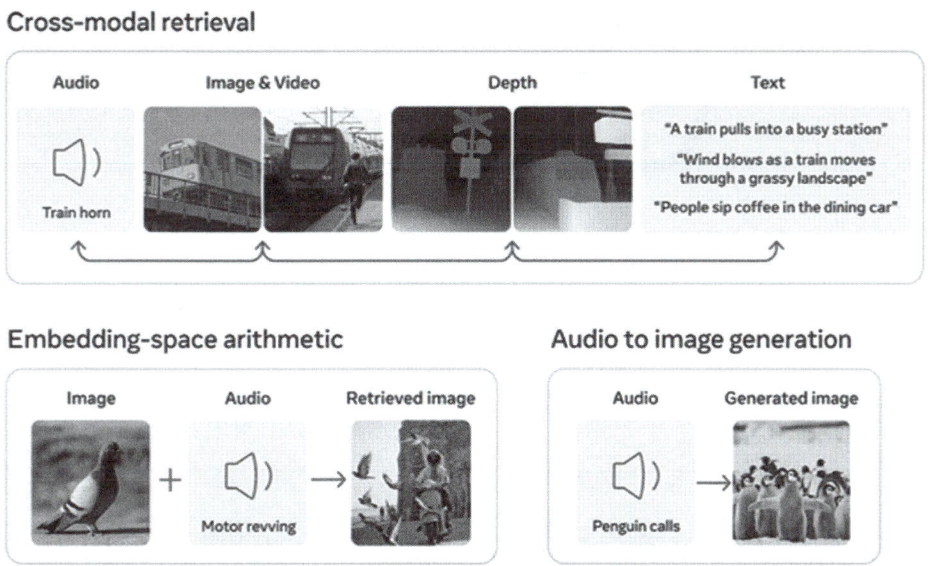

그림 2-6 대규모 다양식 모델에 기반한 생성형 AI의 기능

또 다른 예로, 비둘기 이미지와 비둘기들이 날아가는 공간에서 발생하는 소리 데이터를 연동시켜 소리와 이미지를 함께 연산하여 동영상 이미지(예: 여러 마리의 비둘기가 날갯짓하며 오토바이 주변에서 날아오르는 장면)를 생성해 내는 공간-배태적 연산(embedding-space arithmetic)도 가능하다.

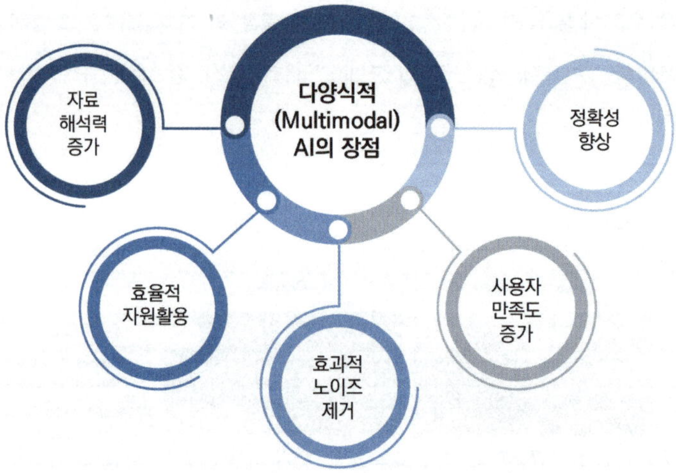

그림 2-7 다양식적 AI의 장점

이처럼 대규모 다양식 모델을 활용하면, 생성형 AI의 작업은 위 **그림 2-7**과 같이 자료해석력 증가, 다양한 원천 자원의 효율적 활용, 효과적 노이즈 제거, 해석의 정확성 향상, 그리고 사용자 만족도 증가라는 장점을 갖게 된다.

6) 생성형 AI가 주는 교육적 함의

생성형 AI의 등장은 앞으로의 교육과 학습의 방향에 큰 변화를 가져오게 될 것이다. 생성형 AI를 수업에 활용하는 방식은 다음과 같은 여러 방법이 있다.

① **실천 학습**: 수업 중 활동, 수행평가(구술, 손글, 실기), 모둠학습, 프로젝트 학습, Maker's 교육 등에 활용할 수 있다.

② **Flipped learning**: 집에서는 AI 챗봇으로 기초 지식을 검색한 후, 학교에서 관련 지식의 응용에 대한 실습을 하는 방식으로 Flipped learning 수업에 활용할 수 있다.

③ **창의적 학습**: AI 챗봇은 기초 지식 학습에 활용하고, 창의적 및 비판적 학습은 다른 방식의 수업을 통해 기를 수 있다.

④ **기초 조사 활용**: ChatGPT를 통해서는 기초 자료조사를 하고, 심도 깊은 평가나 적용 방식은 토론 수업을 병행할 수 있다.

⑤ **AI 기반의 앱**: 실시간으로 AI 튜터의 피드백을 받을 수 있도록 AI 기반의 앱을 수업에 활용한다(예: Apple Siri, Google Home 음성 비서).

⑥ **AI 기반 학습솔루션**: 수업 부진 학생이나 특수 학생의 수준 및 사전 지식, 그리고 흥미를 반영하여 학습의 문제를 보완하는 코칭 수업에 활용할 수 있다. 이를 위해서는 학습 시작 전의 진단테스트를 실시하고, 그 결과를 반영하여 각 사용자에 적합한 과업이나 학습경로를 제시한다.

⑦ **스마트 콘텐츠**(Smart Content): AI 챗봇을 활용하여 다양한 학습자료를 검색 및 제공할 수 있다.

⑧ **AI 기반 멘토링**: 시간-장소에 구애받지 않고, 각 학생들에게 즉각적 피드백을 제공함으로써, 학습을 안내하고 수업의 개선방향을 탐색할 수 있다.

위와 같이 교실수업에서의 ChatGPT를 활용하는 전략을 정리하면, 다음 **그림 2-8**과 같다.

그림 2-8 교실 수업에서의 ChatGPT 활용안

출처: Ditch That Textbook 웹사이트

7) 교사의 역할

생성형 AI의 등장은 학교교육의 성격과 방향성에 큰 변화를 불러일으키고 있다. 과거의 지식 축적식 교육에서 정보탐색과 활용교육으로 변화가 불가피하고, 인공지능의 성능이 강화되고 활용성이 일상화됨으로써, 학습이나 소통에서 AI의 활용이 보편화되게 될 것이다. 특히 생성형 AI의 핵심은 일반인도 자연어로 AI와 직접 대화를 하면서 원하는 업무의 도움을 받을 수 있게 되었다는 것이다. 이는 일종의 '디지털 종교 개혁'으로서 전문적 프로그래머의 역할이 축소되고, 누구나 AI와 쉽게 소통할 수 있다는 것을 의미한다. 물론 AI에 대해 지나치게 의존하거나 어린 시기에 과도하게 기술적 도구에 노출될 경우 지적 훈련이나 새로운 것에 대한 학습력이 감소될 수 있다는 우려도 존재한다. 하지만 미래의 인재상은 AI를 잘 활용하느냐 못하느냐에 따라 달라질 것이다.

동시에 다음 그림 2-9와 같은 세 가지 요건에 따라 교사전문성에 대한 사회적 기대도 달라질 것이다.

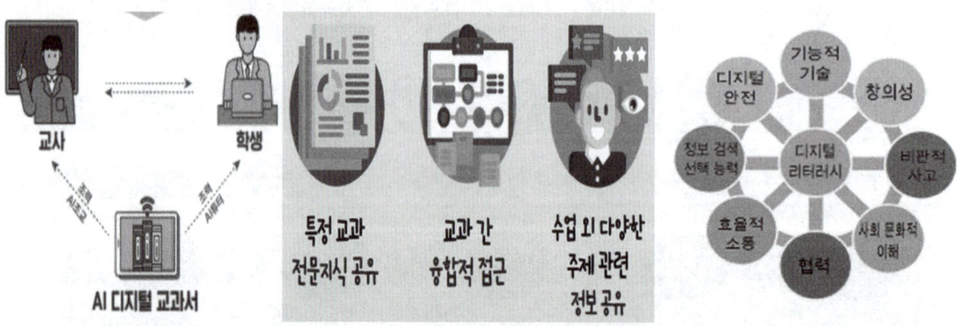

그림 2-9 미래 교사전문성의 세 영역: 디지털 수업 전략, 교사역량, 비판적 기술문해력

첫째, 디지털 수업 전략: 최첨단 정보기술로서 컴퓨터 활용성과 AI 기반 수업을 할 수 있느냐의 문제(Bayne, 2015)이다.

둘째, 교사역량: 교사는 교과 전문성과 학생 이해 및 통솔력, 사회적·윤리적 모범성, 그리고 교사로서 전문가적 능동성에 의해 평가될 것이다.

셋째, 비판적 기술문해력: 교사는 첨단 정보기술들에 대한 소양과 이를 통제하고 그 효능과 효과를 비판적으로 평가할 수 있는 능력으로 판단될 것이다.

아울러 미래 교사의 역할도 다음 그림 2-10과 같이 변화하게 될 것이다.

첫째, 교수학습 주도권을 학생과 매체에게 이양하고, 학습의 지원자 역할을 한다.

둘째, 내용전문가에서 학습(사고)전문가로 변화한다.

셋째, 직접적으로 내용을 전달하는 교수자에서 학생들의 학습을 종합적으로 평가하는 평가자로서의 역할이 더욱 중요해질 것이다.

그림 2-10 미래 교사의 역할 변화

참고문헌

Clark, A. (2003). *Natural-born cyborgs: Minds, technologies, and the future of human intelligence*. OXFORD.

Edwards, R., & Usher, R. (2001). Lifelong learning: a postmodern condition of education?. *Adult education quarterly, 51*(4), 273-287.

Fenwick, T., & Edwards, R. (2014). Networks of knowledge, matters of learning, and criticality in higher education. *Higher Education, 67,* 35-50.

Hansen, M. B. (2015). *Feed-forward: On the future of twenty-first-century media.* University of Chicago Press.

Hayles, N. K. (2000). *How we became posthuman: Virtual bodies. Cybernetics, Literature, and Informatics*. *Public Understanding of Science*, *9*(4), 464. https://doi.org/10.1088/0963-6625/9/4/704

Hinsen, K. (2013). Computational science: shifting the focus from tools to models. F1000Research, 3.

Kaku, M. (2018). *The future of humanity: terraforming Mars, interstellar travel, immortality, and our destiny beyond Earth*. Anchor.

Peters, M. A., & Humes, W. (2003). Educational futures: Utopias and heterotopias. *Policy Futures in Education, 1*(3), 428-439.

Schön, T. B., & Gustafsson, F. (2005). Integrated navigation of cameras for augmented reality. *IFAC Proceedings Volumes, 38*(1), 1119-1124.

Thrift, N. (2008). *Non-representational theory: Space, politics, affect.* Routledge.

Vaswani, A., Shazeer, N., Parmar, N., Uszkoreit, J., Jones, L., Gomez, A. N., ... & Polosukhin, I. (2017). Attention is all you need. *Advances in neural information processing systems, 30.*

Chapter

03

디지털 기반 학습환경과 학습심리

임선아

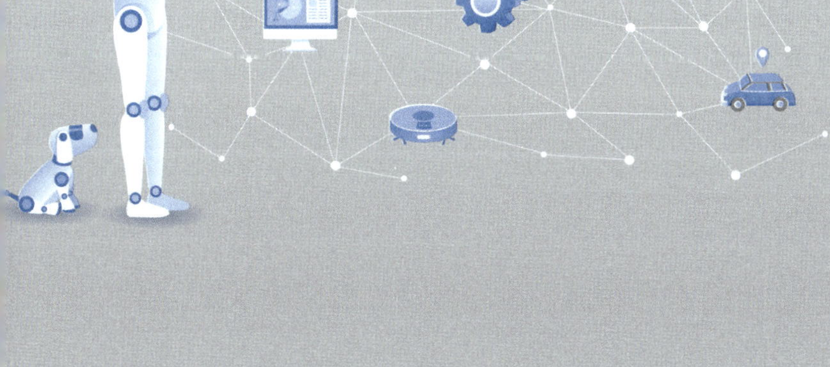

우리는 테크놀로지가 지닌 무한한 가능성이 학습자의 역량 및 학습 속도에 최적화된 학습기회를 제공하며 학습성과를 극대화할 수 있다고 기대하고 있다. 그러나 이를 위해서는 먼저 학습의 실행 주체가 되는 학습자들이 디지털기기의 실행에 대하여 심리적으로 어떻게 반응하는지를 이해할 필요가 있다.

테크놀로지를 사용하여 진행되는 디지털 기반 학습환경으로의 변화는 교육 패러다임의 변화를 이끌고 있다. 최첨단 테크놀로지가 교육과 만나면서 학습은 더 이상 교실에 머무르지 않으며, 기존의 한정된 수업환경에서 벗어나 보다 다채로운 교수학습 매체를 활용한 학습환경이 조성되고 있다.

우리는 테크놀로지가 지닌 무한한 가능성이 학습자의 역량 및 학습 속도에 최적화된 학습기회를 제공하며 학습성과를 극대화할 수 있다고 기대하고 있다. 그러나 동일한 수업 기기도 맥락과 학습자에 따라 다른 결과를 가져올 수 있다는 점을 상기하는 것이 필요하다. 학습을 위한 디지털 기기의 실행상의 문제를 적절히 고려하지 않으면 기기 사용으로 얻을 수 있는 이점을 크게 제한할 수 있기 때문이다. 따라서 디지털 기기의 사용으로 인한 학습상황을 이해하고 기기의 실행 주체가 되는 학습자들이 교육환경의 변화 속에서 어떻게 심리적으로 반응하는지를 이해하는 것이 필요하다.

이 장에서는 학습을 지원하기 위해 사용되는 디지털 기기에 대해 논의하고 디지털 기기의 지원이 학습자의 심리에 미치는 영향에 대해 살펴보고자 한다.

1. 교수학습에서 디지털 기기의 활용

디지털 기기는 학습자를 지원하는 다양한 기능적 이점을 가지고 있다. 디지털 기기를 활용했을 때 교수학습적 측면에서 얻게 되는 장점을 살펴보면 다음 표 3-1과 같다.

표 3-1 교수학습에서 디지털 기기 활용의 장점

디지털 기기 활용의 장점	• 유용한 정보 검색 및 선택 • 텍스트, 동영상 등 다양한 형태 연결 • 영상편집, 그래픽화, 창의적 작업 • 기록과 저장, 공유의 간편 • 의사결정을 위한 의견 교환 촉진 • 프로젝트 대한 협동 및 협업 용이
교수학습 측면의 장점	• 학습자들의 자율적인 정보검색 및 선택 능력 함양 • 학습 단계의 시각적 연결 • 문제해결과 결정 방법의 발견 • 독창적이고 창의적 표현 가능 • 학습자 중심의 수업 전개 • 프로젝트 학습환경 조성 • 개별 혹은 모둠학습 지원 • 커뮤니케이션 및 커뮤니티 확장 • 다양한 기관 등과 교류 활성화

출처: 문혜성(2018)을 수정하여 사용함.

디지털 기기는 글이 있는 멀티미디어 디스플레이, 그림, 시각적 강조, 음성, 메시지, 정보입력을 위한 여러 채널(클릭, 터치)을 통해 사용자에게 중요한 학습 기회를 제공하고 있다. 이로 인해 디지털 기기를 사용하는 교육환경에서는 디지털에 익숙한 세대들의 학습참여를 증진시킬 수 있다. 또한 디지털 기기 기반 학습환경에서는 학습 선택이 가능하며 학습자의 능력이나 속도에 맞추어 수업을 개별화할 수 있다는 장점이 있다. 즉, 학습자에 맞는 맞춤형 학습이 가능하다. 또한 디지털 기기의 활용은 다양한 학습자료와 학생 개개인의 생각과 경험들을 다른 학습자들과 공유하도록 하여 교육적 경험을 확장시켜 준다. 프로젝트 중심의 학습환경의 조성을 통해 커뮤니케이션이 활발히 일어날 수 있으며, 교실로 한정된 학습 교류를 넘어 공통된 관심을 갖고 있는 다양한 학습자들과 커뮤니티를 조성하여 학업 교류를 활성화할 수 있는 장점도 지닌다.

2. 디지털 기반 학습환경과 동기

1) 디지털 기반 학습환경과 기본심리욕구

디지털 기술이 가져온 교육환경의 변화는 다양한 장점을 지닌다. 그럼에도 불구하고 우리가 놓쳐서는 안 될 것은 이 환경에 반응하는 학습자의 심리이다. 이를 이해하기 위해 테크놀로지가 어떻게 학습자의 학습행동을 유도하는지 살펴보도록 하자.

'어떻게 인간은 학습하는가 II: 과학과 학습의 실행(How People Learn II: The Science and Practice of Learning II: 이하 HPL II)'[1)]은 Mayer(2009)와 Moreno와 Mayer(2007)의 연구를 바탕으로 테크놀로지가 학습행동을 유도하는 방법에 대하여 다음과 같이 정리하였다.

① 상호작용: 테크놀로지는 체계적으로 학습자의 행동에 반응한다. 예를 들면, 일부 진지한 게임은 학습자가 롤플레잉과 게임 내 가상의 공동체를 통해 가상의 작업에 몰두하게 한다. 책을 읽거나 테이프를 듣거나 영화를 보는 것은 학습자의 행동에 대한 정보를 제공하지 않기 때문에 상호적인 테크놀로지가 아니다.
② 적응성: 테크놀로지는 학습자의 행동, 지식 그리고 특성에 따른 정보를 제공한다. 어떤 테크놀로지는 사용자에게 선택권을 주지 않거나 선택을 하도록 하더라도 사용자의 행동에 변화가 없는 등 상호적이나 적응적이지 않을 수 있다. 반대로 지능적인 응용 학습 프로그램은 적응적이고 상호적이도록 설계되었기에 학습자가 프로그램을 사용할 때 프로그램은 과제와 관련된 모든 학습자의 행동(정답, 오답, 판단에 걸린 시간, 학습자의 개인적 판단 전략)을 평가하고 선택적으로 반응할 수 있다.

1) 미국 국립학술원(National Academics)이 구성한 전문가 위원회가 교육 연구와 테크놀로지의 교육적 활용 방안 등에 대하여 폭넓게 보완한 보고서임.
https://www.nationalacademics.org/our-work/how-people-learn-ii-the-science-and-practice-of-learning 참고 바람.

③ 피드백: 테크놀로지는 학습자 수행의 질에 대한 피드백을 제공하며, 이러한 피드백은 종종 수행이 어떻게 향상될 수 있는지에 대한 정보를 포함한다. 피드백의 범위는 학습자의 입력 내용 혹은 대답의 옳고 그름에 대한 짧은 메시지부터 해당 입력 내용이 왜 옳고 그른지에 대한 설명까지 포함한다. 과제와 관련된 피드백의 범위는 몇 초간 유지된 단기적 사건에 대한 반응부터 장기적(예를 들면, 한 학기) 수행 반응을 포함한다.

④ 선택: 테크놀로지는 학습자들에게 무엇을 어떻게 배울지에 대한 선택지를 제공하여 학습자들이 스스로 자신의 학습을 조절할 수 있도록 한다. 예를 들면, 정해진 계획에 따르는 설명 위주의 테크놀로지는 학습자가 선택할 수 있는 선택지가 적다. 반면에 학습자들이 개인적인 질문에 대한 답을 찾기 위해 인터넷을 검색하는 경우는 선택지가 많다고 할 수 있다.

⑤ 비선형 접근: 테크놀로지는 학습자가 정해진 순서에서 벗어나 학습활동을 선택하고 수행할 수 있도록 한다. 여러 상업적인 학습 테크놀로지는 학습자료와 주요 개념이 모든 학습자에게 동일하게 선형적인 순서로 경험된다. 그러나 일부 테크놀로지는 정보 접근에 있어 비선형적인 접근을 취한다. 제시의 순서는 학습자의 선택 혹은 지능적 적응에 따라 변할 수 있다.

⑥ 연결된 표상: 테크놀로지는 다양한 개념적 관점, 교육 전략 그리고 미디어(음성 메시지, 문자, 다이어그램, 비디오 그리고 상호적 시뮬레이션)를 강조하는 어떠한 주제의 표상들을 연결시킨다. 이러한 연결된 표상은 학습 지원을 위한 인지적 유연성과 다양한 부호를 제공한다.

⑦ 학습자 입력의 개방성: 테크놀로지는 능동적 학습을 위해 학습자로 하여금 자연 언어, 그림 그리기, 그리고 다양한 소통의 방식으로 자신을 표현할 수 있도록 허용한다.

⑧ 타인과의 소통: 학습자는 한 명 또는 여러 명의 '사람'과 소통한다. 여기에는 또래부터 특정 영역 전문가까지 포함된다. 소통은 컴퓨터를 통한 문자 중심의 소통(이메일, 채팅, 토론 게시판), 컴퓨터를 통한 멀티미디어 소통, 컴퓨터를 사용한 협동 학습을 포함하며, 대화의 상대와 요구에 따라 개인 지도 교사 그리고 크라우드소싱(crowd sourcing: 대중의 참여로 과제나 프로젝트에 해결책을 얻는 방법)을 포함한다.

테크놀로지가 어떻게 학습행동을 유도하는지에 대한 설명은 테크놀로지가 인간의 학습 잠재성을 발휘하도록 하는 핵심적인 심리적 욕구를 어떻게 충족시켜 주는지와 연관된다. 기본심리욕구 이론은 인간이 잠재력을 최적으로 발휘하고 효과적으로 발달하기 위해서는 핵심적인 심리적 영양분인 세 가지 욕구가 충족되어야 한다고 주장한다(Deci & Ryan, 2000). 이 세 가지 욕구는 자율성에 대한 욕구(need for autonomy), 유능성에 대한 욕구(need for competency), 관계성에 대한 욕구(need for relatedness)이다. 디지털 학습의 동기적 측면의 이점을 이해하기 위해 테크놀로지가 학습행동을 유도하는 방법을 세 가지 기본심리욕구와 연결지어 생각해 보도록 하자.

자율성(autonomy)
흥미와 자신이 부여한 가치에 근거하여 자신의 행동을 결정하려는 욕구

유능성(competence)
사회 환경과의 상호작용 속에서 자신의 능력을 실행하고 표현하는 기회를 경험하는 것을 통해 자신감과 효율성을 느끼는 욕구

관계성(relatedness)
다른 개인들과 사회에 연결되어 있다는 느낌을 충족시키려는 욕구

(1) 자율성(autonomy)

자율성은 흥미와 자신이 부여한 가치에 근거하여 자신의 행동을 결정해 나가는 것을 의미한다(Deci & Ryan, 2000). 자율성은 행동에 있어 자기 의지와 선택에 초점을 두기 때문에, 내적 인과성을 촉진시키거나 행동을 스스로 시작하도록 돕고, 선택권을 최대한 보장하는 것이 필요하다.

HPL II에서 ② 적응성과 ④ 선택, ⑤ 비선형 접근은 테크놀로지의 '자율성'

과 관련된다. 과제와 관련된 학습자의 행동을 평가하고 선택적으로 반응하는 적응성이 있는 테크놀로지는 학습자가 자율성을 갖고 학습하도록 지원할 수 있다(물론 사용자에게 선택을 하도록 하는 테크놀로지의 경우에 한정된다.). 같은 맥락에서, 테크놀로지가 제공하는 '선택'은 학습자들이 스스로 자신의 학습을 조절하도록 함으로써 '자율적'인 학습자가 되도록 안내한다. 또한 테크놀로지는 '비선형 접근'을 허용하는데 학습자가 정해진 순서에서 벗어나 학습활동을 선택하고 수행할 수 있도록 할 수 있다는 점에서 자율성과 관련된다.

테크놀로지를 기반으로 하는 디지털 학습환경은 학습자의 참여를 독려하고 자율적으로 문제를 해결하는 능력을 개발하고 지지하는 환경을 조성해 줄 수 있다. 예를 들어, 학습자는 AI 보조교사로부터 사전에 지식을 전달받아 교사와는 토론, 프로젝트 학습, 거꾸로 학습(Flipped learning) 등 다양한 방식의 수업에 참여하는 등 자신만의 학습경로를 구축하는 능동적 학습자로 성장할 수 있다.

(2) 유능성(competence)

유능성은 사회 환경과의 상호작용 속에서 자신의 능력을 실행하고 표현하는 기회를 경험하는 것을 통해 자신감과 효율성을 느끼는 것을 말한다(Deci & Ryan, 2002). 유능성의 욕구는 사회적 환경과 지속적이고 효과적으로 상호작용할 기회가 주어질 때 충족되는데, 긍정적 피드백과 자율성 지지는 유능성 욕구를 충족시키고 결과적으로 내재동기를 증진시킨다(Vallerand & Reid, 1984).

HPL II의 내용 중, ③ 피드백은 유능성의 기본심리욕구와 관련된다. 테크놀로지는 피드백을 통해 학습자의 수행이 어떻게 향상되고 있는지에 대한 정보를 제공함으로써 유능성을 충족시킬 수 있다. 학습자는 유능감을 얻기 위해 피드백과 보상에 의존하게 되기 때문이다. 피드백은 학습자가 잘못 학습한 과제를 바르게 교정하게 하기 위해 잘못된 점을 알려주고 이에 대한 정보를 제공해 줄 뿐 아니라 다음 학습과제에 대해서도 계속해서 학습하려는 의욕을 불어넣어 주는 동기 유발적인 역할을 한다. 즉, 학습자가 문항에 대한 정답 반응을 했을 때 그 결과를 즉각적으로 알려줌으로써 학습자는 강화를 받게 되며 이후의 검사에서 그 문항에 대해 정답 반응을 할 가능성이 높아지게 된다.

⑦ 학습자 입력의 개방성도 유능성의 기본심리욕구와 관련된다. 테크놀로지는 능동적 학습을 위해 학습자로 하여금 다양한 방법으로 자신을 표현할 수 있도록 하는데, 현재의 학습자들이 디지털 네이티브(Digital native)로서 디지털 기기를 활용하여 자연스럽게 자료를 찾을 수 있고 이를 활용하는 것에 익숙하다는 측면에서 디지털 기반 학습환경에서는 자연스럽게 유능감을 갖게 될 수 있다. 또한, 디지털 기기는 학습자들에게 '맞춤교육'을 제공함으로써 학습자의 역량 및 학습 속도에 최적화된 학습기회를 제공하여 유능감을 충족시켜 줄 수 있다. 즉, AI가 수집하고 분석한 학습자 개개인의 데이터를 기반으로 맞춤 학습콘텐츠를 제공받기 때문에 학습자는 자신의 수준과 속도에 맞는 학습을 하게 되면서 유능감을 갖게 된다.

(3) 관계성(relatedness)

HPL II에서 ① 상호작용과 ⑧ 타인과의 소통은 관계성의 기본심리욕구와 관련된다. 관계성은 다른 개인들과 사회에 연결되어 있다는 감정이다. 테크놀로지는 체계적으로 학습자의 행동에 반응하는데, 가장 기본적으로는 학습자가 문항에 대한 정답 혹은 오답 반응을 했을 때 그 결과를 즉각적으로 알려주거나 보상을 줌으로써 학습자의 학습행동에 반응한다. 더욱이 디지털 기기를 사용한 개별 맞춤형 수업에서는 각 개별 학생들의 향상 정도에 따라 보상이 이루어지는데, 디지털 대시보드나 이모티콘으로 바로 표시됨으로써 학습자는 디지털 기기와 상호작용하고 있다고 인식하게 된다. 또한 지능형 교수시스템이나 컴퓨터 기반 교수 에이전트는 학습자와의 상호작용을 지원하며 학습을 돕는다. '대화형 지능형 교수시스템'이 학생과 어떻게 상호작용하는지 다음의 예시를 보도록 하자.

AI 대화형 지능형 교수시스템의 예시

Pai 등(2020)은 대만의 초등학교 학생에게 시간(시, 분, 초)의 맥락에서 곱셈과 나눗셈을 가르치기 위한 대화형 지능형 교수시스템을 개발했다. 이를 위해 총 7개의 개념이 적용된 10개의 문항, 개념 간의 위계(예를 들어, 개념 1은 개념 2의 학습을 위한 사전지식), 모범답안, 예측되는 답안, 오개념을 도메인 모델에 포함하였다. 학생이 제출한 답안은 사전에 입력된 모범답안과 비교를 통해서 평가되고 이에 대한 맞춤형 피드백이 제공된다. 다음은 해당 지능형 교수시스템에서 학생과 지능형 교수시스템이 상호작용한 사례이다.

지능형 교수시스템: 재단사가 드레스 한 벌을 만들기 위해 하루 4시간 20분씩 7일이 소요된다. 재단사가 4일 안에 드레스 한 벌을 만들려면 하루 몇 시간 몇 분씩 일해야 하는가?

학　　　　　생: 4시간 20분 × 7 = 30시간 20분 =1820분

지능형 교수시스템: 잘했어! 너는 드레스 한 벌을 제작하는 데 1820분이 소요된다고 계산했구나! 이제 무엇을 해야 할까?

학　　　　　생: 모르겠어.

지능형 교수시스템: 1820분은 드레스를 만드는 데 소요되는 총 시간이고, 우리는 4일 안에 만들어야 해. 매일 얼마나 많은 시간을 일해야 하는지 알기 위해서는 우리는 총 시간을 4로 나누어야 해. 여기서 사용할 수 있는 수학적 표현은 무엇이 있을까?

학　　　　　생: 나눗셈

지능형 교수시스템: 잘했어! 다시 해보자. 문제는 재단사가 4일 안에 드레스를 만들기 위해서는 하루에 몇 시간 일해야 하는지야.

학　　　　　생: 1820분 ÷ 4 = 455분
455분 = 7시간 35분

지능형 교수시스템: 잘했어. 훌륭해! 이런 유형의 문제는 곱셈을 사용해서 7일 동안의 총 시간을 계산하고, 나눗셈을 사용하여 4일간 필요한 시간을 계산해서 해결하면 돼.

한편, 학습자는 디지털 기기를 통해 한 명 또는 여러 명의 '타인'과 소통할 수 있다. 소통은 컴퓨터를 통한 문자 중심의 소통(이메일, 채팅, 토론 게시판), 컴퓨터를 통한 멀티미디어 소통이 가능하고, 컴퓨터를 사용한 협동학습이 가능하며, 디지털 기기를 이용하여 개인 지도 교사와의 소통, 그리고 크라우드소싱(crowd sourcing: 대중의 참여로 과제나 프로젝트에 해결책을 얻는 방법)도 가능하다. 테크놀로지는 집단의 구성원들이 각자 자신의 생각을 설명하도록 함으로써 구성원 개개인의 관점을 이해하도록 하여 의견을 일치시키는 데 도움을 주는 등 협력 및 협동 학습의 기술을 양성할 수 있도록 다양한 기회를 제공한다. 더불어 디지털 공간은 사람들이 네트워크로 연결되어 서로 생각이나 의견을 자유롭게 표현할 수 있으며 자신의 의견이 타인에게 전달되는 것을 어려워하지 않는 곳이므로, 디지털 공간에서의 학습은 타인과의 소통과 상호작용의 사회적 측면을 강화하게 된다(Warnock, 2009).

2) 디지털 기반 수업과 자율성 지지 환경

테크놀로지는 학습자의 요구에 맞추어서 학습활동과 지원을 조정함으로써 학습자가 최적화된 학습을 경험하도록 할 수 있다. 수많은 학습자원에 대한 접근을 용이하게 하고, 학습자 스스로 정보를 관찰하고 선택할 수 있는 환경을 제공하며, 지식을 다양한 방식으로 표현하고 아이디어를 시각화할 수 있는 도구를 제공한다. 테크놀로지의 기능을 통해 학습자 개인의 요구와 특성을 반영한 최적화된 학습자 중심 학습을 실현할 수 있다. 이에 대하여, Lee, Huh, Lin과 Reigeluth(2018)는 학습자 중심(learner-centered) 교수학습 패러다임의 확산이 가속화됨에 따라 테크놀로지를 활용하여 학습자가 자신의 요구와 결정에 따라서 주체적으로 학습을 수행하는 개인화 학습(Personalized Learning)이 가능해졌다고 하였다. Holmes(2018)는 교육현장에서 학습 경험의 개인화에 대한 요구는 끊임없이 제기되어 왔는데, 테크놀로지는 효과적인 개인화 학습을 지원하기 위한 잠재적인 가능성을 가지고 있다고 주장하였다.

학습자의 요구와 결정에 따라 학습이 이루어지도록 하는 테크놀로지의 기능은 학생의 자율성을 지지하는 학습환경을 보장한다. 자율성 지지가 학생의 동기에 중요한 영향을 미친다는 사실은 일관되게 보고되고 있다(예: Schweinle, Meyer, & Turner, 2006). 자율성이 지지될 때 학생들은 학습활동에 대해 자신이 선택할 수 있고, 조절할 수 있는 자율성을 경험하게 되면서 자율감(자신이 스스로 효과적으로 수행의 결과를 관리할 수 있는가에 대한 믿음 혹은 통제감)을 얻게 된다.

자율성이 보장된 환경은 학습자들의 관점을 인정해주고 스스로 선택하여 착수할 수 있도록 격려해주며 학생의 행동에 지지적이고 반응적인 환경이라고 할 수 있다. 학습활동을 자신이 정한 목표와 가치와 관련시켜 학습자가 스스로 선택할 수 있을 때 학습자들은 자율성이 보장된다고 느끼게 된다. 따라서 학습자들이 학습 내용을 스스로 선택할 수 있도록 하고 그 선택에 대한 책임을 지도록 하는 것이 중요하다.

테크놀로지는 인공지능 교육시스템(Intelligent Tutoring System)과 학습분석(Learning Analytics)을 통해 학습자의 요구와 결정에 따른 수업이 가능하게 한다. 인공지능 교육시스템은 개별 학생의 특성과 필요에 따라 오개념을 잡아주거나, 최적의 단계별 학습경로를 제공해주거나, 학습이 진행되는 동안 난이도를 조절하거나 힌트를 주는 등 맞춤형 피드백을 제공해줌으로써 학습자가 자율감을 갖고 학습하도록 돕는다.

학습분석은 테크놀로지가 매개하는 학습환경에서 다양하게 일어나는 학습 행동과 교수학습 맥락에서 발생하는 데이터를 측정, 수집, 분석, 예측하여, 데이터에 기반하여 교수학습 의사결정을 내릴 수 있도록 지원하게 된다(Siemens & Long, 2011). 학습자는 자신이 학습환경을 통제할 수 있다고 생각할수록 도전을 감수하고 어려운 과제들을 끝까지 해낼 가능성이 높다. 디지털 기반 수업환경은 수업 동안 의미있는 선택을 할 수 있는 기회를 제공함으로써 자율성, 동기부여 그리고 궁극적으로 학습성취를 높이게 된다.

또한 AI 보조교사는 정해진 구조와 규칙 내에서 학생들이 자연스럽게 움직일 수 있도록 자율성을 허용한다. 즉, 학습자의 학업역량과 동기 수준을 파악하여 학생에 맞는 구조와 규칙을 만들고 선택하도록 함으로써 자율감을 갖도록 한다. 학습자의 수준에 따라, 만약 낮은 동기적 수준에 있다면 처음에는 자율성을 적게 주고 과업을 할 수 있도록 보조해주거나 자기주도를 할 수 있는 방법을 알려주다가 점차 학생이 더 많은 책임감을 가지게 되면 이를 감독하고 지시하는 것을 줄일 수 있는 전략을 사용할 수 있다.

3) 디지털 기반 수업과 협력적 학습환경

학습자를 동기화할 수 있는 효과적인 방법 중 하나는 상호협력 학습 시스템을 만드는 것이다. 학습자는 교수자의 행동을 관찰하고 모방하며 이를 내면화함으로써 자신의 것으로 삼고, 학습자 간에는 서로 중요한 역할 모델의 기능을 함으로써 서로에게 중요한 강화자의 역할을 할 수 있다. 이를 위해 학습자가 다른 학습자를 통해 학습해 간다는 것을 이해하고 다른 학습자와의 상호작용 속에서 학습하는 것을 배워나가도록 협력학습 환경을 조성하는 것이 필요하다.

협력학습은 두 명 이상이 팀을 이뤄 공동의 목표를 달성하기 위하여 함께 학습하는 방식이다(Dillenbourg, 1999). 협력학습은 협동학습(Cooperative Learning)과 종종 혼용되어 사용된다. 그러나 협동학습은 교수자 중심적이고 개별과제를 분담하여 과제를 완성하는 방식인 데 비해 협력학습은 학습자 중심적이고 학습자 간 긴밀하게 상호 관여하고 과제를 함께 완성해 가는 방식이다(Henri & Rigault, 1996).

기존의 교수자가 주도된 수업에서 문제기반학습, 프로젝트기반학습, 토론학습 등의 다양한 교수학습 활동은 협력학습을 내포하고 있지만 단순히 협력이라는 방법을 적용하는 것만으로는 협력학습의 효과를 보장하기 어려운 한계를 지니고 있었다. 그러나 테크놀로지의 기능을 사용한 디지털 기반 수업에서는 학습과정에서의 상호작용이 용이해 협력학습의 구현이 가능해지고 있다.

디지털 기기는 협력적으로 정보를 생산하고 공유하기에 최적화된 학습환경을 마련하여 모든 학습자에게 적극적 자기표현과 참여를 경험하게 하며, 교사-학습자, 학습자-학습자 간의 즉각적인 상호작용을 가능하게 할 수 있다. 협력학습에서 지속적인 학습을 촉진하기 위해서는 정보를 계속해서 연결, 유지하는 것이 필요한데 디지털 기기의 지원은 이를 가능하게 한다.

① **학습자-학습자 간 연결**: 디지털 기기는 학습자들의 생각을 즉각적으로 전송하여 생각을 실시간 공유할 수 있으며 협업 형태를 활용하여 학습자들이 문제를 해결하고 의견을 교환하는 활동이 가능하다. 이때, 디지털 기기는 정보자원을 획득하기 위한 도구, 즉각적 전송을 통한 공유를 위한 도구, 공동의 결과물을 만들기 위한 동시 공동 작업을 위한 도구로 활용된다.

② **교수자-학습자 간 연결**: 디지털 테크놀로지는 실시간 웨비나(webinar) 참여, 교실에서 테크놀로지 기반 교사의 사용 또는 채팅방 같은 교수자와 학습자 간 실시간 의사소통 지원을 할 수 있다. 또한 교수자가 학습관리 시스템이나 웹사이트에 비디오 강의를 올려두는 것을 통해 활동시간이 다른 학습자와 비동시적인 상호작용이 가능하도록 지원한다.

소통과 협력을 돕는 다양한 다목적 도구들을 정리하면 다음과 같다.

① 인터넷상 웹브라우저에서('Wiki Website' 혹은 'Wiki'와 같이) 내용을 더하거나 변경하거나 지우고,
② 공유된, 혹은 공유 가능한 문서 작성 및 스프레드시트 파일을 업로드하여 다른 사람들이 접속하고, 주석을 달거나 수정하고(예: Google Docs),
③ 무료로 음성 및 영상 통화를 하고,
④ 단체 사용이 가능한 메시징 서비스를 통해 온라인 미팅을 주관하고 (예: Google Hangouts, What's App),
⑤ 전자 파일을 클라우드 기반 서비스에 저장하고 공유하고(예: Dropbox),
⑥ 소셜 미디어(예: 페이스북, 트위터, 인스타그램)에 참여할 수 있게 한다.

출처: National Academies of Sciences, Engineering, and Medicine(2018)

③ **비공식적 학습커뮤니티와의 연결**: 디지털 기반 학습환경에서는 테크놀로지와 비공식적인 학습과의 연결 가능성도 높다. 테크놀로지는 지속적인 지적 참여를 위한 기회를 제공하는 방법으로 학교 밖에서의 학습을 도울 수 있다. 방과후 클럽, 청소년 단체, 박물관 및 미술 프로그램은 테크놀로지가 지원하는 활동으로 학습과 재미를 결합하는 환경을 제공한다(National Research Council, 2009).

3. 학습동기를 촉진하는 테크놀로지

1) 상황적 흥미 유발

대부분의 교육과정 내용은 학습하기 위해서 엄청난 정신적 에너지를 써야 하는 어렵고 난해한 내용으로 구성되어 있다. 이런 어렵고 난해한 내용들을 학습자가 자연스럽게 배우려고 동기화되는 것은 불가능하다. 이러한 이유로

학생의 호기심을 유발하는 것이 필요한데, 학습자가 학습 내용에 흥미를 갖도록 흥미를 자극하는 수업활동이나 교과자료들을 사용하는 것이다. 흥미는 주제에 대해 주의집중하게 하며, 인지적 활동 수준을 더 높여 몰두하게 한다.

동기이론은 흥미를 크게 상황적 흥미와 개인적 흥미 두 가지로 구분한다. 상황적 흥미는 특정 활동에 보이는 즉각적인 정서적 반응으로 학습자의 관심을 과제로 이끈다. 시간이 지날수록 학습자의 상황적 흥미는 개인적 흥미로 발전될 수 있다. 개인적 흥미는 특정 활동이나 주제에 참여하고자 하는 학습자의 내재적 욕구와 경향이다.

디지털 기반 학습은 상황적 흥미를 통해 학생들의 참여를 유도할 수 있다. 디지털 기반 교실의 모습은 학습자의 흥미를 유발할 수 있는 다양한 학습자료와 학습 콘텐츠를 제공하여 학습흥미를 강화시키는 학습공간을 구현할 수 있다. 디지털 학습에 탑재된 다양한 요소는 학습자의 참여를 높일 수 있도록 학습동기를 유발하는 역할을 하고, 즉각적인 피드백과 보상적인 요소가 학습동기에 긍정적 영향을 주어 학습효과를 향상시킬 수 있다.

상황적 흥미로 학습자의 참여를 유도하는 예를 하나 소개하면, Bernacki와 Walkington(2018)이 사용한 지능형 교수시스템이다. 이 지능형 교수시스템은 대수 학습을 위하여 제공된 문항에 개별 학생의 흥미에 맞는 맥락을 제공하였다. 예를 들어, 게임에 흥미가 있는 학생에게 기존 문항을 변형하여 학생에게 맞는 맞춤형 문항을 제시하였다.

기존 문항	(변형시킨) 맞춤형 문항
우주 왕복선에서 크롤러라는 기계는 초속 2.9피트로 움직인다. 크롤러는 현재 지점에서 100피트 떨어진 빌사대로 이동 중이다. 	자동차 게임에서 초당 2.9피트로 달리는 차가 있다. 이 차는 시작 지점에서 100피트 떨어진 결승선을 향해 달리고 있다. 

디지털 학습 콘텐츠를 이용하여 학습자의 수준에 적절한 과업을 부여하는 것은 학습자에게 흥미와 도전정신을 유발하여 학습 몰입으로 이끌 수 있다. 또한 확장된 피드백(예: 총 점수)이나 리더 게시판 혹은 짝과의 경쟁을 포함한 타인과의 소통을 추가해 학습을 게임화하는 방법도 있다(Tobias & Fletcher, 2011; Wouters et al., 2013). 학습자가 처음에는 디지털 학습에서 제공하는 다양한 학습자료와 교육콘텐츠를 통해 상황적 흥미를 느끼는 것으로 시작하여 학습이 진행될수록 학습 내용에 개인적 흥미를 느끼게 될 수 있다.

여기서 유의할 점은, 학생들의 흥미를 유도하는 상황적 흥미로 학생들의 관심을 끌어 학습 내용에 관심을 갖도록 하는 것은 단기적으로 도움이 될 수 있지만 장기적으로는 영향을 미치기 어렵다는 사실이다. 그래서 상황적 흥미가 후에 지속적인 개인적 흥미로 발전하는 자원이 되도록 하는 것이 궁극적으로 유익하다. 이러한 이유로 게임이나 오락과 같이 재미있는 과제는 과제에 대한 흥미와 매력을 순간적으로 촉발시키지만 결과적으로 이롭지 않을 수 있다. 학습을 희생하면서 동기를 사게 될 수 있기 때문이다. 학생 흥미에만 지나치게 초점을 맞추어 수업을 진행하다 보면 주객전도의 상황이 발생하여 학생들이 수업시간 동안 재미있는 활동은 했지만 정작 '무엇을 배웠는지 모르는' 경우가 생길 수 있다.

한편, 사용된 디지털 러닝 콘텐츠에 따라 학습효과가 다르게 나타날 수 있음을 이해하는 것이 필요하다. 디지털 기반 학습이라고 해서 모든 콘텐츠가 학습에 유용한 것은 아니고, 콘텐츠가 학습에 적합하게 개발되었는지 여부에 따라 학습효과가 달라질 수 있다. 어떠한 주제는 매우 중요하나 재미없을 수 있으므로, 흥미 위주로 선택할 수 있는 선택권을 너무 많이 허락한다면 필수적인 지식이나 기술을 습득하지 못하게 될 수 있다는 점을 유념해야 한다.

상황적 흥미 유도-게임화

학습을 위한 테크놀로지를 설계하는 이들은 상황적 흥미를 사용하여 교과 학습의 수단으로 사용할 수 있는데, '게임'이 이 목적으로 사용되고 있다. 게임기반학습(GBL, Game Based Learning)은 학습과 게임을 유기적으로 혼합시키는 것이다. 즉, 학습자의 게임학습 경험이 학습 참여 동기를 높이는 동시에 학습 자체에도 도움이 되도록 학습 특징과 게임 특징을 효과적으로 조합한 것이다.

게임기반학습은 학습활동을 게임 형식으로 재구성한다. 그러나 게임 전반의 틀과 내용이 학습목표를 기반으로 구성된다. 게임기반학습의 활동에는 개임의 필수 요소인 규칙과 규칙 내에서 이뤄지는 갈등을 비롯한 다양한 게임 요인들을 포함한다. 디지털 게임기반학습은 게임기반학습 내에서 학습자가 자신이 원하는 게임 활동을 선택할 수 있으며 게임 중에는 활동에 대한 즉각적인 평가와 포인트 등의 보상을 받을 수 있다. 또한 여러 명이서 협력하여 게임을 하는 경우 전략을 수립하거나 의사결정해야 할 상황에서 자연스럽게 구성원 간의 상호작용이 일어난다. 디지털 게임기반학습은 게임의 요건을 보다 충실하게 이행하여 학습자의 수준에 맞는 학습 내용 제공, 학습 참여도 및 학습동기 증진과 같이 개별화 학습으로 기존 교실 학습의 부족한 부분을 채우는 데 더욱 용이하다.

동기적 측면에서 바라보면, 게임기반학습은 학습자들이 즐거워하고 지속적으로 참여하기를 원하는 경험을 제공하여 학습자에게 동기부여를 한다(Gee, 2003; Zusho et al., 2014). 이때의 경험은 학습자가 게임과 상호작용하는 경험이다. 이를 통해 학습자는 학습할 동기를 얻고 학습 내용을 인지적으로 처리하는 과정을 수월하게 진행하게 되며, 결과적으로 학습능력이 향상된다(Plass et al., 2015).

그러나 상황적 흥미를 유도하는 게임기반학습은 주의하여 사용되어야 한다. 게임기반학습의 경우, 인간이 사유나 노동보다 놀이를 선호하기 때문에 자칫 즐거움을 추구하는 놀이로, 깊은 사유가 필요한 학습이 안 될 수도 있다. 또한 게임기반 학습을 다양한 게임 구성요소를 활용하여 디자인할 때 보상에 있어서 주의가 필요한데 학습 내용과 보상이 정교하게 연결되어야 한다는 점이다(Plass et al., 2015). 만일 학습 내용과 보상이 연결되지 않으면 학습자는 학습 내용이 아닌 보상 자체에 동기화된다. 즉 학생은 보상을 얻는 행위에 내적 동기가 발현되어 게임 기반학습의 원래 목표인 학습 내용을 학습하는 것이 뒷전이 될 수 있다. 이 경우에 학생은 학습 내용에 충실하지 않더라도 일정 수준 이상의 보상을 얻어 게임을 완수할 수 있는 방법만을 찾을 수 있으므로 주의가 필요하다.

2) 외재적 보상의 사용

외적 유인가인 보상은 학생들이 지루하고 어려운 과제와 학습활동을 참고 견디게 도와주는 역할을 한다. 이러한 이유로 외재적 동기가 학습에서 중요한 역할을 하게 된다.

디지털 기기는 학생의 흥미를 이끌어 즐겁게 학습이 일어나게 할 뿐만 아니라 외적 유인가를 사용한 외재 동기적 요소를 포함함으로써 학습이 잘 일어나도록 하고 있다. 외재적 보상은 학생이 학습에 대한 목표가 없을 때 동기유발을 하는 데 용이하며 적절히 사용된다면 학생의 내재적 흥미까지도 증진시킬 수 있다.

디지털 기기는 학습자 개개인의 학습발달 수준과 과제의 난이도 등을 종합적으로 고려하여 학습자에게 명확하고 구체적인 피드백을 즉각적으로 제공함으로써 학습동기를 유발할 수 있다. 또한, 디지털 기기를 사용한 개별 맞춤형 수업에서는 다른 학생들과의 상대적 비교를 통한 보상이 아니라 각 개별 학생들의 향상 정도를 평가한 보상이 이루어진다는 점에서 바람직하다. 디지털 대시보드는 이러한 기능을 위해 제작되는데 디지털 대시보드는 학습환경을 통해 학습자가 자신의 진전 정도를 파악할 수 있도록 해준다.

AI 지능형 교수시스템이 제공하는 정서적 피드백의 예

예시 1

Rajendran 등(2018)은 중학생들이 분수 학습에서 좌절감을 느끼는 순간과 이유를 식별하여 학습동기를 부여하기 위하여 지능형 교수시스템인 Mindspark를 개발하였다. Mindspark는 학생이 주어진 문제에 오답을 제출하였을 때 자동적인 피드백이 제공되도록 학생이 답안을 제출하는 데 소요된 시간, 문항 난이도, 직전 문항들에 대한 정답 유무를 분석한다. 만약 해당 문항의 난이도가 평이했고 학생이 직전 두 개의 문항에서 모두 정답을 제출하였음에도 불구하고 이번 문항에서 오답을 제출했다면 다음과 같은 피드백이 제공된다.

> 너는 지금 주어진 문제 이전에 두 개의 문제를 아주 잘 풀었어. 그리고 이 문제 역시 해결하기 위해 노력했어. 그래서 나는 네가 다음 문제들을 충분히 풀 수 있을 거라 확신해.

만약에 두 번째 시도에서도 오답을 제출한 경우 Mindspark는 오직 문항의 난이도에 기반하여 피드백을 제공한다. 만약 문항의 난이도가 높은 경우, "걱정 마, 이 문제는 다른 친구들에게도 어려운 문제야. 다시 도전해봐."와 같은 피드백이 제공된다. 만약 세 번째 시도에서도 오답을 제출한 경우 Mindspark는 문제를 어떻게 풀었는지 계산 과정을 제출할 것을 요구한다.

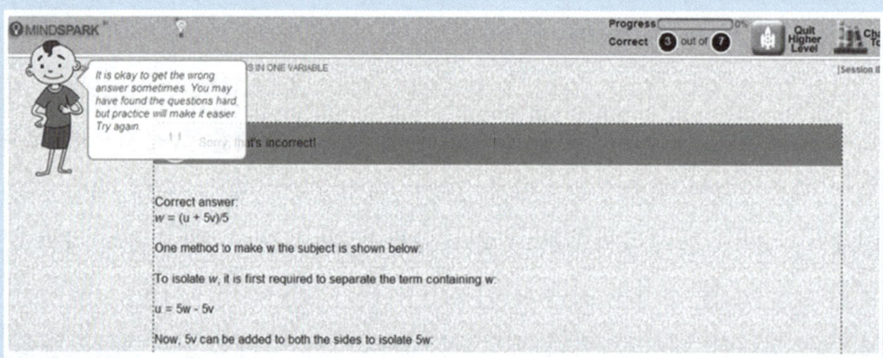

예시 2

Bringula 등(2018)은 학생의 답안에 따라 서로 다른 표정으로 피드백을 제공하는 지능형 교수시스템인 PIA를 설계하였다. PIA는 학생의 문제해결 과정이 옳으면 웃는 표정과 함께 격려의 피드백을 제공하고 학생의 답안이 틀리면 슬픈 표정과 함께 힌트를 제공한다. 또한 학생이 세 번의 연속적인 문제해결 단계에서 정답을 입력하다가 오답을 제출하면 놀란 표정과 함께 힌트를 제공한다.

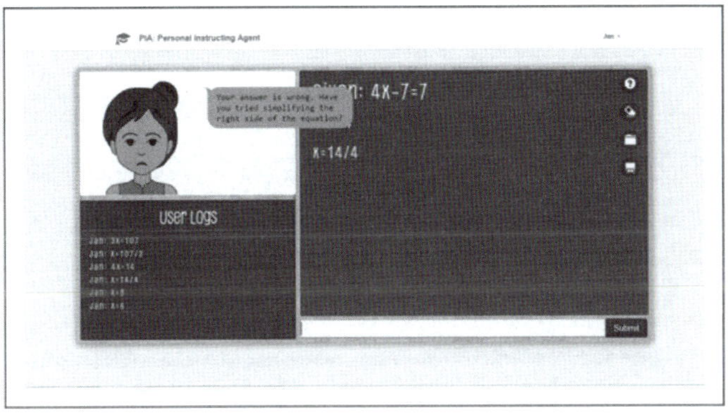

Figure 5. A sad facial expression exhibited by PIA if the student submitted a series of incorrect steps.

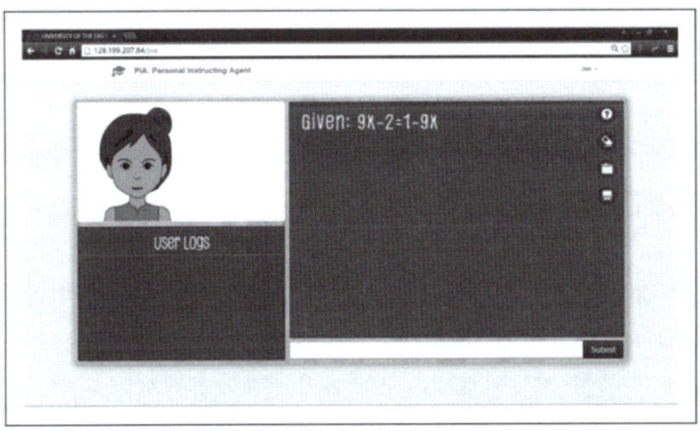

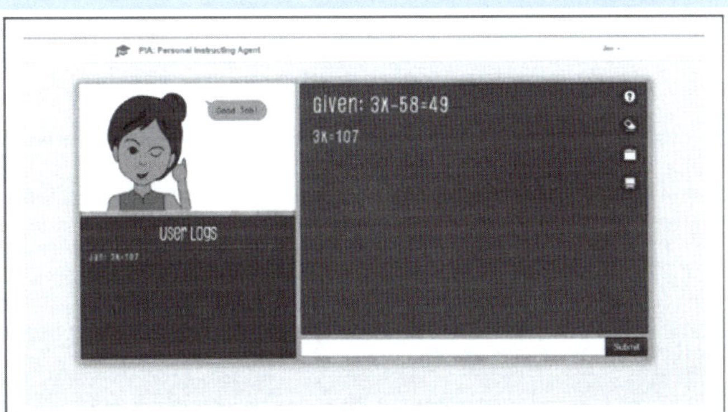

Figure 3. One of the happy facial expressions exhibited by PIA if the student submitted a correct step in solving the equation.

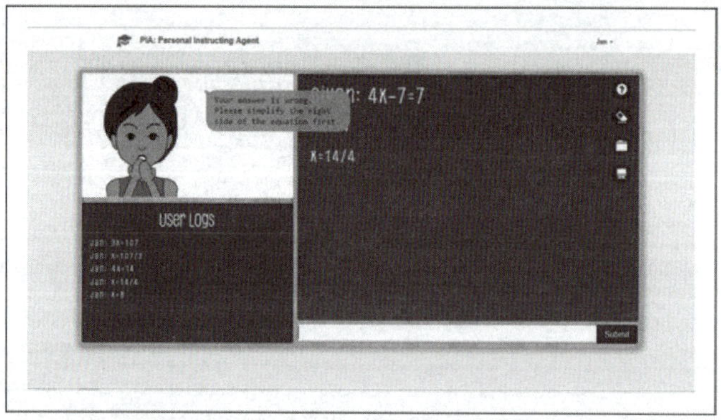

Figure 4. PIA showing a surprise facial expression which at the same time is giving a hint on the solution of her student named Jan.

예시 3

Grawemeyer 등(2017)은 기계학습 기법을 사용하여 학생의 감정 상태를 보다 정밀하게 추론하고 이에 기반하여 피드백을 제공하는 지능형 교수시스템인 iTalk2Learn을 개발하였다. 먼저 학생의 감정 분석단계에서는 음성인식 기술을 사용하여 특정 감정 상태와 연관된 핵심어(예를 들어, "내 생각에 이 문제는 쉬워"라는 학생의 말에서 "쉬워"를 핵심어로 인식)를 식별하고 "음..." 또는 말 중단을 분석한다. 또한 학생이 지능형 교수시스템과의 상호작용에서 요구한 피드백과 문제해결에서 피드백의 사용 여부를 분석하여 학생의 감정 상태를 몰입, 좌절, 지루함, 혼란, 놀람 등의 정서로 분류한다. 추론단계에서는 식별된 학생의 감정 상태와 피드백 사용을 분석하여 피드백의 유형을 결정한다.

4. 디지털 기반 수업을 이끄는 자기주도학습력

자기주도학습(self-directed learning)은 학습자가 학습목표를 설정하고, 목표달성을 위해 필요한 자원을 탐색하며, 학습과정에서 학습에 필요한 적합한 전략을 선택하고, 학습결과를 평가하는 등 주도성을 갖고 학습에 임하는 것을 의미한다

(Knowles, 1975). Pintrich(2000)는 자기주도학습이란 학습자가 주도적으로 자신의 학습목표를 설정하고, 성공적인 학습결과를 획득하기 위해 실행 가능한 계획을 관리하고 환경을 통제하며, 다양한 학습자원을 선택하고 학습전략을 활용하는 등의 학습과정을 진행하며 이로 인해 나타난 학습결과와 과정을 평가하는 것이라 정의하였다.

디지털 기기 학습환경은 학습자가 자기주도적으로 동기를 가지고 자신의 수준과 적성에 맞게 풍부한 자료와 정보기술을 활용해서(Self-directed, Motivated, Adaptive, Resource enriched, Technology-embedded, SMART) 학습할 수 있는 환경을 조성해 준다. 구체적으로 테크놀로지는 인공지능 교육시스템과 학습분석을 통해 학습자에게 맞춤형 학습을 지원한다. 인공지능 교육시스템은 개별 학생의 특성과 필요에 따라 오개념을 잡아주거나 최적의 단계별 학습경로를 제공해주거나, 학습이 진행되는 동안 난이도를 조절하거나 힌트를 주는 등의 맞춤형 피드백을 제공해준다. 학습분석은 테크놀로지가 매개하는 학습환경에서 다양하게 일어나는 학습행동과 교수맥락에서 발생하는 데이터를 측정, 수집, 분석, 예측하여 데이터에 기반하여 교수학습 의사결정을 내릴 수 있도록 지원한다.

학습자 맞춤형 교수-학습을 위한 디지털교과서도 점차 진화하고 있다. 처음에는 서책이 가지는 장점과 아울러 검색, 내비게이션 등의 부가 편의 기능, 그리고 애니메이션, 3D 등 멀티미디어, 학습지원 기능을 구비하여 편의성과 학습효과성을 극대화한 '디지털학습교재'로 접근했는데 최근에는 여기에 인공지능 및 지능정보기술을 더하여 학습자 개인에게 맞는 학습과정을 제공하고 학습자의 학습과정 전반을 관리하고 도움을 줄 수 있는 'AI 디지털교과서'로 진화하고 있다. 즉, 학생 개인의 능력과 수준에 맞는 다양한 맞춤형 학습기회를 지원하고자 인공지능을 포함한 지능정보기술을 활용하여 다양한 학습자료 및 학습지원 기능 등을 탑재한 교과서가 출시되고 있다. AI 디지털교과서는 학습진단과 분석, 개인별 학습 수준과 속도를 반영한 맞춤형 학습, 학생의 관점에서 설계된 학습 코스웨어가 포함된 지능형 학습체제(ITS, Intelligent Tutoring System)로 지속적으로 수정되는 학습자의 인지 상태를 반영하여 학습자에 대한 인지적 진단을 하고, 그에 따른 처방적 교수를 한다는 특징을 가지고 있다.

디지털 기기 기반 학습의 기대 효과는 학생의 흥미와 적성에 따른 다양한 방식의 교육을 받을 수 있고, 주어진 다양한 방법 중에서 자신에게 맞는 수준과 방법을 찾아 학습할 수 있다는 점이다. 이러한 과정을 통해 자기주도적 학습이 가능해진다. 디지털 기기 학습 관련 연구는 학생들이 디지털 기반 환경에서 자기주도적 학습태도를 발전시킬 수 있었다고 일관되게 보고하고 있다.

그런데 디지털 기기를 사용하면 학습이 저절로 이루어진다고 생각하는 것은 큰 오산이다. 물론 디지털 기반 교수학습 과정을 통해 학습자의 자기주도 학습능력을 높일 수 있다고 보고한 연구결과가 많이 있다. 그러나 환경의 조성에도 불구하고 학습의 주체인 학습자가 자발적이고 주도적으로 노력하지 않는다면 무용지물이 될 공산이 크다. 사실 디지털 기반 수업환경에서는 학습자가 자기주도 탐구 능력을 익히지 않고서는 효율적인 학습활동을 계속할 수 없는 구조로 변화하고 있다. 그래서 최근 자기주도학습 능력이 효과적인 학습을 위해 함양되어야 할 핵심능력으로 재인식되고 있다. 디지털 기반 학습환경에서 스스로 학습하려는 마음, 즉 자발적인 선택이었는지의 여부가 학습동기에 있어 중요한 요인이며 학습의 전 과정이 학습자의 자율성에 대부분 좌우되기 때문이다. 이러한 이유로 개별 학습을 통해 풍부한 학습 경험을 쌓고, 다양한 교육매체의 활용 능력을 길러주어 디지털 기기 기반 학습이 잘 이루어지도록 하는 교육 및 훈련이 필요하다. 이에 따라 아래와 같이 자기주도학습 능력을 증진하도록 돕는 학습 콘텐츠가 개발되어 사용되고 있다.

AI 테크놀로지가 지원하는 자기조절학습

학습자가 자발적 학습을 촉진할 수 있도록 학습자들에게 자기조절적 학습전략을 습득하도록 훈련시키는 여러 가지의 컴퓨터 테크놀로지가 개발되었다. 여기서는 유명한 두 개의 테크놀로지인 '메타튜터(Meta Tutor)'와 '아이드라이브(iDrive)'를 소개한다.

'메타튜터'(Azevedo et al., 2010)는 하이퍼미디어 학습환경에서 순환계나 소화기와 같은 생물학적 개념에 대한 자기조절적 학습을 촉진하도록 설계되었다. 이는 컴퓨터와 대화를 통해 노트 필기, 표와 도표 그리고, 추론하기 등의 이론에 근거해 자기조절학습에 중요하다고 여겨지는 13개의 전략을 학생들에게 훈련시킨다(Azevedo & Cromley, 2004).

'아이드라이브(Instruction with Deep-level Reasoning Questions in Vicarious Environments, IDrive)'라는 도구는 학습자와 교사로 표상되는 컴퓨터 속 캐릭터를 사용하여 학습자가 심층적인 질문을 하도록 훈련하는데, 이 캐릭터들은 깊은 수준의 추론에 대한 질문에 대하여 토론을 주고받는 대화에 참여한다(Craig et al., 2006; Gholson et al., 2009). 화면 내 학생은 과학에 관련해 일련의 깊은 수준의 질문을 하고(예: 누구, 어떻게, 만약 혹은 만약 그렇지 않다면의 질문), 교사는 즉각적으로 각각의 질문에 대답하는 방식으로 이루어진다(Gholson & Craig, 2006).

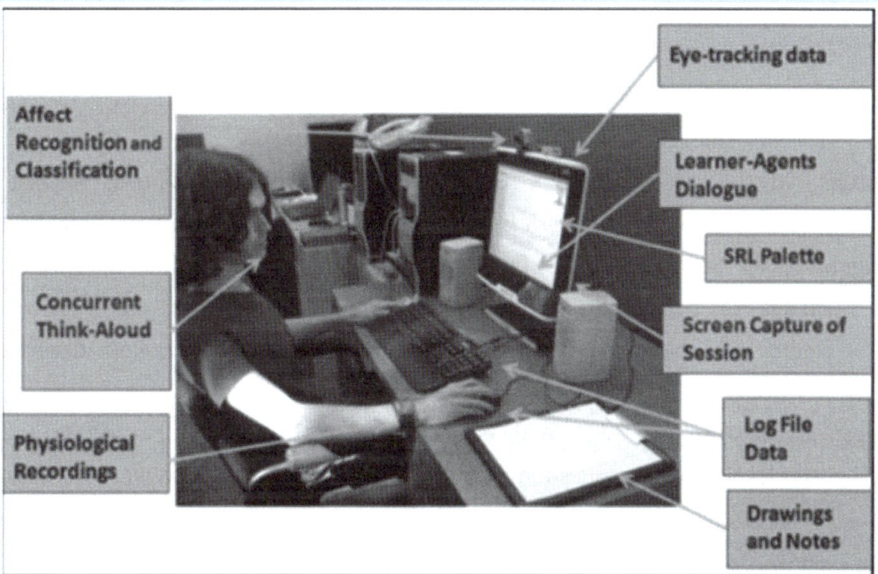

그림 3-1 메타튜터의 스냅사진

출처: Azevedo et al.(2022)

참고문헌

문혜성(2018). 스마트 사회의 미디어교육학-교육공학, 디지털미디어교육, 평생교육의 연계-. 서울: 학지사.

Azevedo, R., Bouchet, F., Duffy, M., Harley, J., Taub, M., Trevors, G., ... & Cerezo, R. (2022). Lessons learned and future directions of metatutor: Leveraging multichannel data to scaffold self-regulated learning with an intelligent tutoring system. *Frontiers in Psychology, 13,* 813632.

Azevedo, R., & Cromley, J. G. (2004). Does training on self-regulated learning facilitate students' learning with hypermedia?. *Journal of Educational Psychology, 96*(3), 523-535.

Azevedo, R., Johnson, A., Chauncey, A., & Burkett, C. (2010). Self-regulated learning with MetaTutor: Advancing the science of learning with MetaCognitive tools. In M. S. Khine and I. M. Saleh (Eds.), *New science of learning* (pp. 225-247). New York: Springer.

Bernacki, M. L., & Walkington, C. (2018). The role of situational interest in personalized learning. *Journal of Educational Psychology, 110*(6), 864-881.

Bringula, R. P., Fosgate Jr, I. C. O., Garcia, N. P. R., & Yorobe, J. L. M. (2018). Effects of pedagogical agents on students' mathematics performance: A comparison between two versions. *Journal of Educational Computing Research, 56*(5), 701-722.

Craig, S. D., Sullins, J., Witherspoon, A., & Gholson, B. (2006). The deep-level-reasoning-question effect: The role of dialogue and deep-level-reasoning questions during vicarious learning. *Cognition and Instruction, 24*(4), 565-591.

Deci, E. L., & Ryan, R. M. (2000). The "what" and "why" of goal pursuits: Human needs and the self-determination of behavior. *Psychological Inquiry, 11*(4), 227-268.

Deci, E. L., & Ryan, R. M. (2002). Self-determination research: Reflections and future directions. In E. L. Deci & R. M. Ryan (Eds.), *Handbook of self-determination research* (pp. 431-441). University of Rochester Press.

Dillenbourg, P. (1999). Introduction: What do you mean by collaborative learning?

In P. Dillenbourg (Ed.), *Collaborative learning: Cognitive and computational approaches* (pp. 1-19). Oxford, England: Pergamon.

Gee, J. P. (2003). *What video games have to teach us about learning and literacy.* New York, NY: Palgrave Macmillan.

Gholson, B., & Craig, S. D. (2006). Promoting constructive activities that support vicarious learning during computer-based instruction. *Educational Psychology Review, 18*(2), 119-139.

Gholson, B., Witherspoon, A., Morgan, B., Brittingham, J. K., Coles, R., Graesser, A. C., ... & Craig, S. D. (2009). Exploring the deep-level reasoning questions effect during vicarious learning among eighth to eleventh graders in the domains of computer literacy and Newtonian physics. *Instructional Science, 37,* 487-493.

Grawemeyer, B., Mavrikis, M., Holmes, W., Gutiérrez-Santos, S., Wiedmann, M., & Rummel, N. (2017). Affective learning: Improving engagement and enhancing learning with affect-aware feedback. *User Modeling and User-Adapted Interaction, 27,* 119-158.

Henri, F., & Rigault, C. R. (1996). Collaborative distance learning and computer conferencing. In *Advanced educational technology: Research issues and future potential* (pp. 45-76). Springer Berlin Heidelberg.

Holmes, B. (2018). *Comparative education: Some considerations of method.* Routledge.

Knowles, M. S. (1975). *Self-directed learning: A guide for learners and teachers.*

Lee, D., Huh, Y., Lin, C. Y., & Reigeluth, C. M. (2022). Personalized learning practice in US learner-centered schools. *Contemporary Educational Technology, 14*(4), ep385.

Mayer, R. E. (2009). *Multimedia learning (2nd ed.).* New York: Cambridge University Press.

Moreno, R. & Mayer, R. E. (2007). Interactive multimodal learning environments. *Educational Psychology Review, 19*(3), 309-326.

National Academies of Sciences, Division of Behavioral, Board on Science Education, Board on Behavioral, Sensory Sciences, Committee on How People Learn II, ... & Practice of Learning. (2018). *How people learn II: Learners, contexts, and cultures.* National Academies Press.

National Research Council. (2009). *Learning science in informal environments:*

People, places, and pursuits. Washington, DC: The National Academics Press.

Pai, K. C., Kua, B. C., Liao, C. H., & Liu, Y. M. (2020). An application of Chinese dialogue-based intelligent tutoring system in remedial instruction for mathematics learning. *Educational Psychology.* Advanced online publication.

Pintrich, P. R. (2000). The role of goal orientation in self-regulated learning. In *Handbook of self-regulation* (pp. 451-502). Academic Press.

Plass, J. L., Homer, B. D., & Kinzer, C. K. (2015). Foundations of game-based learning. *Educational Psychologist, 50*(4), 258-283.

Rajendran, R., Iyer, S., & Murthy, S. (2018). Personalized affective feedback to address students' frustration in ITS. *IEEE Transactions on Learning Technologies, 12*(1), 87-97.

Schweinle, A., Meyer, D. K., & Turner, J. C. (2006). Striking the right balance: Students' motivation and affect in elementary mathematics. *The Journal of Educational Research, 99*(5), 271-294.

Siemens, G., & Long, P. (2011). Penetrating the fog: Analytics in learning and education. *EDUCAUSE review, 46*(5), 30-32.

Tobias, S., & Fletcher, J. D. (Eds.). (2011). *Computer games and instruction.* Albany: State University of New York.

Vallerand, R. J., & Reid, G. (1984). On the causal effects of perceived competence on intrinsic motivation: A test of cognitive evaluation theory. *Journal of Sport and Exercise Psychology, 6*(1), 94-102.

Warnock, S. (2009). *Teaching writing online: How and why.* Urbana, IL: National Council of Teachers of English.

Wouters, P., van Nimwegen, C., van Oostendorp, H., & van der Spek, E. D. (2013). A meta-analysis of the cognitive and motivational effects of serious games. *Journal of Educational Psychology, 105*(2), 249-265.

Zusho, A., Anthony, J. S., Hashimoto, N., & Robertson, G. (2014). Do video games provide motivation to learn? In F. C. Blumberg (Ed.), *Learning by playing: Video gaming in education* (pp. 69-86). Oxford University Press.

Chapter

04

컴퓨팅 사고력 함양을 위한 융합수업 설계의 이론과 실천*

문정미

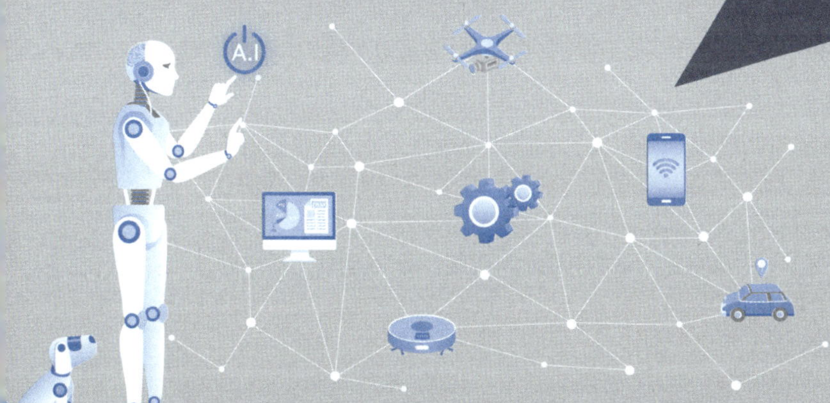

* 본고는 저자의 논문 ‘컴퓨팅 사고력(CT) 관련 교수·학습에 대한 교사-학생 간 응답 차이와 CT와의 관계’(2022)와 ‘컴퓨팅 사고력 함양을 위한 융합수업 실행에 관한 체계적 문헌 고찰’(2024)에서 내용 일부를 발췌하여 수정·보완한 부분이 포함되어 있음을 밝힙니다.

컴퓨팅 사고력은 컴퓨터 과학자뿐만 아니라 모든 사람에게 필요한 기본 기술이다. 읽기, 쓰기, 산술과 더불어 모든 어린이의 분석 능력에 컴퓨팅 사고력을 추가해야 한다. [중략] 컴퓨팅 사고력은 컴퓨터 과학의 기본 개념을 바탕으로 문제를 해결하고, 시스템을 설계하고, 인간 행동을 이해하는 것이다. 컴퓨팅 사고력은 컴퓨터 과학이 지닌 다양한 영역을 반영하는 다양한 지적 도구를 포함하고 있다.

출처: 자넷 윙, Computational Thinking(2006).

1. SW·AI 융합교육

최근 초·중등 교육에서는 『2022 개정 교육과정』이 본격 적용되는 2025년을 기점으로 소프트웨어(SW)·인공지능(AI) 교육을 전방위로 확대·시행할 계획이다(교육부, 2022b). 정부 주도로 추진되고 있는 SW·AI 교육 확대 방안은 정보 수업시수 확대, 코딩 과목 개설, SW·AI 융합교육 활성화 등 크게 3가지 영역으로 이뤄진다. 구체적으로 2025년부터 초등학교와 중학교에서 정보 수업시수를 기존 17시간과 34시간에서 각각 34시간과 68시간 이상으로 2배 이상 확대 편성하도록 규정하고 있다. 또한 초등학교와 중학교에서 학생 발달단계에 따라 체험과 탐구 중심의 코딩 교육을 필수화하고, 고등학교에서는 학생의 진로와 적성을 고려하여 다양한 코딩과목을 신설하겠다는 계획이다. 마지막으로 과학·수학·인문사회 등 다양한 교과와 연계하여 SW·AI 융합교육 프로그램을 개발하고 현장에 보급·적용할 계획이다. 따라서, SW·AI 교육은 앞으로 정보 교과에만 국한되지 않고 모든 교과에서 강조될 전망이다.

정책적으로 초중고 과정에서 SW·AI 교육이 강조되는 주된 이유는 정보통신기술(ICT)로 인해 사회 전 영역이 빠르게 변화되는 지능정보사회에서 필요한 핵심 역량으로서 디지털 소양과 컴퓨팅 사고력(computational thinking, 이하 'CT')이 강조되기 때문이다. 디지털 소양과 CT는 배타적인 개념은 아니지만, 전자가 디지털 정보에 대한 탐색과 생성 등 활용에 중점을 둔 능력이라면, CT는 주로 추상화와 자동화 등 컴퓨터 과학의 원리를 실세계 문제 해결에 활용하는 사고 능력으로 정의된다(교육부, 2022a; Lodi & Martini, 2021; Wing, 2006). 특히, CT는 어렵고 복잡한 실세계 문제를 컴퓨터와 협업해 해결하는 핵심 역량으로서 그 중요성이 커지고 있다(교육부, 2022a). SW·AI 융합교육도 지능정보사회의 문제 해결 역량으로서 CT를 정보 과목만이 아니라 다양한 교과에서 함양하기 위한 방안으로 추진되고 있다(교육부, 2022a). 정부 주도의 교육정책에 따라 이전에는 학교 현장에서 선택적으로 시행되었던 SW·AI 융합교육이 2022 개정 교육과정 적용과 맞추어 빠르게 확대될 것으로 예상된다. 따라서, SW·AI 교육이 목표로 하는 핵심 역량 중 하나인 CT를 정보 외 타 교과에서도 가르치기 위해 SW·AI 융합교과를 설계하고 실행하는 데 필요한 이론과 실천 방안을 이해할 필요가 있다.

이 장에서는 SW · AI 융합수업을 ① 과학 · 수학 · 인문사회 등 정보 이외의 다른 교과 수업 또는 ② 이들 교과와 정보 교과가 연계하여 CT를 함양하기 위해 설계되는 수업이라는 의미로 사용하였다. 이 장에서는 CT 함양을 위한 SW · AI 융합수업 설계를 위해 CT 개념을 소개하고 국내 연구를 통해 소개된 SW · AI 융합수업의 실제를 다루고자 한다. 이를 위해 먼저, 초중등 맥락에서 CT의 개념이 어떻게 발전되어 왔는지 살펴보고자 한다. 다음으로 국내 연구에서 소개된 SW · AI 융합수업 사례를 통해 융합수업 설계, 수업 실행과정에서 고려할 점, 평가 방안에 대해 살펴보고자 한다.

2. 초중고 맥락에서 컴퓨팅 사고력

1) CT의 개념

초중고 교육 맥락에서 CT 연구에 대한 기초를 마련한 학자로는 Seymore Papert와 Jeannette Wing이 꼽힌다(Lodi & Martini, 2021). Papert는 개인용 컴퓨터가 등장한 시기 아이들이 "컴퓨터에게 생각하는 법을 가르치는 과정"(1980: 414), 즉 코딩이 지닌 고유한 교육적, 인지적 가치를 제시했다. Papert(1980)는 어린 아이들도 프로그래밍 언어를 사용하여 컴퓨터에게 작업 수행 명령을 내리는 코딩 과정에서 스스로 사고와 학습이 어떻게 일어나는지 배울 수 있고, 이 과정이 수학과 언어 등 다른 영역을 학습하는 과정에도 전이(transfer)될 것이라고 주장한다. Papert(1980: 417)가 사고 · 학습에서 프로그래밍의 역할을 강조했다면, Wing(2006)은 프로그래밍보다는 컴퓨터 과학자처럼 사고하는 과정을 강조한다. Wing은 CT를 "컴퓨터 과학의 기본이 되는 개념을 활용하여, 문제를 해결하고, 시스템을 설계하고, 인간 행동을 이해하는 과정"(2006: 33)이라 정의했다. Wing(2008)은 CT의 핵심을 실세계의 문제를 추상화(abstraction)하고, 이를 컴퓨터라는 물리적 시스템의 한계 안에서 자동화(automation)하여 해결하는 과정이라 본다. CT에 대한 역사적 고찰에 따르면 Wing이 제시한 정의가 컴퓨터 과학 분야에서 새로운 개념은 아니었다(Lodi & Martini, 2021). 하지만 인터넷과 컴퓨터가 전 영역에서 상용화되면서, 디지털 사회에 필요한 교육이 무엇인가를 고민하던 시기에 Wing(2006, 2008)이 이러한 개념화가 적절한 해답을 주었던 것이다(Lodi & Martini, 2021). Wing(2006)은 CT가 과학이나 공학뿐만 아니라 의학, 법학, 경영, 정치 등 다양한 영역으로 전이 가능하고, 또한 다양한 영역에서 필요한 사고능력이 될 것이라면서, 초중고 교육의 필수 영역이 되어야 한다고 주장했다. 특히, Wing(2008)은 단순히 컴퓨터라는 도구를 활용하는 것에 초점을 맞춘 CT 교육을 경계하며, CT를 배워 가는 과정이 교육의 중심이 되어야 한다고 강조한다.

코딩 교육이 갖는 고유한 교육적 가치에 대한 Papert(1980)의 주장은 Wing(2006) 이전까지는 그다지 주목받지 못했다(Lodi & Martini, 2021; Voogt et al., 2015). 하지만 디지털 시대 핵심역량으로 CT가 초중고 교육과정 안으로 들어오면서, 이를 교육적으로 정의하려는 시도들이 계속되었고, Papert(1980)의 개념화는 Wing(2006)과 대비되는 관점으로 활용되었다(Lodi & Martini, 2021; Voogt et al., 2015). Papert(1980)가 코딩 자체가 사고와 학습을 배우는 과정이라고 강조한 반면, Wing(2006)은 CT를 코딩과 동일시하는 것을 경계하며, 컴퓨터 과학자들이 문제 해결에 이용하는 사고과정을 핵심으로 보았다. Papert(1980)와 Wing(2006, 2008)의 개념화가 서로 배타적인 것은 아니지만 Wing의 정의는 코딩을 포함하여 보다 폭넓게 CT를 정의하면서 학교 맥락에서 CT를 접근하는 기본 틀이 되고 있다(Voogt et al., 2015). 우리나라 『2022 개정 교육과정』의 정보 교과에서는 CT를 "컴퓨팅을 활용한 문제 해결을 전제로 문제를 발견, 분석하여 실생활과 다양한 학문 분야의 문제를 해결하기 위한 새로운 방법론을 제시할 수 있는 능력"(p. 146)으로 정의하는데, Wing이 제시한 대로 문제 해결 능력이라는 핵심 개념을 반영하고 있다.

2) CT의 조작적 정의와 실천 방안

Wing(2006, 2008)이 CT를 필수 사고 능력이라고 주장한 이후, 교육계에서는 학교 현장에 적용 가능하도록 CT를 개념화할 필요성이 제기되었다(Barr & Stephenson, 2011). 2009년 미국 컴퓨터과학교사협의회(CSTA)와 국제교육기술학회(ISTE)는 교육과정 분야 등 여러 교육계 전문가들과 함께 CT를 학교 현장에서 가르치기 위한 조작적 개념화를 시도하였다(Barr & Stephenson, 2011; CSTA & ISTE, 2011). CSTA & ISTE가 조작적 개념화를 시도할 때 가장 먼저 고려했던 사항은 우리나라의 정보 교과에 해당되는 컴퓨터과학(computer science) 과목에서 CT를 가르치기 위한 목적보다는 전 교과에서 적용 가능한 CT의 조작적 정의를 제시하는 것이었다(Barr & Stephenson, 2011). 모든 교과에서 적용 가능한 조작적 정의를 개발하기 위해 먼저 다음과 같은 4가지 질문이 제기되었다(Barr & Stephenson, 2011).

- 수업에서 CT는 어떤 모습인가?
- 학생들이 실행할 수 있는 기술은 무엇인가?
- CT를 수업에서 실천하기 위해 교사에게 필요한 것은 무엇인가?
- 교사의 기존 교수 활동 중에서 수정 또는 확장될 수 있는 활동은 무엇인가?

이러한 질문을 토대로 실제 수업에서 적용 가능한 정의를 발전시켰고, 그 결과 **표 4-1**에서 제시된 대로 CT를 기본적으로 9개 구성 요소를 갖는 문제해결 과정으로 정의하였다.

표 4-1 CSTA & ISTE가 제시한 컴퓨팅 사고력의 조작적 정의

구성 요소	정의
자료 수집	적절한 정보를 수집하기
자료 분석	데이터를 이해하고, 패턴을 찾고, 결론을 도출하기
자료 표현	데이터를 적절한 그래프, 차트, 단어 또는 이미지로 표현하고 정리하기
문제 분해	작업을 더 작고 취급하기 쉬운 부분으로 분해하기
추상화	문제 핵심을 명확히 하기 위해 복잡한 내용을 단순화하기
알고리즘과 절차	문제 해결 또는 목표 달성을 위해 계획된 순서에 따라 단계적으로 작업을 수행하기
자동화	단순하거나 반복적인 작업을 컴퓨터나 기계가 수행하도록 하기
시뮬레이션	과정이나 현상을 모델로 나타내기. 그 모델을 사용하여 실험하기
병렬화	공통 목표에 도달하기 위해 자원을 조직하여 동시에 작업을 수행하기

또한 각 구성 요소별로 유아부터 고등학교까지 학교급별로, 그리고 컴퓨터 과학 과목뿐 아니라 수학, 과학, 사회, 국어 등 각 과목별로 교수 방안을 상세한 예시와 함께 제공하였다(CSTA & ISTE, 2011). 표 4-2는 CT 각 구성 요소가 수학, 과학, 사회, 언어 영역에서 수행되던 교수 활동과 어떻게 교차될 수 있는지 보여주고 있다(Barr & Stephenson, 2011). 또한 표 4-3은 CT 각각의 구성 요소가 학년별로 어떤 교수 활동을 통해 함양될 수 있는지 보여주고 있다(CSTA & ISTE, 2011). CSTA & ISTE(2011)에서 개발한 CT의 구성 요소와 교수법은 이후 국내외 학교 현장에서 CT를 가르치는 데 광범위하게 응용되고 있다.

표 4-2 CT 구성 요소에 따른 교과별 활동의 예

구성 요소	수학	과학	사회	언어
자료 수집	동전 던지기 또는 주사위 던지기와 같은 문제에 대한 데이터 소스 찾기	실험에서 데이터 수집	전쟁 통계 또는 인구 데이터 연구	문장에 대한 언어 분석 수행
자료 분석	동전 던지기, 주사위 던지기의 발생 횟수 계산 및 결과 분석하기	실험 데이터 분석하기	통계 데이터에 나타난 트렌드 파악	다양한 문장 유형에 대한 패턴 구별하기

자료 표현	히스토그램, 파이 차트, 막대 차트를 사용해 데이터를 표현하고 집합, 목록, 그래프 등을 사용하기	실험 데이터 요약하기	트렌드 요약 및 표현	다양한 문장 유형이 지닌 패턴 표현하기
문제 분해	식에 연산 순서 적용하기	종 분류하기		개요 작성하기
추상화	대수에서 변수 사용하기, 단어 문제에서 필수적인 사실 파악하기, 프로그래밍의 함수와 대수에서 함수 비교하기, 반복을 사용하여 단어 문제 풀기	물리적 실체의 모델 구축하기	사실 요약하기, 사실로부터 결론 추론하기	직유와 은유 사용
알고리즘과 절차	긴 나눗셈, 인수분해, 덧셈 또는 뺄셈 수행하기	실험 절차 실행하기		지침 쓰기
자동화	기하학 스케치 패드(geometer sketch pad) 또는 파이썬 코드 등의 SW 사용하기	데이터 분석 SW인 프로브웨어(probeware) 사용하기	엑셀 사용하기	맞춤법 검사기 사용하기
시뮬레이션	좌표 평면에서 함수 그래프 그리기 및 변수 값 수정하기	태양계의 움직임 시뮬레이션	게임인 에이지 오브 엠파이어 해보기	이야기 재연하기
병렬화	선형계 풀기, 행렬 곱셈하기	다양한 매개 변수로 실험을 동시에 실행하기		

표 4-3 CT 구성 요소에 따른 각 학년별 활동의 예

구성 요소	3~5학년	6~8학년	9~12학년
자료 수집	글쓰기 예시를 검토하여 에세이 작성 전략 파악하기	문제에 대한 답을 찾는 데 필요한 정보 수집을 위해 설문조사 질문 만들기(예: 동료 학생들에게 지난 한 달 동안 결석한 적이 있는지, 독감을 앓고 있는지 질문하기)	설문조사를 개발하여 질문에 대한 답을 찾기 위한 정성적, 정량적 데이터를 모두 수집하기(예: 지구 온난화가 삶의 질을 변화시켰나요?)
자료 분석	글쓰기 예시에서 강점과 단점의 예를 분류하여 루브릭 개발하기	데이터로 차트를 생성하고 평가하기. 차트에 나타난 추세, 패턴, 변화 및/또는 이상값을 설명하기	'지구 온난화가 삶의 질을 변화시키지 않았다.'라는 가설을 가장 잘 테스트할 수 있는 적절한 통계 방법 사용하기
자료 표현	각각의 글쓰기 샘플을 루브릭과 연결하여 각각의 루브릭 범주에 가장 좋은 예시를 보여주는 차트 만들기	다양한 차트 형식을 사용하여 데이터를 시각화하고 가장 효과적인 시각적 표현 전략 선택하기	학생 조별로 '지구 온난화가 삶의 질을 변화시켰는가?'라는 문제에 대한 각 학생 조별 입장에 따라 동일한 데이터를 다르게 표현하기. 데이터 표현이 달라지면 도출되는 결론도 다를 수 있다는 점을 살펴보기
문제 분해	학교를 '친환경적으로' 만들기 위한 계획 수립하기. 종이와 캔 재활용, 전기 사용 줄이기, 음식물 쓰레기 퇴비화 등의 전략 세우기	월간 뉴스레터 발행을 계획할 때 프로젝트를 완료하기 위한 각자의 역할, 책임, 일정, 자원 파악하기	'록 스타가 되려면 무엇이 필요할까?'라는 큰 문제를 작은 부분으로 쪼개기. 개인이 통제할 수 있는 변수와 외부 요인에 의해 결정되는 변수에 대해 논의하기
추상화	이야기를 듣고, 주요 내용을 생각해 보고, 적절한 제목을 정하기	역사에서 한 시대를 공부한 후, 그 시대를 가장 잘 나타내는 상징, 주제, 사건, 주요 인물, 덕목을 찾아보기	현 시기의 핵심적 특징을 분석하여 현재와 가장 유사한 과거의 정치 시대를 선택해 보기

알고리즘과 절차	보드 게임을 디자인하고 게임 방법을 쓰기. 친구들을 대상으로 게임 방법을 테스트해 보기. 게임을 실행한 동료의 피드백을 받아 게임 방법을 수정하기	로봇이 지정된 시간 내에 미로를 성공적으로 빠져나갈 수 있도록 코딩하기	대학을 선택하는 의사결정과정에 대해 토론한 후, 그 과정을 설명하는 알고리즘 만들기. 이 알고리즘은 친구가 선택한 대학, 장학금 지원 여부, 입학 성공 여부와 같은 현재 알 수 없는 변수를 처리하여 명확한 결정을 내릴 수 있도록 설계되어야 함
자동화	바코드, 현금 입출금기, 도서관 바코드와 같은 실제 사례를 통해 자동화가 무엇인지 알아보기	센서를 코딩하여 오염 데이터를 수집한 다음, SW를 사용하여 최대 CO_2 수준에서 최소 CO_2 수준까지 측정값을 정렬하기	오늘날 자동화로 인해 거의 필요하지 않게 된 기술과 정보를 학습하는 것의 장점에 대해 토론하기. 이러한 기술에는 긴 나눗셈, 제곱근 도출, 철자법, 통계공식, 역사적 사건 날짜 외우기 등이 포함될 수 있음
시뮬레이션	절차를 이해하고 애니메이션을 만들어 설명해 보기	간단한 생태계 모델을 사용하여 생산자 중 일부가 죽으면 생태계에 어떻게 변하는지 알아보기 위한 실험을 해 보기. 생산자가 죽는 비율을 제어해 보기	스프레드시트를 만들어 '생일 문제'(적어도 두 사람의 생일이 같을 확률이 50% 이상 되려면 한 방에 몇 명의 사람이 있어야 할까요?)를 시뮬레이션하기. 같은 모델을 사용하여 세 사람이 같은 생일을 갖는 문제에 대해 답해 보기
병렬화	교사가 학생 조별 프로젝트 일정을 짜고 역할을 분배하고 각각의 작업을 완성하기 위해 어떻게 함께 작업할 수 있는지에 대한 도움 주기	학생 조별로 대본, 소품, 역할 등을 포함하여 동영상 제작을 위한 계획을 수립하기. 동시에 진행할 작업과 단계별 작업 완료 확인 방법을 정하여 전체적인 계획 수립하기	워털루 전투로 귀결된 각 군대의 활동 순서를 설명하기. 물리적 활동(예: 병력 모집)과 전략적 활동(예: 병력 배치)을 포함시키기

3. CT 함양을 위한 융합수업 설계 사례

1) ADDIE 교수 모형

이 장에서는 주로 국내 연구에서 다뤄진 CT 함양 융합수업 사례[1])를 중심으로 융합수업 실천 방안을 모색하고자 한다. CT 함양을 위한 융합수업 사례를 분석하는 틀로는 교수 모형에서 광범위하게 적용되고 있는 ADDIE 모형을 활용하였다. ADDIE는 분석(Analysis), 설계(Design), 개발(Development), 실행(Implementation), 평가(Evaluation)의 앞글자로, 미국에서 1970년대 플로리다주립대에서 군 훈련프로그램 설계를 위해 개발된 이래 국내외에서 교육 분야는 물론 각종 훈련 프로그램 개발에서 광범위하게 응용되고 있는 교수 설계 모형이다(Spatioti, Kazanidis, & Pange, 2022). 각 수업별로 적용된 교수 설계 모형이 상이하다는 점을 고려해 다양한 교수 모형의 요소들을 포괄하면서도 동시에 각 단계별로 요소들을 유목화할 수 있는 접근법으로 ADDIE가 적절하다고 판단했다. ADDIE는 교수 단계를 명확히 제시하면서도 각 요소를 교수자가 수업환경에 맞게 구성할 수 있다는 장점을 지니고 있어 체계적이면서 유연한 분석 틀로 적절하다. 이 장에서는 수업 사례를 살펴보는 데 초점을 맞추고 있어 ADDIE에서 설계 및 개발 단계를 통합하였다. 각 단계별 세부 요소는 **표 4-4**에서 제시하였다.

---

1) CT 융합수업에 대한 연구를 검색하기 위해 우리나라 연구에서 CT라는 용어가 본격적으로 사용되기 시작한 2014년을 시작으로 2023년 상반기까지 발표된 국내 학술논문을 대상으로 하였다. 학술연구정보를 공유하는 데이터베이스인 RISS(Research Information Sharing Service)을 활용하여 CT 함양을 목적으로 설계·실행한 초·중등 융합수업을 연구한 논문을 검색하였다. '컴퓨팅 사고' 또는 초기 논문에서 CT에 대한 번역으로 사용된 '계산적 사고'를 키워드로 하여 각각 537편과 39편 등 총 576편을 검색하였다. 이중에서 중복된 문헌, 그리고 ① 정보 교과 또는 SW 교육, ② 초·중등 교육과정 외의 유아, 대학, 일반인 대상 교육과정, ③ 교수 설계 모형 및 이론, ④ 변인 분석을 위주로 한 양적 논문 등 CT 함양 초·중등 융합수업 설계 및 실행과는 관련성이 적은 논문을 제외하였다. 또한 수업 실행에 관한 정보가 부족한 논문들도 제외하였다. 이 장에서는 이 과정을 통해 선정된 총 21편의 논문을 중심으로 CT 융합수업 사례를 소개하였다.

표 4-4 ADDIE 각 단계별 세부 내용

단계	세부 내용
분석	수업 목표 분석
	학습자 특성 분석
	학습환경 분석
설계 및 개발	교수 목표 명세화
	교수 매체 선정
	교수 전략 설계
실행	융합교과 실행 상의 특징 또는 문제점
평가	평가 방법
	CT/교과 지식 또는 역량 증진 효과

2) 분석

(1) 수업 목표

ADDIE 모형에서 분석은 수업 설계에 필요한 정보를 수집·분석하는 단계로, 수업 목표, 학습자 특성, 학습환경 등에 대한 분석이 이뤄진다. 수업 목표에 있어서는 CT 함양을 수업 목표로 설정할 필요성을 고려해야 한다. 예를 들면, 국가 교육정책에서 중점을 두는 미래 사회 핵심 역량이지만, 수업 시수가 한정적인 정보 교과에서만 제한적으로 다뤄지고 있는 점 때문에 융합수업을 통해 CT 함양을 꾀한다고 제시할 수 있다. 기존 융합수업 사례를 보면 융복합적 사고와 창의적 문제 해결력을 강조하는 교육부 정책(김순화, 함성진, 송기상, 2015; 황요한, 문공주, 박윤배, 2016), 『2015 개정 교육과정』이 적용되기 시작한 2018년부터는 SW교육의 목표가 CT라는 점(강하람, 임채령, 조한혁, 2021; 김나리, 서용현, 조한혁, 2018; 홍석영, 2021), 그리고 가장 최근에는 인공지능 교육을 강조하는 교육 정책(부경준, 박찬정, 2023)이 수업 목표 설정 동기로 작용하고 있었다.

(2) 학습자 특성

CT 함양 융합수업에서 가장 중점적으로 파악되어야 할 점은 학습자의 코딩 경험이다. 코딩이 CT와 동일시되는 것은 아니지만, 코딩 교육은 CT를 가르치는 데 주요한 교수 방법이 되고 있다(Lye & Koh, 2014). 앞서 밝힌 대로 『2015 개정 교육과정』에서 초등학교와 중학교에서 각각 17시간과 34시간 정보 수업을 필수로 정하였고 2018년부터 현장에 적용하기 시작했다. 이처럼 지금까지는 정보 수업 시간도 제한적일 뿐 아니라 정보 수업 시간에 반드시 코딩 교육이 이뤄졌다고 단정하기도 어렵다. 융합수업을 연구한 기존 논문들도 초·중등 교육과정에서 SW교육 수업 시수가 많지 않아 프로그래밍 언어를 사용하여 컴퓨터에게 작업 수행 명령을 내리는 코딩을 배울 기회가 많지 않았던 것으로 분석했다(김순화, 함성진, 송기상, 2015; 손열, 정영식, 2022; 정영식, 강민수, 2022). 따라서 학생들이 SW에 어느 정도 익숙한지, 코딩 경험이 어느 정도인지를 먼저 파악하여 교수 매체로 SW 활용 여부, SW 활용에서 코딩 교육 시수 배정 등을 결정하여야 한다.

(3) 학습환경

학습환경 분석에서는 교수 매체로 사용 가능한 SW의 특성 파악이 중요하다. 융합수업에서 코딩을 사용할 경우 각각의 프로그래밍 언어가 갖는 장단점을 파악할 필요가 있다. 프로그래밍 언어 중에서 코딩 초보자도 쉽게 활용 가능한 교육용 프로그래밍 언어(EPL)로 개발된 스크래치, 엔트리, 산타트래커 등이 있다. 아래 **그림 4-1**에 제시된 대로 이 블록형 프로그래밍 언어는 블록 연결 구조가 직관적이어서 텍스트 기반 프로그래밍 언어인 자바(Java)나 파이썬(Python)보다 코딩 초보자인 학생들이 편리하게 사용할 수 있다. 또한 하교 수업에서 많이 사용되어 효과가 검증되었다는 장점을 지닌다(김순화, 함성진, 송기상, 2015; 윤종원, 한선관, 2017; 한신, 김형범, 2019). 한편, 국내 코딩수학 교육에서 활용된 터틀크래프트(Turtlecraft)는 텍스트 기반인 자바 언어를 쓰면서도 학생들이 익숙한 마인크래프트(Minecraft) 게임과 비슷하게 큐브 기반 구성 활동과 코딩을 지원한다는 점, 그리고 산출물을 가상 현실(VR) 게임이나 3D 프린터와 연결해 산출물을 확인할 수 있다는 점이 특징이다(강하람, 임채령, 조한혁, 2021; 김나리, 서용현, 조한혁, 2018). 터틀크래프트는 최근 스크래치나 엔트리처럼 블록코딩을 사용할 수 있는 버전도 출시되었다.

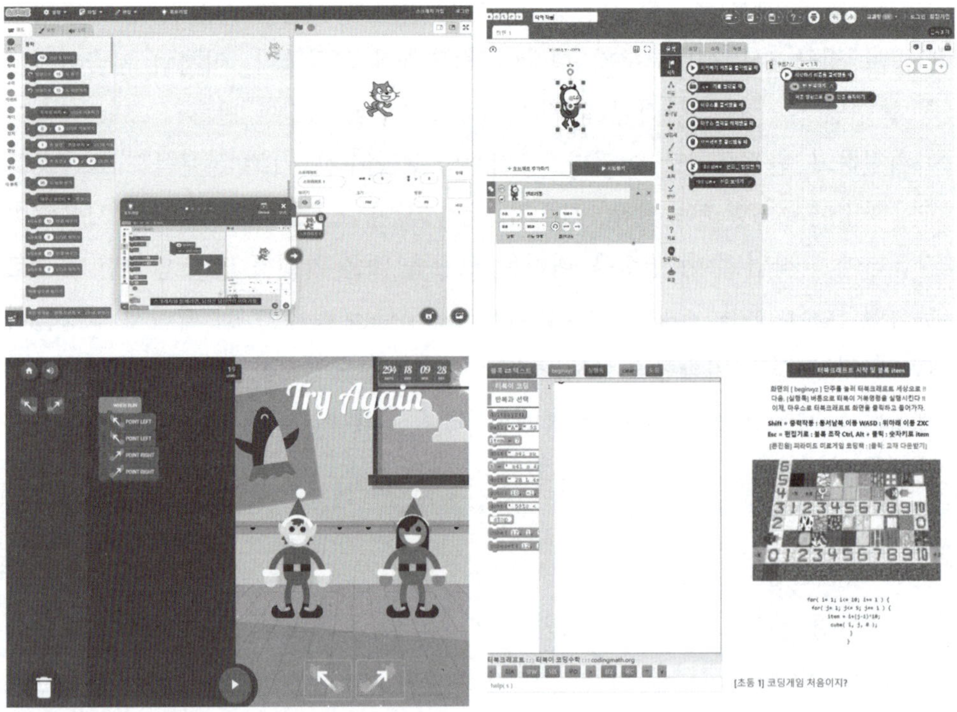

왼쪽 상단부터 시계방향으로 스크래치(https://scratch.mit.edu/), 엔트리(https://playentry.org/), 터틀크래프트(https://snucode.pythonanywhere.com/), 산타트래커(https://santatracker.google.com/).

그림 4-1 교육용 프로그래밍 언어로 많이 활용되는 언어들

코딩 작업 결과가 이미지, 영상, 소리만이 아니라 실세계에서 구현되는 형식으로 확인하고자 할 경우에는 피지컬 컴퓨팅을 활용할 수 있다. 컴퓨터 프로그래밍과 전자 하드웨어를 결합하는 방식인 피지컬 컴퓨팅은 학생들이 코딩을 통해 하드웨어를 제어할 수 있어 산출물을 직접 시각적으로 확인할 수 있다는 점이 특징이다. 비트브릭과 마이크로비트는 교육 목적으로 개발된 대

표적인 피지컬 컴퓨팅 장치들이다(김미영, 김성원, 2020; 윤진아, 남윤경, 조운석, 2020; 황요한, 문공주, 박윤배, 2016). 마이크로비트는 초소형 컴퓨터 플랫폼으로, 영국방송공사(BBC)에서 처음부터 교수·학습 연구를 토대로 개발되어 교육적 효능이 입증되었고, 가속도계, 자기장 센서, LED 디스플레이 등이 있어 다양한 프로젝트에서 활용될 수 있다는 장점을 지닌다(윤진아, 남윤경, 조운석, 2020). 또 교육용으로 많이 활용되는 아두이노에 비해 부품 탐색과 배치 등 문제 해결을 위한 과정이 상대적으로 간단하다는 점도 장점으로 꼽힌다(윤진아, 남윤경, 조운석, 2020). 또 다른 피지컬 컴퓨팅 장치인 비트브릭은 큐브를 조립해 작은 로봇처럼 사용할 수 있고, 거리센서, 조도센서, 터치센서, 가변저항기 등이 있어 주변 환경에 맞게 작동 가능한 산출물을 생성할 수 있는 특징을 지녔다(김미영, 김성원, 2020; 황요한, 문공주, 박윤배, 2016). 이외에도 온라인 3D 설계 프로그램과 3D프린팅이 연결된 틴커캐드(Tinkercad, 임동훈, 김태영, 2019), 엔트리 프로그래밍으로 제어하는 햄스터로봇(이재호, 김학민, 2019)도 어렵고 추상적인 과학 개념을 실제로 경험하게 해주는 적절한 피지컬 컴퓨팅 장치로 활용되고 있다.

그림 4-2 교육용으로 개발된 피지컬 컴퓨팅 장치인 마이크로비트(https://microbit.org/)와 비트브릭(http://bitbrick.school/)

3) 설계 및 개발

교수 설계 및 개발 단계에서는 수업목표 명세화, 교수 전략 설계, 교수 매체 설계 등의 작업이 실행된다. CT 융합수업을 설계할 때는 CT 구성 요소와 해당 교과 내용과의 연결점을 탐색하여 구체적으로 수업목표를 명세화할 필요가 있다. 그리고 수업 목표와 학생 특성을 고려하여 교수 매체와 교수 전략이 채택되어야 한다. 국내 논문을 통해 발표된 대표적인 CT 융합수업 사례를 통해 각 교과별로 융합수업 설계 · 개발 과정에서 교과 주제와 CT와의 연결성을 어떻게 찾고 있는지, 학습자 특성 분석 결과를 토대로 어떤 교수 매체와 교수 전략을 채택하였는지를 살펴보고자 한다. 표 4-5에서 국내 연구에서 다뤄진 대표적인 CT 융합수업 사례에 대한 교과, 대상, 프로그램 명칭 또는 교과 주제, 사용된 SW를 정리하였다. 언플러그드는 SW가 사용되지 않고 활동지 또는 활동을 통해서 이뤄진 수업을 일컫는다. 다음으로 표 4-6은 CT 융합수업에서 CT 함양을 위해 사용된 교수 방법을 간단히 정리한 표이다.

표 4-5 CT 융합수업의 교과, 대상, 프로그램, SW 정리표

논문	교과	대상	프로그램/주제	SW
강하람 외 (2021)	수학, 정보	초등 6학년, 중 1학년	코딩수학: 디즈니 코딩수학 교육과정, 경회루 코딩수학 교육과정	터틀크래프트 (Turtlecraft)
김나리 외 (2018)	수학, 정보	중학교 1학년	코딩공원 만들기	터틀크래프트
김미영 외 (2020)	과학탐구, 코딩	고등 1학년	자유낙하운동과 포물선 운동	스크래치, 비트브릭(Bitbrick)
김순화 외 (2015)	과학	초등 4~6학년	스크래치를 활용한 CT-STEAM: 지구와 달, 물체의 속력, 날씨와 일기도	스크래치 (Scratch)
김현석 외 (2019)	과학	초등 6학년	6학년 1학기 '빛과 렌즈'	언플러그드
부경준 외 (2023)	국어	초등 3학년	독서교육: 『인공지능 로봇 학교에 가다』	언플러그드
손얼 외 (2022)	국어, 정보	초등 6학년	문학적 상상력과 컴퓨팅 사고력: '나비박사 석주명'	엔트리(Entry)

심효신 외 (2019)	수학-컴퓨팅 사고력 4학년 소수	초등 4학년	소수의 덧셈과 뺄셈	언플러그드
윤종원 외 (2017)	국어, 도덕	초등 4학년	코딩 모듈 카드를 이용한 디지털 스토리텔링	스크래치
윤진아 외 (2020)	과학	중학교 1학년	중학교 1학년 과학 '빛과 파동': 빛의 합성원리를 이용한 마이크로비트 음악조명 장치 만들기	마이크로비트 (Micro:bit)
이재호 외 (2021)	초등 통합교과	초등 1학년	통합교과 '겨울'을 재구성한 스토리텔링	언플러그드
이재호 외 (2019)	과학	초등 6학년	로봇활용 소프트웨어 교육	햄스터 로봇 (피지컬 컴퓨팅)
이재호 외 (2022)	초등 안전교육	초등 3학년	위험에 빠진 '안녕이'	언플러그드
임동훈 외 (2019)	초등 STEAM (수학, 과학, 미술, 실과)	초등 6학년	틴커캐드를 활용한 사물 모델링	3D 프린팅 틴커캐드 (Tinkercad)
정영식 외 (2022)	무용	초등 4학년	무용 창작	산타트래커 (Santa Tracker)
정인우 외 (2022)	통합과학	고등 1학년	고등 통합과학: 기후변화	언플러그드
조윤주 외 (2020)	국어	초등 4학년	코딩 동화	언플러그드
한신 외 (2019)	과학	초등 5학년	초등 5학년 지구과학: 지구와 우주	스크래치
홍석영 (2021)	지구과학	고등 2학년	판구조론, 지구역사 이해, 암석 관찰	언플러그드
황요한 외 (2020)	과학	중학교 1~2학년 수학·과학 영재 학생	사회쟁점 교육: 지진, 적정기술, 미세먼지	언플러그드
황요한 외 (2016)	과학탐구	고등 1~2학년	'날개가 부러진 선풍기는 버려야 할까'	스크래치, 비트브릭

비고: 제1저자만 표기.

표 4-6 CT 융합수업에서 사용된 CT 함양을 위한 교수전략

논문	CT 함양을 위한 교수 전략
강하람 외 (2021)	• 최소 코딩게임 기반의 교육방법 • CT와 수학이 추상화를 통해 단순화된 모델에 관한 추론을 기반으로 한다는 공통점을 활용함 • 3차원 입체모형을 가장 효율적으로 설계할 수 있는 코딩을 통해 추상화와 자동화를 익히게 함
김나리 외 (2018)	• 삼각기둥, 직육면체, 삼각형을 코딩 기호로 나타내 보도록 유도함 • 반복되는 패턴을 일반화하는 과정에서 CT의 핵심요소인 추상화(자료 표현, 패턴 분석)와 자동화(모델링, 시뮬레이션)를 자연스럽게 체득함
김미영 외 (2020)	• 자유낙하운동과 포물선 운동의 과학적 문제 해결 • 활동지에 CT의 절차적이고 실행적인 요소들이 포함하여, 학습자가 활동지를 작성하는 과정에서 CT의 핵심 개념과 CT 실천(문제분해, 추상화, 자료표현, 자동화, 시뮬레이션)을 학습하도록 함
김순화 외 (2015)	• 기존 STEAM 수업모형인 문제 상황제시, 창의적 설계, 감성적 체험의 3단계 수업 모형을 확장하여 CT 중점 수업요소인 '자료 수집 및 분석', '제작 및 시뮬레이션'이라는 2단계를 추가함 • 스크래치 활용에 적합한 주제를 선정-지구와 달, 물체의 속력, 날씨와 일기도-하여 CT를 익히도록 함
김현석 외 (2019)	• 절차적 과정을 초등과학 '빛과 렌즈'에서 창의적 문제 해결 수업 방안으로 적용하여 ① 문제이해 단계, ② 문제 해결 절차 정하기 단계, ③ 문제 해결 절차 실행 단계, ④ 평가 단계로 구성함 • 절차적 과정이 적용된 순서도를 활용하여 알고리즘 표현 활동을 진행하여 절차적 과정을 익히도록 함
부경준 외 (2023)	• 실생활에 활용이 가능한 높은 수준의 지식인 개념적 지식을 배우는 데 활용되는 온작품읽기 적용 • 실생활의 문제 해결을 위한 컴퓨팅 사고의 단계를 적용하여 아이들이 인공지능이 사고하는 단계를 체험하고 이해하도록 함
손얼 외 (2022)	• 의사소통 중심의 교수법 중 하나인 PUMA 교수법 — 소스 준비하기(Preparing), 코딩 없이 수정하기(Un-coding), 소스 수정하기(Modifying), 소스 추가하기(Adding) — 에 프로그래밍을 추가한 S-PUMA 활용함 • 프로그래밍 언어로 구현된 동화를 실연, 수정, 추가하는 과정에서 프로그래밍의 기본적인 개념과 원리를 이해하고 습득하도록 함
심효신 외 (2019)	• 컴퓨터에 명령을 내리는 '명령자'와 명령자의 명령에 응답하는 '컴퓨터' 역할이 있는 알고리즘 명령놀이 활용 • 학생들이 문제 해결을 위한 알고리즘이 타당한지 분석하거나 비판하는 알고리즘 토론을 진행함 • 명령놀이와 토론을 통해 알고리즘적 사고, 문제 분해, 패턴 인식, 추상화, 재귀적 사고를 습득하도록 함

윤종원 외 (2017)	• 코딩 모듈 카드를 이용한 디지털 스토리텔링 전략 • 디지털 스토리텔링 과정에서 분해, 패턴인식, 추상화, 알고리즘 네 가지 요소를 경험하도록 함
윤진아 외 (2020)	• '빛과 파동'이라는 어려운 추상적 과학의 개념을 블록코딩 프로그래밍을 활용하여 단계별 문제를 해결하고, 그 결과를 피지컬 컴퓨팅 도구를 활용하여 실제 적용하는 과정에서 CT 요소를 익히도록 함 • CT 요소를 활용한 수행 단계는 ① 문제인식(자료수집, 자료분석), ② 문제 정의(문제분해-추상화), ③ 문제 해결방법 설계(알고리즘 설계), ④ 문제 해결방법 수행(자동화-시뮬레이션), ⑤ 최종 문제 해결 및 평가(일반화)로 진행되었음
이재호 외 (2021)	• '여름'과 '겨울'이 다투는 스토리를 읽고, 학생들과 함께 문제를 찾고 해결해 나가는 과정에서 단계별로 각각 데이터 수집, 분석, 표현, 문제분해, 추상화), 알고리즘 및 프로시저를 익히도록 함
이재호 외 (2019)	• 문제 분석 및 해결, 추상화와 자동화, 알고리즘 등을 놀이 요소를 통하여 먼저 학습함 • 햄스터 로봇을 프로그래밍하여 지하철과 자력에 담긴 과학적 원리를 코딩으로 표현하는 과정에서 위의 CT 요소를 체득하도록 함
이재호 외 (2022)	• 위험에 빠진 '안녕이'라는 캐릭터가 미션을 수행하는 과정에서 CT의 데이터 수집, 데이터 분석, 데이터 표현, 문제분해, 추상화, 알고리즘 및 프로시저를 스토리를 통해 이해하도록 함
임동훈 외 (2019)	• 3D모델링을 위하여 실제의 구체물을 단순화하거나 필요 없는 부분을 삭제하거나 추가하는 과정에서 CT의 추상화, 모델링 프로그래밍 과정에서 자동화를 각각 익히도록 함
정영식 외 (2022)	• 춤동작을 표현하는 블록 코딩을 활용하여 신체 표현 활동을 창작하도록 함 • 동작 방향, 지속, 흐름 등을 제어하는 과정에서 CT 요소인 문제 분석력, 추상화 능력, 자동화 능력을 체득하도록 함
정인우 외 (2022)	• 비구조화된 문제로부터 시작되며 이에 대한 해결책을 스스로 찾아나가는 방법인 문제중심 학습 모형을 활용함 • 기후 변화라는 복잡한 문제를 분해하고, 기후 자료에서 핵심 요소를 추려내고, 기후 변화 현상을 인과관계에 따라 정리하는 절차를 통해 각각 CT의 문제분해, 추상화, 절차적 사고 향상을 도모함
조윤주 외 (2020)	• 주인공 펭귄이 황금어장 지도를 위해 모험을 떠나는 이야기 속에 CT의 주요 개념을 접목시킨 창작 코딩동화를 통해 프로그래밍의 요소—순차, 선택, 반복, 연산, 변수, 이벤트 등—와 CT의 주요 개념—자료수집, 문제분해, 추상화, 알고리즘, 자동화, 병렬화 등—을 익히도록 함
한신 외 (2019)	• 천문학적 공간 개념 및 추상적인 개념이 많아 배우기 힘든 '지구와 우주' 영역을 선택, CT 요소인 문제 이해, 문제 추상화, 문제 해결 절차 설계 등의 과정을 활용하여 알고리즘 개념을 이해하고, 순차, 선택, 반복 구조를 이해하도록 함
홍석영 (2021)	• CT의 정보 수집, 절차적 사고, 추상화 요소를 활용해 고체지구 영역에서 학생들이 학습에 어려움을 겪는 판구조론과 지구역사 이해, 암석 관찰 활동에서 교수·학습 전략으로 활용

황요한 외 (2020)	• 과학 관련 사회쟁점 교육에서 자료 표상, 추상화, 시뮬레이션 등을 주로 사용할 수 있는 수업주제인 미세먼지와 적정기술을 선정함 • 인포그래픽 제작 과정을 통해 자료 분석, 표현, 추상화 등을 문제 해결 과정에 적용하도록 함
황요한 외 (2016)	• CT를 함양할 수 있는 개방적인 실생활 문제를 선정함 • 알고리즘 기반하여 언플러그드 활동지로 먼저 문제 해결 위한 절차를 마련한 후, 피지컬컴퓨팅을 통해 적용하는 과정에서 CT의 절차적 사고를 익히도록 함

비고: 제1저자만 표기.

(1) 수학 융합수업

초등 6학년과 중학교 1학년을 대상으로 하는 강하람, 임채령, 조한혁(2021)의 연구는 수학적 표현에 기반한 알고리즘과 코딩 기반 알고리즘이 모두 추상화와 자동화라는 CT의 특징을 내포한다는 점에 주목하였다. 추상화와 자동화를 거친 코딩 명령은 계수, 치환, 집합 등의 수학적 표현을 포함한다는 점에 착안해 코딩수학 교수 전략으로 최소 코딩게임을 설계했다. 입체 구조물을 제시하고, 가장 짧은 코딩을 사용하여 해당 구조물을 가상에서 구현하도록 했다. 학생들이 명령을 가장 짧게 코딩하기 위해서는 반복되는 부분을 파악해 복잡성을 줄이는 추상화와 수준 높은 명령어로 반복 작업을 수행하도록 하는 자동화 과정이 수반된다고 본 것이다. 최소 코딩 게임은 결국 가장 짧은 코딩을 하기 위해서는 높은 수준의 추상화와 자동화 과정이 필요하다는 점에서 가장 적은 수의 명령어를 사용한 코딩을 평가 기준으로 설정했다. 교수 매체 또한 블록 기반 EPL에 비해 더 다양하게 명령을 사용할 수 있는 텍스트 기반 프로그래밍 언어(Java)를 사용하면서 마인크래프트처럼 3D 블록 패턴이 생성되는 터틀크래프트를 활용하였다. 강하람, 임채령, 조한혁(2021) 연구는 대학 부설센터에서 진행된 초등 6학년 대상 SW교육, 그리고 중학교 자유학기제 프로젝트 수업을 대상으로 진행된 연구이다. 따라서 특정 수학 단원의 내용을 가르치기보다는 코딩 과정에서 학생들이 CT 원리와 수학적 원리를 함께 익히도록 설계하였다. 이와 대조적으로 심효신과 박만구(2019)는 '소수의 덧셈과 뺄셈'이라는 교과 내용을 가르치면서 문제 해결 전략으로 학생들이 CT의 알고리즘을 경험하도록 설계했다.

심효신과 박만구(2019)는 초등 4학년 수학에서 소수의 덧셈과 뺄셈의 해결 과정에서 수학적 사고 원리와 CT 구성 요소가 공통점을 지닌다고 보았다. 순서와 절차를 생성하는 알고리즘적 사고, 복잡한 문제를 단순화하는 문제 분해, 반복되는 양상을 파악해 공통 속성을 추출하는 추상화 등 수학과 CT가 통합될 수 있는 연결점을 확인했다. 학생들이 이 문제 해결 과정이 컴퓨터에서 작동되는 원리를 경험할 수 있도록 '알고리즘 명령놀이'를 교수 전략으로 개발해 언플러그드 수업을 설계했다. 소수의 덧셈과 뺄셈을 해결하는 과정에서 두 학생이 짝을 이뤄 한 학생은 코딩 '명령자', 다른 학생은 '컴퓨터' 역할을 각각 담당하여 명령자가 단계적으로 해결 방안을 제시하면 컴퓨터 역할자가 이를 실행하는 식이다. 명령자는 실행 결과, 즉 오답 여부를 확인하고, 틀리면 다시 명령을 내리는 식이다. 소수 문제가 예를 들면, 1/100, 23/100, 1+(23/100)로 제시되어 학생들이 반복되는 양상을 파악해서 알고리즘을 이해할 수 있도록 했다.

(2) 과학 융합수업

고교 1~2학년을 대상으로 하는 황요한, 문공주, 박윤배(2016)의 연구는 CT를 중심에 놓고 이 CT의 성취 기준을 달성할 수 있는 가장 적절한 과학적 탐구 과제를 선정하였다. CT를 함양할 수 있는 실생활 문제라는 기준을 먼저 정해 놓고 주제를 탐색한 것이다. 전문가 논의를 통해 최종적으로 '날개가 부러진 선풍기는 버려야 할까'라는 주제를 정하였고, 교수 매체로는 코딩 결과를 직접 움직이는 산출물로 확인할 수 있는 비트브릭을 사용하였다. 황요한, 문공주, 박윤배(2016)의 교수 설계안에서 특징은 SW와 피지컬 컴퓨팅을 사용하면서도 수업에서 언플러그드 활동을 강조했다는 점이다. 2차시에 걸쳐서 활동지를 사용해 선풍기 날개의 상태에 따라 안전성과 바람의 유무, 방향 등에 대한 탐구활동을 거쳐 문제를 이해하는 과정을 거쳤다. 이러한 물리적 지식에 대한 이해를 바탕으로 해결하고자 하는 문제에 대한 계획안을 작성하도록 했다. 그리고 다음 2차시에서 스크래치와 비트브릭을 사용해 문제를 해결하도록 했다. 김미영과 김성원(2020) 연구도 황요한, 문공주, 박윤배(2016)와 마찬가지로 고등

학생을 대상으로 스크래치와 비트브릭을 활용하여 자유낙하 운동과 포물선 운동 등 과학적 주제를 모델링하는 수업을 진행했다. 그런데 황요한, 문공주, 박윤배(2016)가 6차시 중 2차시를 학생들이 언플러그드 활동을 통해 문제를 이해하는 시간으로 배정했다면, 김미영과 김성원(2020)은 절반이 넘는 시간(10차시)을 비트브릭과 스크래치 기초 학습에 할애하고 나머지 시간(8차시)은 과학적 문제를 모델링하고 해결하는 시간으로 구성했다. 다음 평가 부분에서 자세히 다루겠지만 김미영과 김성원(2020)은 이러한 교수 설계로 인해 결과적으로 학생들 상당수가 과학 개념보다는 코딩 자체에만 치중하는 문제점을 보였다고 판단했다.

황요한, 문공주, 박윤배(2016)와 김미영과 김성원(2020)은 고교생 대상 피지컬 컴퓨팅을 활용한다는 점 외에도 두 수업 모두 정규 과학 수업이 아니었다는 공통점이 있다. 황요한, 문공주, 박윤배(2016)는 과학동아리 소속 학생을 대상으로, 김미영과 김성원(2020)은 연구를 위해 모집된 학생을 대상으로 과학탐구 활동으로 진행한 것이었다. 이 두 연구와는 달리, 홍석영(2021)과 정인우, 홍석영, 위수민(2022)은 각각 정규 수업인 지구과학 I과 통합과학 수업이었으며, 또한 모두 언플러그드 수업이었다. 교과 주제는 각각 고체지구와 기후변화였는데, 두 연구 모두 CT 구성 요소인 문제분해, 추상화, 절차 수립 등이 복잡하고 어려운 과학 주제를 이해하기에 적절한 교수·학습 전략이라고 판단했다. 구체적으로 홍석영(2021)은 판구조론과 지구역사 이해, 암석 관찰 활동에 CT의 정보 수집, 절차적 사고, 추상화 요소를 활용해 교수·학습 전략을 설계했다. 정인우, 홍석영, 위수민(2022)은 기후 변화가 과학 이외의 다양한 사회, 경제, 정치, 환경 요인들을 포괄하고 있으며, 기후 변화라는 복잡한 문제를 분해하고, 기후 자료에서 핵심 요소를 추려내고, 기후 변화 현상을 인과관계에 따라 정리하는 절차를 통해 각각 CT의 문제분해, 추상화, 절차적 사고 능력을 키울 수 있다고 보았다. 이처럼, 홍석영(2021)과 정인우, 홍석영, 위수민(2022)은 SW를 활용하지 않으면서도 CT 핵심 개념을 복잡한 교과 주제를 이해하기 위한 전략으로 활용해 CT 함양을 도모하고 있었다. 중등학교 교사를 대상으로 한 설문조사에서 교사들은 디지털 소양과 CT 함양을 위한 융합수업이 필요하다고 느끼면서도 교과 진도에 대한 부담으로 실행하지 못한다고 응답하였다(이은경, 박상욱, 전성균, 2019). 이러한 중등학교 교사들의 인식에서 미루어볼 때 홍석영(2021)과 정인우, 홍석영과 위수민(2022)의 연구는 수업 진도를 맞추면서도 CT 함양을 언플러그드 활동을 통해 도모한 결과로 해석할 수 있다. 정규수업에서 코딩이 익숙하지 않은 학생들을 대상으로 코딩 기초 학습을 함께 진행하면서 교과 주제까지 다루기에는 시간적 부담이 클 수 있기 때문이다.

(3) 국어 융합수업

고찰 대상 융합수업에서 국어는 모두 초등 과정에서 설계 · 실행된 수업들이었고 기본적으로 스토리텔링을 활용하여 CT의 구성 요소를 경험하게 하는 교수 전략을 사용하였다. 언플러그드 활동이 많았고 SW를 활용하는 경우에도 학생들의 코딩 부담을 줄이기 위한 전략들이 있었다. 또한 초등학교는 학년에 따라 인지발달 정도가 다르다는 점도 고려되었다. 1학년 대상 연구에서는 픽셀아트, 신체활동, 보드게임 등 놀이를 통해 여름과 겨울이 다투는 이야기를 표현하는 과정에서 CT의 데이터 분석, 데이터 표현, 추상화 등을 경험할 수 있도록 했다(이재호, 오상미, 2021). 초등 3학년 대상 연구는 문학 작품에서 그려진 가상 현실 속 인공지능이 생활 문제를 해결하는 과정을 통해 CT의 구성 요소를 실생활과 연결한 이야기 형태로 이해할 수 있도록 했다(부경준, 박찬정, 2023). 4학년 대상 연구는 CT 구성 요소와 코딩 원리(순차, 선택, 반복, 연산, 변수 등)를 담은 이야기를 제작해 '코딩 동화'라고 명명하고, 이 동화를 읽는 과정에서 CT를 경험하게 하는 전략이었다(조윤주, 전석주, 2020). 이처럼 1~4학년인 중저학년 대상으로 이야기를 통해 CT를 접하게 하는 언플러그드 수업이 이뤄지고 있었다.

SW를 활용하는 수업에서도 초등학생들이 코딩을 배우는 데 따른 인지 부담을 줄이기 위한 교수 전략이 채택되었다. 각 기능을 코딩하기 위해 필요한 블록과 설명이 들어 있는 모듈카드를 활용하거나(윤종원, 한선관, 2017), 미리 코딩한 파일을 제시하며 학생들이 조금씩 수정만 해도 과제를 수행할 수 있도록 교수 전략을 세웠다(손얼, 정영식, 2022). 4학년을 대상으로 하는 윤종원과 한선관(2017)의 연구는 학생들이 모듈카드를 활용해 이야기를 만드는 과정에서 자연스럽게 코딩 원리를 익히며 CT를 터득하는 교수 전략을 채택했다. 모듈카드는 카드 하나에 예를 들어, '이동하기' 기능을 코딩하기 위해 필요한 블록과 설명을 제시한 것이다. 학생이 '이동하기'를 코딩하려면 이 모듈카드에 제시된 블록을 그대로 복사해서 사용하면 된다. 교사가 이처럼 수업에 필요한 모듈카드를 제공하고 학생들은 이 모듈카드를 활용해 자신이 하고 싶은 이야기를 제작하도록 했다(윤종원, 한선관, 2017). 윤종원과 한선관(2017)에 따르면 모듈카드는 학생들의 코딩 부담을 줄이면서도 학생들이 자연스럽게 코딩 원리를 익힐 수 있도록 하는 매체라고 평가한다. 6학년을 대상으로 하는 손얼과 정영식(2022)의 연구는 수업 활동에 필요한 엔트리 코딩 파일을 학생들에게 주고, 학생들은 이야기에서 생략된 내용을 짐작하고 엔트리 파일을 간단히 수정해 가면서 자신들이 짐작한 이야기를 표현할 수 있도록 했다. 수정 과정에서 학생들이 코딩 기능을 익히고 나면 다음에는 자유롭게 이야기를 설계하도록 했다.

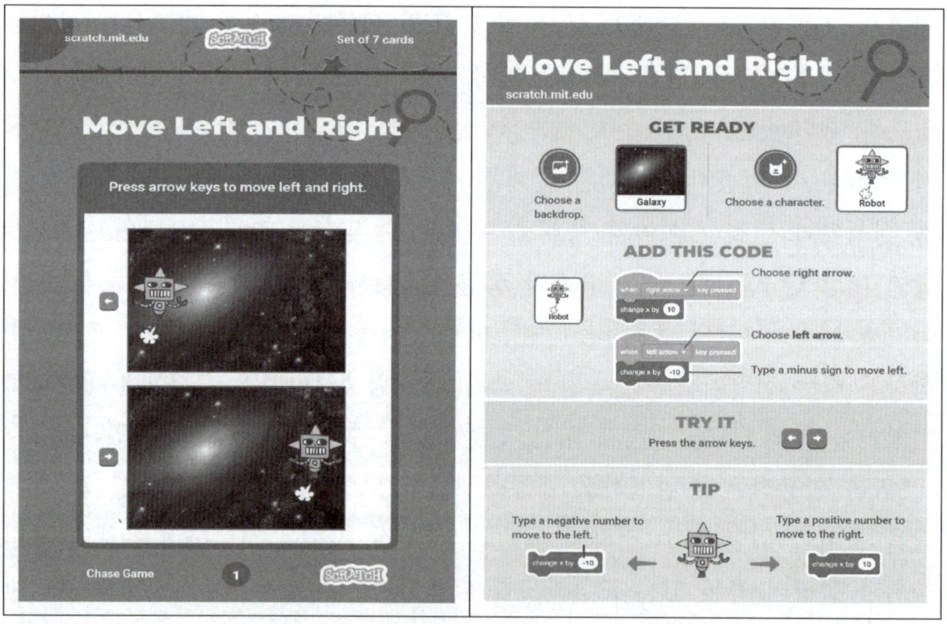

그림 4-3 그림 좌우로 이동하기 기능을 설명한 스크래치 모듈카드의 예

출처: Scratch 웹사이트

초등 과정에서는 수학, 과학, 국어 외에도 다양한 영역에서 CT 함양을 위한 융합수업이 시도되고 있었다. 4학년 학생 대상 무용 수업에서는 동작을 생성하는 블록 기반 프로그래밍 도구인 산타크래커를 활용해 학생들이 안무를 창작하면서 CT의 핵심인 추상화와 자동화를 익히도록 했다(정영식, 강민수, 2022). 6학년 대상 수학, 과학, 미술, 실과 등 다교과 융합수업에서는 구체물을 단순화하여 프로그램으로 재현하는 3D모델링을 통해 CT의 추상화와 자동화를 경험하고 직접 3D프린터로 산출물을 제작해 보도록 했다(임동훈, 김태영, 2019). 이처럼 초등과정에서는 다양한 교과에서 수업 목표와 학습자 특성을 고려한 교수 매체가 선정되고, 교수 전략들이 수립되고 있었다. 다음으로는 융합수업 실행 과정상에서 드러난 개선점이나 특징들을 살펴보고자 한다.

4) 실행

융합수업 실행 과정에서 나타난 가장 두드러진 특징은 코딩과 교과 지식을 동시에 학습해야 하는 특성상 두 영역에 대한 이해 정도에 따라 학생들이 느끼는 수업 난이도가 달랐다는 점이다. SW를 활용하는 융합수업의 경우 학생들이 코딩 초보자라는 전제 하에 학생들이 기초 코딩을 익히도록 수업이 설계되었지만, 여전히 학습 수준에서 차이가 드러났다. 강하람, 임채령, 조한혁(2021)은 코딩 수학 교육과정을 실행하는 과정에서 코딩 명령어를 위계적으로 구성하였다. 학생들이 기초적인 명령어에서 시작해 더 효율적인 코딩이 가능한 수준 높은 명령어를 차례로 배워 가도록 교육과정을 설계한 것이다. 또한 학생 수준에 따른 맞춤형 교육이 가능하도록 기초적인 명령어로도 산출물(3D 건축물)을 코딩할 수 있도록 했다. 수업 목표가 반복 패턴을 찾고 높은 수준의 명령어로 이를 자동화하는 과정을 통해 CT의 추상화와 자동화 역량을 향상시키고자 하는 것이었다. 문제는 맞춤형 교육을 위해 낮은 수준의 명령어로도 산출물을 코딩할 수 있도록 했더니 학생들에게 높은 수준의 명령어를 사용할 동기 부여가 되지 않았다는 점이다. 이 문제를 해결하기 위해 교육과정을 수정하여 명령어의 개수를 가장 적게 사용해야 한다는 조건을 붙여 게임 형태로 과제를 제시했다. 학생들이 코딩에서 반복되는 구간을 줄이기 위해 더 효율적인 명령어를 사용하도록 동기를 부여하기 위해 교수 전략을 수정한 것이었다.

김나리, 서용현, 조한혁(2018)도 코딩수학 수업에서 코딩 학습 과정에서 학생들 간에 차이가 발생하면서 과제를 제대로 수행하지 못하거나 오히려 빠르게 달성하는 학생들이 나타났다. 수업 시간에 과제를 해결하지 못한 학생에게는 가정 학습을 통해 과제를 해결할 수 있도록 SW접근 환경을 조성해 주었고, 빠르게 과제를 달성한 학생들에게는 추가적으로 산출물(3D 조형물)을 제작할 기회를 부여하여 학생 수준에 따른 개별화 학습환경이 조성되도록 했다.

황요한, 문공주, 박윤배(2016)는 SW를 익히는 시간에 집중하지 못한 학생들이 조별과제에 대한 참여도가 낮아지는 문제점을 언급했다. 학교 사정상 피지컬 컴퓨팅 장치가 충분하지 않아 2인 1조 또는 4인 1조를 구성해 조별과제로 진행하였다. 그러자 코딩과 비트브릭 사용에 능숙하지 않은 학생이 과제에서 소외되는 문제, 그리고 일부 학생이 컴퓨터를 독점하는 문제가 나타났다. 이에 따라 교사가 조원들 활동을 고르게 분배할 필요성, 그리고 효과적인 수업 활동을 위한 1인 1기기 사용에 대한 필요성을 제기하였다.

코딩 지식 수준은 SW를 사용하지 않는 언플러그드 수업에서도 학생들의 학습 경험에 영향을 미치는 것으로 나타났다. 언플러그드의 경우 CT 구성 요소를 반영해 교수 전략을 세우게 된다. CT 구성 요소를 구현할 때 조건, 순차, 반복 등 코딩 원리를 응용하게 되므로 실제 SW를 사용하지 않더라도 코딩 경험이 있는 학생들이 없는 학생들보다 융합수업을 더 수월하게 따라가는 경향이 있었다(이재호, 주나영, 2022; 홍석영, 2021). 따라서, SW 사용여부에 상관없이 학생들의 코딩 경험이나 이해 수준에 따라 수업 난이도를 조절할 필요성이 제기되었다(이재호, 주나영, 2022; 홍석영, 2021). 또한 학교에서 기본적인 코딩 수업을 통해 학생들이 코딩 기초 지식과 기술을 갖출 경우 융합수업에서 학생이 느끼는 학습 어려움을 완화시켜 줄 수 있을 것으로 기대했다(이재호, 주나영, 2022; 홍석영, 2021).

CT를 교수 전략으로 활용하여 복잡한 교과 주제를 다루는 융합수업에서는 학생들이 낯선 절차를 익히면서 교과 내용까지 따라가는 것을 버거워하기도 했다(정인우, 홍석영, 위수민, 2022; 홍석영, 2021). CT가 복잡한 실세계 문제를 컴퓨터라는 물리적 한계 안에서 해결하는 사고 능력으로 인식되기 때문에 고찰 대상 융합수업 중 특히 과학교과에서 복잡하고 어려운 주제를 선택하는 경향이 있었다. 따라서, 학생들이 수업에서 다루는 과학 개념 자체가 복잡하여 이에 대한 이해가 부족한 학생들이 수업 활동에 어려움을 겪었다(정인우, 홍석영, 위수민, 2022). 따라서 CT 원리와 과학 개념에 대한 학습 속도가 느린 학생들에 대한 추가적 지원이 필요하다는 점이 제기되었다(정인우, 홍석영, 위수민, 2022; 홍석영, 2021).

CT와 교과 내용 간의 균형을 맞추는 어려움에도 불구하고 융합수업이 지닌 장점으로는 학생들이 서로 협력하며 학습을 촉진한다는 점이다. 코딩이 다양한 방식으로 실행될 수 있고, CT 원리를 적용한 문제 해결에서도 다양한 접근법을 구사할 수 있기 때문에 학생들 간 상호작용을 촉진하는 것으로 나타났다. 다른 학생의 코딩 작업을 보면서 코딩 수준을 높이기도 하고(김나리, 서용현, 조한혁, 2018), 어떤 명령어를 선택할지 서로 의논하며(한신, 김형범, 2019), 답이 정해지지 않은 생소한 절차를 익히며, 서로 묻고 답하며 어려움을 해결하기도 했다(홍석영, 2021). 요약하면 융합수업 실행 과정에서는 코딩(또는 원리)과 교과 지식을 동시에 학습해야 하는 부담이 있어 코딩과 교과 개념에 대한 이해가 부족한 학생이 어려움을 겪는 문제가 제기되었다. 하지만 실행 상에서 CT 원리가 지닌 문제에 대한 다양한 접근법으로 인해 학생들 간의 협력을 촉진시키는 것으로 나타났다.

5) 평가

융합수업 평가에서 나타난 가장 큰 특징은 CT와 교과 내용 간에 균형을 어떻게 맞추느냐에 따라 결과가 달라지는 점이었다. CT 융합수업들은 융합수업의 효과성을 검증하기 위해 주로 CT 검사도구를 활용했고, 교과 학습 목표가 지향하는 지식, 태도, 사고 등의 교과 역량을 추가적으로 검증하기도 했다. CT 융합수업 사례에서 쓰인 평가방법과 CT 및 교과 역량에 대한 결과는 **표 4-7**로 정리했다. 양적 방법론을 쓰는 경우 실험군과 비교군을 선정하는 실험설계와 수업 전후 설문조사를 실시하는 사전-사후 검사가 많이 사용되었다. 일반적으로 실험설계의 경우 학교라는 특성상 실험설계의 핵심인 학생 임의 배정이 현실적으로 어렵다는 점, 그리고 사전-사후 검사는 비교군이 없어 개입 외에 다른 요인들을 통제하기 어렵다는 한계를 갖게 된다. 따라서 표 4-7에 정리된 결과는 이러한 한계 안에서 해석되어야 한다.

표 4-7 융합수업의 CT와 교과 역량에 대한 평가 방법 및 결과

논문	평가방법	컴퓨팅 사고력(CT)	교과 역량/지식
강하람 외 (2021)	코딩수학 응용한 자체 CT 검사도구 개발	-	-
김나리 외 (2018)	질적 분석(관찰)/설문	질적 증진	변화 없음
김미영 외 (2020)	CT 검사도구/질적 분석(관찰, 산출물)	양적, 질적 증진	질적 증진/ 양적 변화 없음
김순화 외 (2015)	CT 검사도구/융합적 사고력 검사도구	증진	증진
김현석 외 (2019)	CT 검사도구/창의적 문제 해결력 검사도구	변화 없음	증진
부경준 외 (2023)	인공지능 인식 검사도구	-	일부 양적 증진
손얼 외 (2022)	CT 검사도구/문학적 상상력 검사도구	양적 증진	양적 증진
심효신 외 (2019)	메타인지검사도구/활동지/수학성취도 검사	-	양적 질적 증진
윤종원 외 (2017)	질적 분석(참여관찰, 면담, 활동지, 산출물)	질적 증진	-
윤진아 외 (2020)	CT 검사도구/융합적 문제 해결력 검사도구	양적 증진	일부 양적 증진
이재호 외 (2021)	질적 분석(관찰)	질적 증진	-
이재호 외 (2019)	CT 검사도구	일부 양적 증진	-
이재호 외 (2022)	질적 분석(관찰, 문서, 시청각 자료)	질적 증진	-
임동훈 외 (2019)	CT 검사도구	일부 양적 증진	-

정영식 외 (2022)	CT 검사도구/신체표현능력 검사도구/설문	양적 하락	변화 없음
정인우 외 (2022)	CT 검사도구/활동보고서/학생면담	양적 질적 증진	-
조윤주 외 (2020)	CT 검사도구/SW 학습동기 검사도구	양적 증진	양적 증진
한신 외 (2019)	CT 검사도구/과학적 태도 검사도구	양적 증진	일부 양적 증진
홍석영 (2021)	CT 검사도구/질적 분석(면담, 학생보고서)	양적 질적 증진	-
황요한 외 (2020)	CT 검사도구/질적 분석(관찰, 면담)	양적(일부) 질적 증진	-
황요한 외 (2016)	CT 검사도구/과학학습 태도	양적 증진	양적 증진

비고: 제1저자만 표기.

CT와 교과 내용 간에 균형을 맞추는 문제는 특히 SW를 활용하는 수업에서 두드러지게 나타났다. 김미영과 김성원(2020)은 수업 절반 이상을 스크래치와 피지컬 컴퓨팅에 대한 기초 학습에, 나머지 시간은 자유낙하 운동과 포물선 운동에 대한 모델링과 문제 해결 활동에 할애했다. 총 18차시로 구성된 이 수업에서는 학생이 과학적 문제 해결 활동을 코딩 원리에 따라 보고하도록 하여 CT를 증진시키고자 했다. 하지만 학생 대부분이 보고서 작성 과정에서 코딩 과정만 보고하고 과학적 개념이나 원리를 사용하지 않고 있었다. 예를 들어, CT의 핵심적 구성 요소인 추상화 영역에서 학생 78%가 순서나 과정만 나열한 것으로 나타났다. 김미영과 김성원(2020)은 이 결과를 토대로 코딩을 활용한 문제 해결 활동에서 코딩은 증진되지만 과학개념에 대한 이해를 높이지 못할 수 있다는 점을 지적했다.

김미영과 김성원(2020)과는 대조적으로 코딩 시간이 너무 적게 할애되는 경우 학생들이 SW를 활용에 어려움을 겪는 문제가 나타났다. 초등 4학년 무용 수업을 대상으로 한 정영식과 강민수(2022)의 연구는 춤동작을 표현할 수 있는 블록 기반 코딩 언어인 산타트래커를 활용하였다. 3차시 중 1차시를 활용해 학생들이 해당 코딩 언어 기초를 익히고 나머지 시간에 코딩으로 안무를 구성하도록 했다. 그 결과 SW 없이 안무를 짰던 비교반 학생들보다 CT 점수가 낮게 나타난 것으로 나타났다. 교사 면담에서도 학생들이 코딩을 처음 접하고 학습 시간이 충분하지 않아 코딩을 다양하게 활용하기 힘들었을 것이라는 의견이 제기되었다. 정영식과 강민수(2022)는 이 결과를 토대로 '동작 카드'를 제작해 코딩 원리를 경험할 수 있는 언플러그드 활동을 제안하였다.

CT와 교과 내용 간 균형 문제는 언플러그드 수업에서도 제기되었다. 초등 6학년 학생을 대상으로 한 김현석과 최선영(2019)의 연구는 과학(빛과 렌즈)에서 절차적 사고를 수업 전략으로 사용해 학생들이 CT의 알고리즘을 경험해 볼 수 있도록 했다. 그 결과 실험반 학생들이 기존 교과과정을 따른 비교반에 비해 과학적 문제 해결력은 향상되었으나 CT는 유의한 차이가 없었다. 김현석과 최선영(2019)은 이 결과를 토대로 교과 학습 목표달성에 중점을 둔 수업으로 절차적 사고가 과학적 문제 해결력에는 긍정적 효과를 보였으나, CT 향상에 그다지 도움이 되지 못했다고 판단했다. 따라서, SW 사용 여부에 융합수업 사례들은 CT 원리(또는 코딩)와 교과 내용 간에 균형을 맞추는 교수 설계가 CT와 교과 역량 모두에서 효과를 거두기 위해 중요하다는 점을 보여주고 있었다. 다음 절에서 융합수업 사례를 통해 향후 융합수업 설계·실행에 주는 시사점을 논의하였다.

4. CT 융합수업 설계에서 고려할 사항

CT 융합수업 설계에서 기본적으로 고려되어야 할 점은 SW 여부 사용 여부에 상관없이 학생들이 코딩 경험을 미리 파악해야 한다는 점이다. CT 융합수업 사례에서는 초중고 학교급에 상관없이 학생들 대다수가 코딩 초보자로 조사되었다. 하지만 최근 초중등 교육에서 코딩 교육이 강조되면서 앞으로는 코딩 교육을 학교 안팎에서 배울 기회가 더욱 확대될 것이다. 따라서, 학습자들이 경험 정도를 파악해 SW 사용 여부, SW의 종류, 코딩 시수 배정을 고려할 필요가 있다.

학습자들이 코딩 경험이 거의 없는 코딩 초보자일 경우 SW를 사용하지 않는 언플러그드 수업을 진행할 수 있다. CT 융합수업 사례에서 지적된 대로 CT 구성 요소를 교수·학습 전략으로 사용하여 복잡한 교과 주제와 문제를 해결하는 과정을 통해 학생들이 CT 함양을 도모할 수 있기 때문이다. SW를 사용하는 경우에도 학생들의 코딩 부담을 줄이기 위해 블록형 EPL인 스크래치나 엔트리 등을 사용할 것을 고려해야 한다. 또한 학생들의 코딩 부담을 줄일 수 있는 교수 전략을 수립할 필요가 있다. CT 융합수업 사례에서 코딩 경험이 없는 초등학생을 대상으로 모듈카드(4학년) 또는 이미 코딩된 파일(6학년)을 제공하여 학생들의 코딩 학습에 대한 부담을 줄였고 실제로 학생들이 성공적으로 코딩으로 이야기를 만들어 내는 작업을 수행할 수 있었다. 초등학생뿐 아니라 학교 교육과정에서 코딩을 배울 기회가 많지 않았던 중·고등학생들을 대상으로도 이들의 코딩 부담을 완화시키면서도 수업 활동에 충분히 참여할 수 있도록 도울 수 있는 교수 전략이 필요하다. 이러한 교수 전략들은 학생만이 아니라 코딩에 대한 부담 때문에 융합수업 설계를 꺼려하는 교사들에게도 도움이 될 것으로 기대된다.

CT 융합수업 실행 과정에서 가장 유의할 점은 학생들 간에 코딩 학습 또는 이해 수준에 차이가 발생할 것을 대비해, 이런 학생들을 지원할 방안을 사전에 수립해야 하는 점이다. CT 융합수업 사례에서 코딩 학습이 더딘 학생들이 수업 활동 과제를 제대로 수행하지 못하거나(김나리, 서용현, 조한혁, 2018), 조별과제에서 소외되고(황요한, 문공주, 박윤배, 2016), 상대적으로 코딩이 수월한 학생들은 조별과제에서 컴퓨터를 독점하고(황요한, 문공주, 박윤배, 2016), 아주 빠르게 활동 과제를 달성하는 경우가 발생했다(김나리, 서용현, 조한혁, 2018). 코딩 경험은 SW를 사용하지 않고 CT 구성 요소를 교수 전략으로 사용하는 언플러그드 수업에서도 학생들의 학습 경험에 영향을 미칠 수 있다. CT 구성 요소를 교수 전략으로 구현할 때 조건, 순차, 반복 등 코딩 원리를 응용하게 되므로 코딩 경험이 있는 학생들이 융합수업을 더 수월하게 따라가는 경향성이 있기 때문이다(이재호, 주나영, 2022; 홍석영, 2021). 융합수업 특성상 교과 내용과 CT 원리를 동시에 익혀나가는 과정이 학생들에게 부담이 될 수 있다. 따라서 교과 개념 이해와 코딩(원리)을 이해하는 과정에 어려움을 겪는 학생들이 수업에서 소외되지 않도록 미리 교수 설계 단계에서 지원 전략을 수립할 필요가 있다. 또한 코딩에 이미 익숙한 학생들이 수업에서 동기를 잃지 않도록 도전적인 추가 활동 과제도 제공되어야 한다.

무엇보다 CT 융합수업에서 가장 중요한 점은 CT와 교과 내용 간 균형을 맞추는 문제이다. CT 융합수업 사례에서 코딩 기초 학습의 필요성으로 인해 코딩 기초를 익히는 데 많은 시수를 할애하다 보니 학생들이 과학적 개념은 제대로 익히지 못하고 코딩 절차에만 집중하는 결과(김미영, 김성원, 2020)가 있는 반면, 코딩 학습에 너무 적은 시수를 할애했을 때 학생들이 코딩 자체에 어려움을 느껴 오히려 기대한 CT 증진 효과를 거두지 못한 경우도 있었다(정영식, 강민수, 2022). CT와 교과 내용 간 균형을 맞추는 문제는 코딩 없이 CT를 교수 전략으로 활용하는 언플러그드 수업에서도 나타날 수 있다. 교과 주제에 집중한 수업에서 학생들의 과학적 문제 해결력은 신장되었지만 CT에는 변화가 없는 평가 결과가 있었다(김현석, 최선영, 2019). 또한 복잡한 과학 개념을 다루는 언플러그드 수업에서의 경우 학생들이 낯선 절차를 익히면서 교과 내용까지 따라가는 것을 버거워할 수도 있다(정인우, 홍석영, 위수민, 2022; 홍석영, 2021).

사실 학생들이 코딩 초보자일 경우 융합수업에서 CT와 교과 내용 간 균형을 맞추는 일은 쉽지 않은 일이다. 때문에 CT 융합수업이 활성화되기 위해서는 초중고 학교 교육과정에서 학생들이 단계적으로 코딩을 익힐 수 있도록 체계적인 지원이 이뤄져야 한다. 중등교사들은 정보와의 융합수업이 필요하다고 인식하면서도 진도 부담으로 인해 실행이 어렵다고 인식하는 것으로 나타난 바 있다(이은경, 박상욱, 전성균, 2019). 코딩 초보자라는 학습자 특성으로 인해 수업에 사용될 코딩 기초를 익히는 데 상당수 수업 시수를 할애할 경우 교과 내용을 배우는 시간과의 균형을 맞춰야 하는 문제로 전체 수업 시수가 늘어날 수밖에 없고 이는 진도 부담으로 이어질 수밖에 없다. 학생들이 기초 코딩 교육이 체계적으로 이뤄진 학습자라면 더 적은 수업시수로 융합수업을 실행할 수 있어 정규수업으로 편성하기가 용이하게 된다. 따라서 앞으로 융합수업이 활발하게 실행되기 위해서는 초중고 과정에서 체계적으로 코딩 교육이 실행될 필요가 있다. 융합수업이 두 영역 간 균형을 맞춰야 한다는 것은 당연한 목표지만, 실제로 이 균형을 맞추기 위해서는 각 교수 단계별로 많은 요소가 고려되어야 한다. 더군다나, SW교육과 CT에 대한 중요성이 부각되고 있지만 정보 외의 교과에서 많은 교사들에게 여전히 낯선 주제이다(황규진, 박영신, 2021). 이 장에서 다룬 CT의 개념과 융합수업 연구들에 대한 논의를 통해 교사들이 CT 융합수업에 대해 느끼는 낯섦과 어려움을 경감시키고 CT 융합수업이 활성화되는 데 조금이나마 기여할 수 있기를 바란다.

참고문헌

강하람, 임채령, 조한혁(2021). 수학교과와 정보교과를 융합하는 코딩수학 교육과정 및 교육방법 연구. 수학교육, 60(4), 467-491.

교육부(2021). 2022 개정 교육과정 총론 주요사항(시안). 세종: 교육부.

교육부(2022a). 교육부 고시 제2022-33호 [별책 10] 실과(기술 · 가정)/정보과 교육과정. 세종: 교육부.

교육부(2022b). 디지털 인재양성 종합방안. 세종: 교육부.

김경주, 홍미선(2023). 키워드 네트워크 분석법을 활용한 컴퓨팅 사고력의 연구동향 분석. 지능정보융합과 미래교육, 2(2), 39-47.

김나리, 서용현, 조한혁(2018). 코딩수학내용 및 환경설계. 학습자중심교과교육연구, 18(4), 647-673.

김미영, 김성원(2020). 피지컬컴퓨팅 활용 과학적 문제해결교육이 고등학생의 컴퓨팅사고(CT)에 미치는 효과. 학습자중심교과교육연구, 20(8), 387-410.

김순화, 함성진, 송기상(2015). 컴퓨팅 사고력 기반 융합인재교육 프로그램의 효과성 분석 연구. 컴퓨터교육학회 논문지, 18(3), 105-114.

김현석, 최선영(2019). 초등과학 수업에서 절차적 사고과정을 활용한 학습전략이 컴퓨팅 사고력과 창의적 문제해결력에 미치는 효과. 과학교육연구지, 43(3), 329-341.

문성윤, 송기상(2019). 토픽 모델링을 이용한 컴퓨팅 사고력 관련 연구 동향 분석. 정보교육학회논문지, 23(6), 607-619.

부경준, 박찬정(2023). 초등 3-4학년군의 인공지능 학습을 위한 온작품읽기와 인공지능을 융합한 교육 프로그램 개발. 정보교육학회논문지, 27(1), 93-105.

손얼, 정영식(2022). S-PUMA 교수법을 활용한 글 읽기 교육이 초등학생의 문학적 상상력과 컴퓨팅사고력에 미치는 영향 분석. 정보교육학회논문지, 26(6), 567-577.

심효신, 박만구(2019). 학습과 평가를 통합한 컴퓨팅 사고력 기반의 수업이 초등학생의 메타인지와 수학학업성취도에 미치는 영향. 초등수학교육, 22(4), 239-259.

윤종원, 한선관(2017). 컴퓨팅사고력 신장을 위한 디지털 스토리텔링 전략. 교육논총, 37(3), 1-27.

윤진아, 남윤경, 조운석(2020). 마이크로비트를 활용한 과학-SW 융합교육 프로그램 개발 및 적용. 컴퓨터교육학회 논문지, 23(6), 77-87.

이애화(2019). 컴퓨팅사고력에 관한 국내 연구동향 분석. 한국콘텐츠학회논문지, 19(8), 214-223.

이은경, 박상욱, 전성균(2019). 컴퓨터 · 정보 소양 함양을 위한 융합 교육에 관한 중등학교 교사의 인식 및 요구 분석. 컴퓨터교육학회 논문지, 22(6), 35-42.

이재호, 김학민(2019). 자력을 활용한 로봇 교육이 컴퓨팅 사고력에 미치는 영향. 창의정보문화연구, 5(3), 275-283.

이재호, 오상미(2021). 초등저학년 학생을 대상으로 한 놀이학습 기반 언플러그드 교육프로그램 연구. 창의정보문화연구, 7(2), 79-90.

이재호, 장준형(2019). 텍스트 마이닝 기법을 활용한 컴퓨팅 사고력 연구 동향 분석. 정보교육학회논문지, 23(6), 543-550.

이재호, 주나영(2022). 초등학교 중학년을 위한 언플러그드 교육 프로그램 개발 - 안전 교육을 중심으로. 창의정보문화연구, 8(2), 65-77.

임동훈, 김태영(2019). 3D프린터를 활용한 융합교육이 초등학생의 컴퓨팅 사고력에 미치는 영향. 정보교육학회논문지, 23(5), 469-480.

정영식, 강민수(2022). 블록 기반 댄스 프로그래밍 교육에 의한 신체 표현 능력과 컴퓨팅 사고력 분석. 한국무용교육학회지, 33(4), 137-157.

정인우, 홍석영, 위수민(2022). 기후변화 주제 문제중심학습(PBL)이 고등학생들의 컴퓨팅 사고력에 미치는 효과. 학습자중심교과교육연구, 22(22), 95-112.

조윤주, 전석주(2020). CT 능력 향상을 위한 코딩 동화 개발 및 적용. 정보교육학회논문지, 24(2), 167-176.

한신, 김형범(2019). 블록형 코딩프로그램을 활용한 지구과학 수업에서 학생들의 컴퓨팅 사고력에 대한 인식 및 과학적 태도 변화 연구. 대한지구과학교육학회지, 12(2), 131-140.

홍석영(2021). 컴퓨팅 사고력 기반 지구과학 언플러그드 활동의 효과와 시사점 탐색: 고체지구 영역의 문제해결을 중심으로. 대한지구과학교육학회지, 14(2), 80-94.

황규진, 박영신(2021). 컴퓨팅 사고를 반영한 교사연수 과정에서 나타난 교사의 인식 탐색. 한국지구과학회지, 42(3), 344-364.

황요한, 문공주, 박윤배(2016). 소프트웨어 활용 탐구 활동을 통한 고등학생의 프로그래밍과 컴퓨팅 사고력에 대한 인식 변화와 과학 학습에 대한 태도 조사-스크래치와 피지컬 컴퓨팅 교구의 활용을 중심으로. 한국과학교육학회지, 36(2), 325-335.

황요한, 문공주, 최윤희(2020). 컴퓨팅 사고 기반 과학 관련 사회쟁점(CT-SSI) 교육 프로그램을 통해 나타나는 학생들의 컴퓨팅 사고 역량과 그 변화 분석.

교육문화연구, 26(2), 175-196.

스크래치 웹사이트 https://scratch.mit.edu/ideas

Barr, V., & Stephenson, C. (2011). Bringing computational thinking to K-12: what is involved and what is the role of the computer science education community? *ACM Inroads*, *2*(1), 48-54.

CSTA & ISTE. (2011). *Computational Thinking Teacher resources 2nd ed.* Computer Science Teachers Association (CSTA) and the International Society for Technology in Education (ISTE).

Lodi, M., Martini, S. (2021). Computational thinking, between Papert and Wing. *Sci & Educ*, *30*, 883-908.

Newman, M., & Gough, D. (2020). Systematic reviews in educational research: Methodology, perspectives and application. In O. Zawacki-Richter, M. Kerres, S. Bedenlier, M. Bond, & K. Buntins (Eds.), *Systematic reviews in educational research: Methodology, perspectives and application*(pp. 3-22).

Page, M. J., McKenzie, J. E., Bossuyt, P. M., Boutron, I., Hoffmann, T. C., Mulrow, C. D. et al. (2021). The PRISMA 2020 Statement: An updated guideline for reporting systematic reviews. *BMJ*, *372*(71), 1-9.

Papert, S. (1980). *Mindstorms: Children, Computers, and Powerful Ideas*. New York: Basic Books.

Spatioti, A. G., Kazanidis, I., & Pange, J. (2022). A comparative study of the ADDIE instructional design model in distance education. *Information*, *13*, 402. https://doi.org/10.3390/info13090402

Voogt, J., Fisser, P., Good, J., Mishra, P., & Yadav, A. (2015). Computational thinking in compulsory education: Towards an agenda for research and practice. *Education and Information Technologies*, *20*(4), 715-728.

Wing, J. M. (2006). Computational thinking. *Communications of the ACM*, *49*, 33-35.

Wing, J. M. (2008). Computational thinking and thinking about computing. *Philosophical Transactions of the Royal Society A: Mathematical, Physical & Engineering Sciences*, *366*, 3717-3725.

Chapter

05

생성형 인공지능을 활용한 교수학습법

박휴용

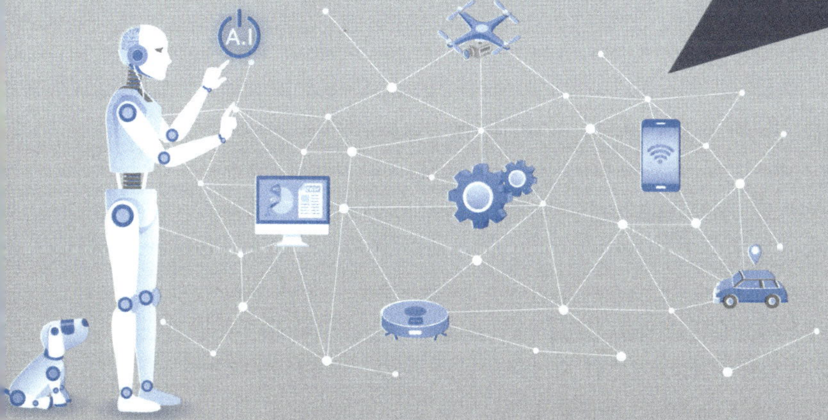

“진정한 학습은 지식의 단순한 축적이 아니라, 우리의 사고방식을 변화시키는 과정이다. 우리가 주변 세계를 인식하는 방식, 문제를 해결하는 방식, 새로운 아이디어를 창출하는 방식을 근본적으로 바꾸는 것, 그것이 학습의 본질이다.”(A. Einstein, Out of My Later Years, 1950)

생성형 인공지능을 활용하는 교수학습법은 바로 이러한 변화를 가능하게 한다. 학습자 개개인의 필요와 속도에 맞춰진 맞춤형 학습 경험을 제공함으로써, 우리는 더욱 창의적이고 비판적인 사고를 할 수 있는 사람들을 양성할 수 있다. 기술은 우리가 세계를 바라보는 창을 넓히는 도구이며, 교육에서 그 역할은 무한할 것이다.

1. AI 챗봇을 활용한 영어교육

1) 인간-로봇 상호작용(HRI) 기술과 영어 학습

인간-로봇 상호작용을 매개하는 기술들은 기존의 시각 및 음성 정보에만 의존하던 방식에서 사용자의 제스처, 동작, 음성, 그리고 생체신호를 동시에 처리하는 복합적인 기술로 발전하고 있으며, 이러한 기술들은 학습에 있어서도 시각, 청각, 후각, 촉각 등의 다양식적(multi-modal) 정보들을 인식하고 처리할 수 있는 학습 매체의 등장을 촉발하고 있다.

지금까지 학습을 위해 위와 같은 다양식적 정보들을 수집하여 처리하는 것은 지식이나 사고에 집중하는 인지적 학습의 영역보다는, 사회성이나 정서적 측면을 다루는 감성적 학습 영역과 신체적 학습 영역에 있어서 더욱 큰 효과가 있는 것으로 연구되어 왔다. 즉, 인공지능 챗봇은 일반적으로 정서적인 측면에서 학습자의 외국어 학습에 대한 불안감과 두려움을 완화시키고 학습에 대한 흥미를 촉진시키는 역할도 한다. 예를 들어, 한국어 학습을 돕는 인공지능 에이전트 시스템은 학습자가 원어민 화자와의 대화에서 느낄 수 있는 불안감을 낮추고 의사소통에 대한 의지를 높인다는 연구결과가 있다(홍금원 외, 2008).

하지만 여전히 언어 학습과 같은 인지적 학습의 영역에서도 다양식적 자극과 정보의 처리가 필요하다. 왜냐하면, 언어학습은 문자의 인식이나 이해, 그리고 논리적 사고의 훈련을 통해서 이루어지는 것이 아니라 청각, 시각, 그리고 정서성이나 문화적 요인과 같은 다양한 사회문화적 요소들에 의해서도 영향을 받기 때문이다. 예를 들어, 사람의 발화에서 항상 표정, 손짓, 몸짓과 같은 부언어적(para-linguistic) 동작이 수반되는 것처럼, 우리는 인공지능 로봇이 언어를 산출할 때도 그 내용에 걸맞은 표정이나 제스처를 보여주기를 기대하게 된다. 이와 같이 단순한 음성 산출뿐 아니라 언어 활동에 수반되는 다양한 부수적 행위를 보여줄 수 있기 위해서는 인간과 유사한 높은 수준의 소통전략을 처리할 수 있는 인공지능을 필요로 하는 것이다.

이러한 맥락 속에서 언어학습 영역에서의 인공지능 (대화) 툴의 개발과 적용은 특히 시장의 수요가 훨씬 많은 외국어 학습 특히 영어 학습 분야에서 활발히 이루어져 왔다(Kramsch, Morgenstern, & Murray, 2013). 예를 들어, 'Tactical Language and Culture Training System(TLCTS)'이라는 '기능성 게임(serious game)'은 인공지능 기술을 기반으로 지능형 튜터링(intelligent tutoring)과 자동 음성인식, 대화체와 캐릭터를 활용한 학습, 자연어 처리, 학습자 모델링 등의 다양한 인공지능 기술을 외국어 교육에 활용하는 시스템이다(Johnson & Wu, 2008). 이러한 TLCTS는 외국어 학습을 하는 학습자의 기본적인 의사소통 능력과 문화 습득 능력을 향상시킬 수 있는 프로그램으로 다양한 상호작용이 가능한 활동과 기능성 게임으로 구성되어 있다. 인공지능은 이처럼 학습 시스템 안에서 학습자의 발화를 촉진하고, 학습 내용을 평가해 주며, 학습과정에서 적절한 힌트를 제공하거나, 학습자의 학습 진도와 내용을 가이드하는 등의 다양한 역할을 수행해 줄 수 있다(Johnson, 2010).

2) 자연어 처리 기술

현재까지 영어 학습 분야에서 활용되는 인공지능 툴의 기능은 주로 소리 정보를 중심으로 한 음성인식, 원어민 발성 산출, 자연어 대화 등의 음성언어 영역이었는데, 이는 음성언어의 발달이 문자언어의 발달보다 먼저 발생하고, 학습자의 문자 및 문장 구사력은 상대적으로 좀 더 높은 수준의 학습능력을 요구하기 때문이다. 이러한 언어발달의 기초 원리를 반영하여, 인공지능 영어 학습 툴은 음성인식, 음성생성, 질의응답, 자연어(일상어) 대화, 문제 해결 대화, 비정형적 대화의 방향으로 발전해 나가고 있다. 인공지능에 기반한 언어 처리 기술을 전문적으로 연구하는 분야가 바로 자연어 처리(natural language processing) 기술인데, 그 구체적인 연구내용은 다음 **표 5-1**과 같다.

표 5-1 AI의 자연어 처리 기술의 기본 요소

구분	AI의 역할
자연어 이해 (Natural Language Understanding, NLU)	• 주어진 자연어를 AI가 처리할 수 있는 유용한 방식으로 변환하기 • 언어의 다양한 특징들을 분석해야 함 • NLU가 NLG보다 난이도가 높음
자연어 생성 (Natural Language Generation, NLG)	• 텍스트 기획(Text planning): 기반지식으로부터 관련 콘텐츠를 추출하기 • 문장 기획(Sentence planning): 문장의 기조를 설정하기 위해 필요 어휘를 선별하기 • 텍스트 구현(Text Realization): 기획된 문장을 문장 구조로 매핑하기
자연어 처리에 필요한 분석 요소	• 어휘 분석(lexical analysis) • 구문론적 분석(syntactic analysis: parsing) • 의미론적 분석(semantic analysis) • 담론 통합(discourse integration) • 화용론적 분석(pragmatic analysis)
자연어 처리 알고리즘 AI 아키텍처	• 다층 퍼셉트론(MultiLayer Perceptron, MLP): 퍼셉트론으로 이루어진 층(layer) 여러 개를 순차적으로 붙여놓은 형태 • 합성곱 신경망(Convolutional Neural Network, CNN): 시각적 이미지(visual imagery) 분석에 특화된 인공신경망 • 순환신경망(Recurrent Neural Network, RNN): 입력과 출력을 시퀀스(예: 문장 = 어휘들의 시퀀스) 단위로 처리하는 모형 • Attention(인지적 주의집중): 투입되는 많은 input 데이터들 중에서 처리해야 할 데이터와 제거할 데이터를 선별하여 작업하는 것

이러한 인공지능 자연어 처리 기술은 주로 비즈니스 영역에서 소비자 요구분석(Customer Review)이나 가상 비서(Virtual assistants)의 목적으로 개발되고 사용되어 왔다. 하지만, 인공지능 자연어 처리 기술이 점차 발전해감에 따라 이처럼 단순한 소비자 대응의 기능보다 훨씬 높은 수준의 사고와 응대의 전략을 필요로 하는 교육서비스의 영역으로 섬점 확장되고 개발되고 있다.

3) 인공지능 챗봇과 영어 학습

이러한 인공지능 음성언어 처리 기술, 즉 대화기술을 활용한 툴이 디지털 개인비서의 기능을 가진 챗봇의 형태로 다양하게 시판되고 있는데, 최근까지 개발된 주요 챗봇들의 기능을 비교하여 정리하면 다음 표 5-2와 같다.

표 5-2 지능형 개인비서 툴들의 기능

제품	인지 기능	서비스/기능
Siri	사용자의 검색/언어/선호도에 적응	전화걸기, 메시지 보내기, 구두점 추가, 리마인더 및 알람 등
Google Assistant	방대한 데이터 및 고도의 자연어 처리(NLP) 기술 적용	질의응답, 스케줄 관리, 예약/알림, 번역, 음악 재생, 길 찾기, 홈기기 제어
Alexa	사용자 음성 학습 기능	음악 검색, 전화 걸기, 메시지 송수신, 쇼핑 제안, 홈기기 제어
Cortana	자도 언어 인식, 디바이스 데이터에 의한 학습	시간/장소/사람에 따른 알림, 파일 찾기, 배송 조회, 과업 관리
Bixby	사용자 루틴 및 휴대폰/앱 작동방식 학습, 개인화된 응답제공	콘텐츠 및 앱 조작 용이, 번역, 리마인더 기능
Hound	문맥 및 복잡한 발화 이해	자연스럽고 상세한 검색, 호텔 검색, 길 찾기, 주식시장 조회, 음악 재생 등
Robin	제스터에 대한 반응, 새로운 개념/phrase 학습 가능	오디오 콘텐츠 재생, 관심 정보 검색, 주차/교통정보 제공
Youper	개인화, 기분(mood) 추적	정서건강 관리, 일상대화, 명상가이드

출처: Kwon et al.(2021, p. 3)

우리나라의 경우, 한국전자통신연구원(ETRI)이 개발한 GenieTutor의 경우 상대방의 응답 내용과 문법에 대한 피드백을 제공하며 기초 수준의 대화 구조로 구성되어 있어, 지속적인 자유대화를 이어갈 수 있는 수준은 아니다. 위와 같은 인공지능 대화기술에 기반을 둔 디지털 비서들을 외국어 학습의 용도로 사용하게 되면, 외국어 대화 학습 봇의 역할을 할 수 있다. 실제로 현재 여러 학습 봇이 위와 같은 인공지능 기반 음성언어 처리 기술을 기반으로 일상생활이나 교육기관에서 학습 봇의 역할을 수행하고 있다.

4) AI 기반 영어 학습의 핵심 원리 및 시사점

AI 기반 영어 학습은 다음과 같은 특징과 기능을 중심으로 개발되고 있다.

① 인간-로봇 상호작용(HRI) 기술의 활용한 음성 기반 학습: 다양식적 상호작용, 게임형 인터페이스, 학습자의 다양한 활동 방식 참조, 개별화된 학습 안내/평가기능의 제공

② 자연어 처리 기술: 언어학적 과제(인간 언어의 어휘적, 구문적, 참조적 모호성 등), 기술적 한계(과잉/과소적용, 학습 데이터의 한계, 연산속도의 한계), 실용적 한계(언어모델의 범용성 부족, 데이터 편향성, 블랙박스 문제 등)를 생성형 AI(ChatGPT)가 극복함

③ AI 기반 대화 기술(목적지향 대화처리, 오픈 도메인 대화처리, 질의응답 기술)에 기반한 개인비서 툴을 외국어 학습을 위한 효과적인 툴로 활용함

④ 챗봇의 영어 학습 적용을 위한 과제: 교육 과정과의 연계성, 콘텐츠의 타당성과 풍부성, 개별화 학습 알고리즘의 정교성, 개별 평가의 신뢰성의 향상이 필요함

⑤ 학교교육 활용을 위한 조건: 다양한 언어학습의 요소들, 학습활동, 다수의 학생들의 학습, 평가, 피드백 데이터를 처리하기 위한 체계적인 학습관리 시스템 개발이 필요함

⑥ 일상적 상황 활용 한계점: 영어 학습을 체계적 안내하는 알고리즘이 개발되지 않았고, 응답 내용의 정확성이나 사실성을 확인할 필요가 있으며, 학습자 수준별 맞춤형 대화를 위한 알고리즘이 구체적으로 설계되어야 함

5) 인공지능 영어 학습 플랫폼 활용을 위한 고려 사항

인공지능 기반 영어 학습은 그에 대한 이론적인 모형이 많이 개발되고 논의된 것에 비해 실제 학습에 활용할 수 있는 플랫폼은 기술적 문제(딥러닝 기반 알고리즘의 개발)나 환경적 문제(학습 목표에 맞는 충분한 콘텐츠나 데이터의 제공), 그리고 교육적 논란으로 인해 아직 교육현장에서 보편적으로 활용되지 못하고 있는 실정이다. 예

를 들어, 인공지능 학습 플랫폼이 안정성과 효과성을 가지고 운영되기 위해서는 다음 표 5-3과 같은 문제점들을 해결해야 한다.

표 5-3 인공지능 학습 플랫폼의 과제

구분	내용
데이터 관련	• 충분한 학습 데이터 및 콘텐츠의 확보 • 데이터 편향 문제: 데이터의 신뢰도나 타당성 검증 • 데이터 소유권 및 저작권 문제 • 학습자별 적절한 피드백의 부족
신뢰도 관련	• 인간-AI 상호작용의 안정성 • 높은 수준의 교육 콘텐츠의 질적 수준 및 신뢰성 • 인공지능 모델의 해석 불가능성, 기술적 남용의 문제 • 공교육의 역할 축소/거버넌스
경제적 문제	• 기술적 환경 구축의 경제적 부담 • 고숙련 AI 전문가(프로그래머)의 부족 • 개별사용자의 서비스 비용
기술적 이슈	• AI 시스템의 안정성 • 학습 플랫폼의 대규모 적용 가능성(데이터 처리 및 보관) • 시스템 보완 문제(해킹 및 데이터 유출) • 학습자 개인정보의 관리와 고위험(high stake) 평가 자료로서의 신뢰성 • 위기관리, 긴급한 문제 대응력
교육적 논란	• 기술의존적 학습으로 인한 사고력 배양의 위해성 • 기술적/미디어 문해력의 차이에 의한 학업성취도 양극화 • 기술매체 접근성이 떨어지는 소외계층 학생들의 학업 격차 • 교사의 역할 축소 및 기술적 문해력 차이에 의한 교사효율성 격차

따라서 인공지능 기반 학습 플랫폼은 위와 같은 다양한 이슈들을 충분히 감안하여 교육현장에 적용되어야 할 것이다. 이러한 모든 사항들을 감안하더라도, 인공지능 학습 플랫폼이 교육현장에 보편적으로 적용되려면 인공지능 플랫폼의 운영 환경과 학습자의 개별적 특성 파악, 학습 양식 변화, 그리고 다양한 요구사항들에 지속적으로 적응함으로써 항상 최적화된 서비스를 제공할 수 있는 적응적(Adaptive)이고 개방적(Open-World)인 학습 알고리즘의 개발이 필요할 것이다.

2. 적응형 학습(Adaptive learning)에의 적용

1) 적응형 학습의 기본 원리

적응형 학습 플랫폼은 기계 학습 알고리즘을 사용하여 학생의 학습 스타일, 강점 및 약점에 따라 개별적인 학습경로를 생성해 줄 수 있다. 이를 위해서 개별 학생의 진행 상황을 식별하고 학습 목표에 부합하는 새로운 활동과 콘텐츠를 제안해 주는데, 기본적 원리는 다음 **그림 5-1**과 같다.

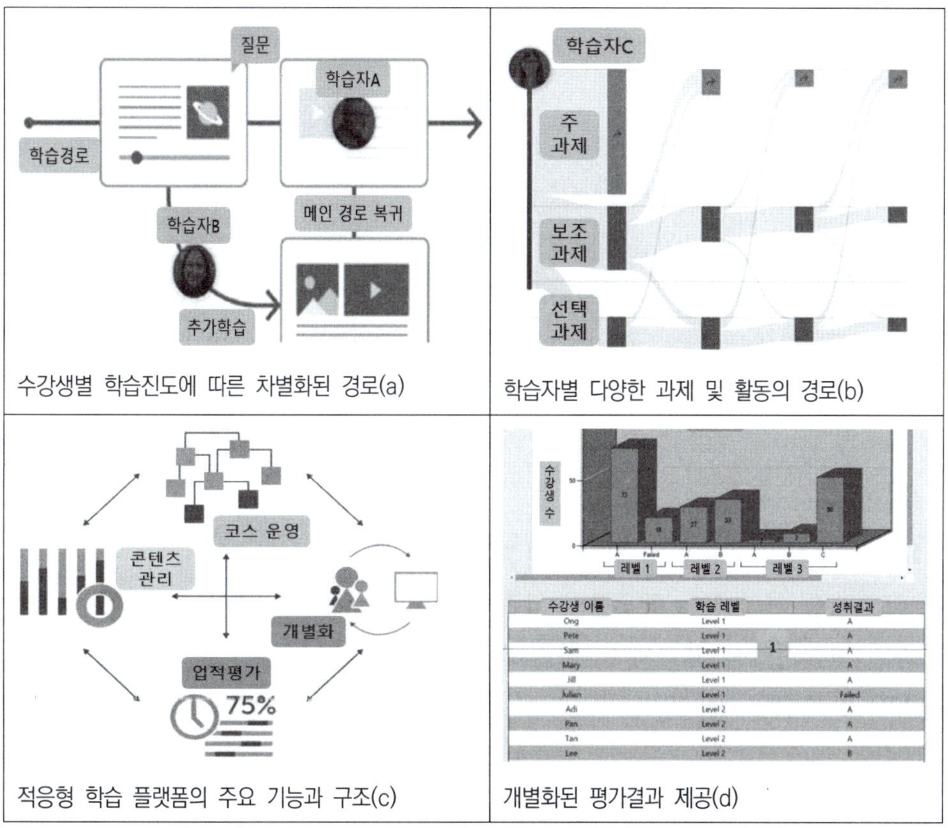

수강생별 학습진도에 따른 차별화된 경로(a)

학습자별 다양한 과제 및 활동의 경로(b)

적응형 학습 플랫폼의 주요 기능과 구조(c)

개별화된 평가결과 제공(d)

그림 5-1 Knewton의 주요 학습안내의 구조와 기능

적응형 학습 플랫폼은 위 그림 5-1에 제시된 바와 같이 학생별 이해도나 준비도에 따라 개별적 학습의 경로를 제공해 주고(a), 학습자별로 별개의 과제나 활동 내용들을 제공해 주며(b), 코스운영, 콘텐츠 관리, 개별화 과제, 업적 평가 등의 플랫폼 구조를 갖고 있어서(c), 학습의 성과에 따라 상이하고 개별화된 평가결과(d)를 제시해 줄 수 있다.

2) 적응형 학습 플랫폼의 사례

이러한 적응형 학습 플랫폼은 AI 기술을 사용하여 학생들과 상호 작용하면서 학업 과제에 대한 지원과 안내를 제공해 준다는 의미에서 지능형 학습지도 시스템(Intelligent Teaching System)이라고도 불리는데, 대표적으로 다음과 같은 것들이 운용되고 있다.

(1) DreamBox

DreamBox는 인공지능을 활용하여 학생들의 학습 데이터를 수집하고 분석하여, 해당 학생에게 최적화된 학습경로를 제공하는 수학 학습 플랫폼이다. 학생들의 능력과 수준을 파악하여 문제의 난이도를 조정하고, 개인의 학습 스타일에 맞춰서 학습자료를 추천해 준다.

(2) Knewton

Knewton은 인공지능을 활용하여 학생들에게 최적의 학습경로를 제공하는 온라인 교육 기업이다. 학생들의 학습 패턴, 문제 해결 능력 등을 분석하여 개인화된 학습경로를 제공하며, 학습 데이터를 수집하여 학생들의 학습 결과를 평가하고 개선할 수 있다.

(3) Carnegie Learning

Carnegie Learning은 인공지능을 활용하여 학생들에게 수학 학습을 제공하는 교육 기업인데, 학생들의 학습 데이터를 수집하여 개인화된 학습경로를 제공하며, 학생들의 학습 결과를 분석하여 개선할 수 있다. 아울러 학생들의 학습 결과를 실시간으로 모니터링하고, 교사들이 학생들의 학습에 대한 피드백을 제공할 수 있도록 돕는다.

(4) Edmentum

Edmentum은 인공지능을 활용하여 학생들에게 온라인 학습을 제공하는 교육기업이다. 학생들의 학습 데이터를 수집하여 개인화된 학습경로를 제공하며, 학습 결과를 분석하여 개선해 주고, 학생들의 학습상황을 실시간으로 모니터링하고, 교사들이 학생들에게 맞춤형 지도를 제공할 수 있도록 돕는다.

(5) Smart Sparrow

Smart Sparrow는 인공지능을 활용하여 학생들에게 맞춤형 학습을 제공하는 온라인 교육 플랫폼이다. 학생들의 학습 데이터를 수집하여 학습경로를 최적화하고, 학생들의 개인화된 학습 요구에 맞춰서 학습활동을 제공해 주고, 학생들의 학습 결과를 분석하여 교사들이 학생들에게 개별적인 피드백을 제공할 수 있도록 돕는다.

(6) ALEKS

ALEKS는 인공지능을 활용하여 수학 학습을 제공하는 온라인 교육 플랫폼이다. 학생들의 학습 수준을 파악하여 최적의 학습경로를 제공하며, 학습과정에서 학생들의 학습 패턴을 분석하여 개별화된 학습 요구에 맞춘 학습활동을 제공한다. 아울러 학생들의 학습 결과를 모니터링하고, 교사들이 학생들의 학습 결과를 실시간으로 확인하며 피드백을 제공할 수 있도록 돕는다. 다음 그림 5-2는 ALEKS 플랫폼 속에서 학생들의 성취도 형성 과정을 보여주는 화면이다.

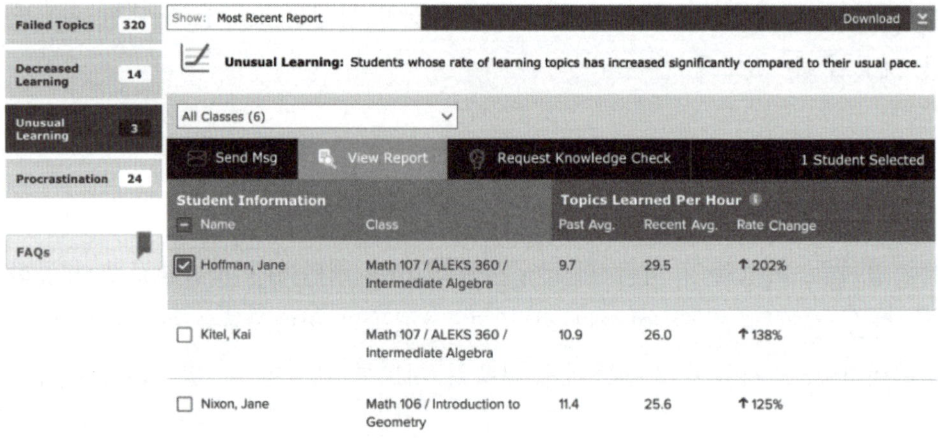

그림 5-2 ALEKS의 학생성취도 표시 화면

출처: ALEKS 웹사이트

위 그림에서 보이듯이, 학생들이 이수하지 못한 학습 과제(failed topics), 미진한 학습(decreased learning), 특이한 학습 결과(unusual learning), 학습 지체상태(procrastination)를 통계화해 주고, 개인 학습자별로 이수한 수업과 지금까지의 성취점수의 경로를 보여주기도 한다.

(7) IBM Watson Education

IBM Watson Education은 인공지능을 활용하여 교육 분야에 적용할 수 있는 다양한 서비스를 제공하는 기업이다. 예를 들어, 자연어 처리 기술을 활용하여 학생들이 영어를 학습할 때 발음, 억양, 어휘 등을 평가하고 피드백을 제공하는 서비스를 제공하며, 학생들의 학습 스타일과 성향을 분석하여 개인화된 학습경로를 제공하는 서비스를 제공한다.

이상의 인공지능 기반 적응형 학습 프로그램의 기능과 장단점을 정리하면 다음 **표 5-4**와 같다.

표 5-4 인공지능 기반 적응형 학습 플랫폼의 종류와 장단점

구분	기능	장점	단점
DreamBox	수학 학습용 온라인 학습 플랫폼	• 개별 학습경로를 제공하여 학생의 수준과 필요에 맞춘 학습 • 학생의 진도와 학습 수준을 추적하여 성과 측정	• 수학 학습에만 특화 • 다른 학습 분야에 대한 지원 부족
Knewton	개인 맞춤형 학습 플랫폼	• 학생들의 학습 수준과 학습 방식에 따라 맞춤형 학습경로 제공 • AI 기술을 활용하여 효율적인 학습	• AI 모델을 학습시키기 위해 수많은 데이터가 필요 • 데이터 수집에 따른 프라이버시 이슈
Carnegie Learning	수학 및 영어 학습 플랫폼	• 수학 및 영어 학습을 하나의 플랫폼에서 실현 • 인공지능 기술을 활용하여 학습에 대한 개인 맞춤형 제공	• 과목 다양성이 부족
Edmentum	온라인 기반 학습 플랫폼	• 다양한 과목을 지원 • 학생들의 진도와 학습 수준을 추적 • 학습에 대한 효율적인 관리	• 개인 맞춤형 학습경로의 부족
Smart Sparrow	인터랙티브한 학습 콘텐츠 제작 플랫폼	• 사용자가 직접 콘텐츠 제작 • 인터랙티브 학습환경 제공	• 기능의 다양성 부족
ALEKS	수학 학습용 학습 플랫폼	• 개별 학습경로를 제공 • 학생의 수준과 필요에 맞춘 학습 • 학생의 진도와 학습 수준을 추적하여 성과 측정	• 대화형 수업 부족 • 학생 모니터링의 부담 • 비용 문제
IBM Watson Education	인공지능(AI) 활용 교육 솔루션	• 개인 맞춤형 학습경루 제공 • 학생들의 진도와 학습 수준을 추적하여 성과 측정	• AI 학습을 위해 대량의 데이터 필요 • 프라이버시 이슈 발생

요컨대, 위와 같은 인공지능 기반 맞춤형 학습 기술은 학생들의 학습 성과를 개선하고, 학습 효율성을 높이는 데 큰 역할을 한다. 따라서 학생들은 더욱

개인화된 학습경로를 제공받으면서 학습에 대한 자신감을 키울 수 있으며, 교사들도 학생들의 학습상황을 더욱 체계적으로 파악할 수 있다.

3. 가상 튜터(AI tutor)와 스마트 콘텐츠 활용

1) 가상 튜터(AI tutor)를 활용한 수학 학습

인공지능 기반 가상 튜터는 학생들이 학습과정에서 발생하는 질문에 대해 즉각적으로 답변을 제공하며, 개인화된 학습경로를 제공하는 등 학생들의 학습을 돕는다. 학생들에게 실시간 피드백과 지원을 제공할 수 있고, 학생의 진행 상황을 모니터링하고 그들의 강점과 약점에 따라 교수방법을 조정할 수 있다.

(1) Carnegie Learning의 Mika

Mika는 수학 학습을 위한 인공지능 기반 가상 튜터로, 학생들의 학습 수준과 학습 패턴을 분석하여 맞춤형 학습경로를 제공하며, 학생들이 발생하는 질문에 대한 즉각적인 답변을 제공해 준다. 또한, 학생들의 학습과정에서 발생하는 오류를 분석하여 학생들이 잘못 이해한 부분을 파악하고, 개인화된 피드백을 제공한다. 이를 통해 학생들이 학습과정에서 발생하는 어려움을 극복하고, 수학 학습에 대한 자신감을 높일 수 있다. 다음 **그림 5-3**은 Mika를 통한 학습활동의 한 장면을 보여주고 있다.

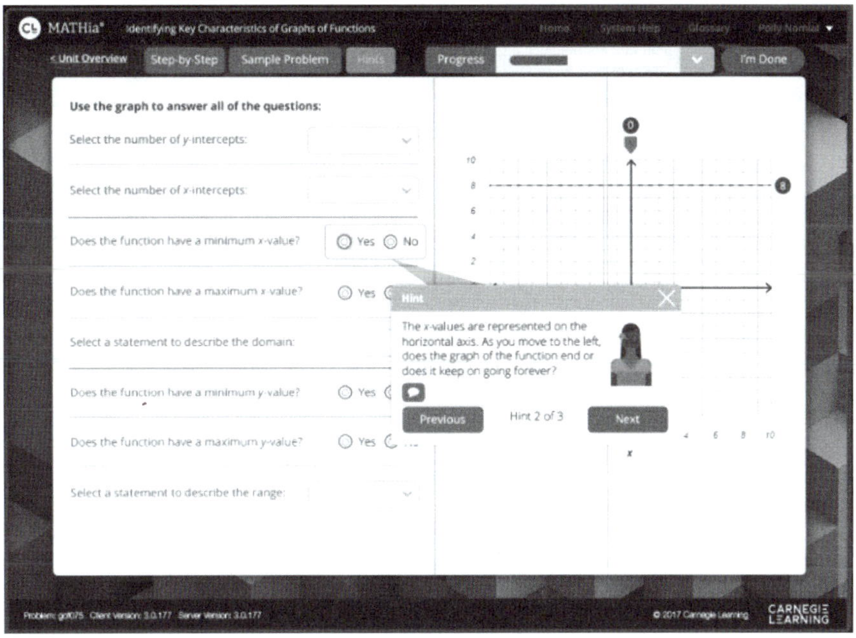

그림 5-3 Carnegie Learning의 Mika 학습화면

출처: Tan(2018)

(2) ALEKS

ALEKS는 수학 전반에 걸친 다양한 주제를 다루며, 수학적 개념을 이해하고 응용하는 것을 목표로, 초등학교부터 대학생까지 모든 학년을 위해 개발되었다. 학생들에게 수학 문제를 제공하면서, 학습 진행 상황을 모니터링하고, 학습 계획을 자동으로 조정하여 학생의 학습 수준에 맞게 맞춤형 교육을 제공한다. 또한 학습보고서를 교사에게 제공하여, 교사가 학생들의 학습상황을 파악하고 보완할 수 있도록 돕는다. 위 두 가지 수학학습 플랫폼을 비교하면 다음 표 5-5와 같다.

표 5-5 가상 튜터(AI tutor) 활용 수학 학습 플랫폼

구분	기능	장점	단점
Mika	인공지능(AI)을 활용한 수학 학습용 모바일 앱	• 학생들의 학습 스타일과 수준을 자동으로 파악 • 대화형 플랫폼 • 개인 맞춤형 학습경로 제공 • 게임 형식의 학습 경험 제공	• 영어, 프랑스어, 스페인어 등 언어로 학습 가능 • 현재 수학 학습에 특화되어 개발됨
ALEKS	맞춤형 수학학습 플랫폼	• 학생들의 학습 진행 상황을 모니터링하고, 교사에게 보고 • 학습에 대한 피드백 가능	• 대화형 플랫폼을 제공하지 않음

2) AI 기반 스마트 콘텐츠 제공

인공지능 기반 스마트 콘텐츠는 학습자의 학습상황에 따라 다양한 콘텐츠를 제공하여 학습효과를 극대화하는 기술이다. 이를 위해서는 학습자의 학습 데이터를 수집하고 학생이 어려움을 겪는 영역을 식별하여 맞춤형 학습 콘텐츠를 제공하게 된다.

(1) Carnegie Learning

인공지능을 활용하여 학생들이 학습하는 콘텐츠를 자동으로 분석하고, 해당 콘텐츠를 개인화된 방식으로 제공할 수 있다. 예를 들어, 학생이 특정 문제를 풀 때, AI는 학생이 어떤 부분에서 어려움을 겪고 있는지를 식별하여 그 부분에 대한 보충학습 자료를 추천해 줄 수 있다. Carnegie Learning의 경우, 학생들이 문제를 푸는 과정에서 생성되는 데이터를 기반으로 인공지능 알고리즘이 학생들의 학습상황을 분석하고, 그에 따라 맞춤형 문제를 생성해 준다. 또한, 학생들이 문제를 푸는 과정에서 얻은 정보를 활용하여 학생들의 개인적인 학습경로를 제공하고, 문제를 푸는 방식도 추천해 준다. 다음 **그림 5-4**는 교사들이 수업콘텐츠를 체계적이고 관리하고 수업을 효율적으로 운영할 수 있도록 개발된 스마트 학습 콘텐츠 플랫폼의 일례이다.

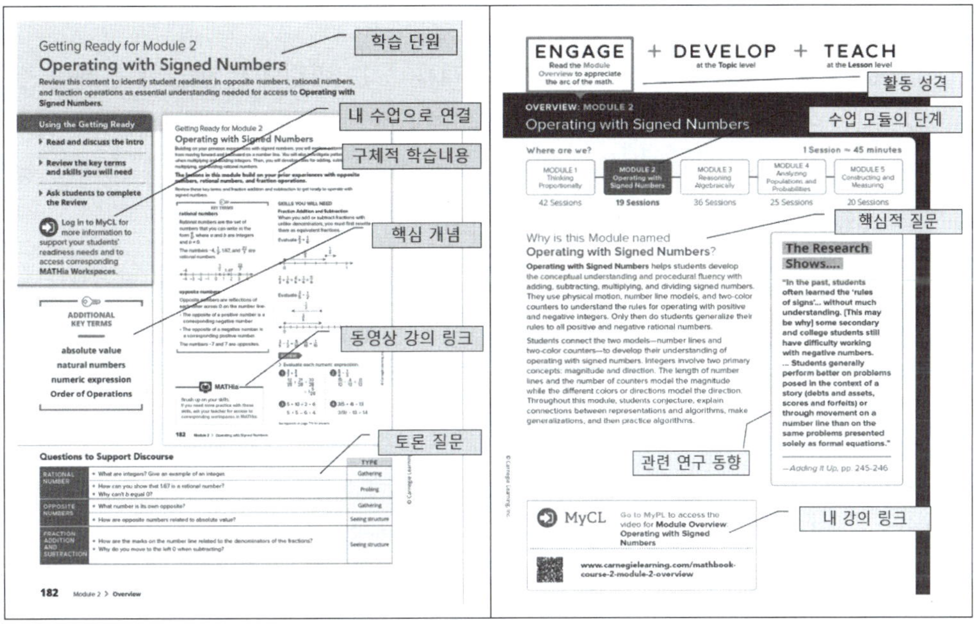

그림 5-4 Carnegie Learning의 스마트학습 콘텐츠 구성

출처: Carnegie Learning 웹사이트

(2) 스마트 스패로우(Smart Sparrow)

Smart Sparrow는 인공지능을 활용하여 학습자의 학습상황에 따라 다양한 종류의 콘텐츠를 제공한다. 학생들이 문제를 푸는 과정에서 생성되는 데이터를 분석하여, 학생들의 학습상황을 파악하고, 그에 따라 맞춤형 콘텐츠를 제공해 주기 때문에, 학생들은 자신의 학습상황에 맞춰서 적절한 콘텐츠를 이용하며, 학습효과를 극대화할 수 있다. 구체적으로 Smart Sparrow의 학습 관리 시스템은 다음과 같은 주요 기능을 가지고 있다.

① **학습분석**: 학생들의 학습 데이터를 수집하고 분석하여 학생들의 학습 수준 및 이해도를 파악한다. 학생들이 학습한 내용, 문제 해결 시간, 오답률 등을 분석하여 개인별 맞춤형 교육을 제공한다.

② **맞춤형 교육**: 학생들의 학습 수준에 맞게 교육 콘텐츠를 개인화하여 제공한다. 학생들이 이해하지 못한 부분에 대해서는 보충 자료를 제공하고, 문제를 풀며 학생들의 이해도를 확인하고 문제 유형과 난이도를 조

정하여 학습 효율성을 높인다.

③ **문제 해결 및 피드백**: 학생들이 문제를 푸는 과정에서 발생한 문제를 실시간으로 감지하고, 이를 기반으로 적절한 피드백을 제공한다. 학생들이 해결하지 못한 문제에 대해서는 추가적인 설명과 문제 해결 방법을 제공하여 학생들의 이해도를 향상시킨다.

④ **학습 추적**: 학생들의 학습 진행 상황을 추적하여 학생들의 학습동기와 학습 효율성을 높이는 데 도움을 준다. 학생들이 학습한 내용, 문제를 푼 시간 등을 추적하고 이를 기반으로 학생들의 학습상황을 분석한다.

Smart Sparrow의 콘텐츠 활용의 주요 기능을 소개하면, 다음 **그림 5-5**와 같다.

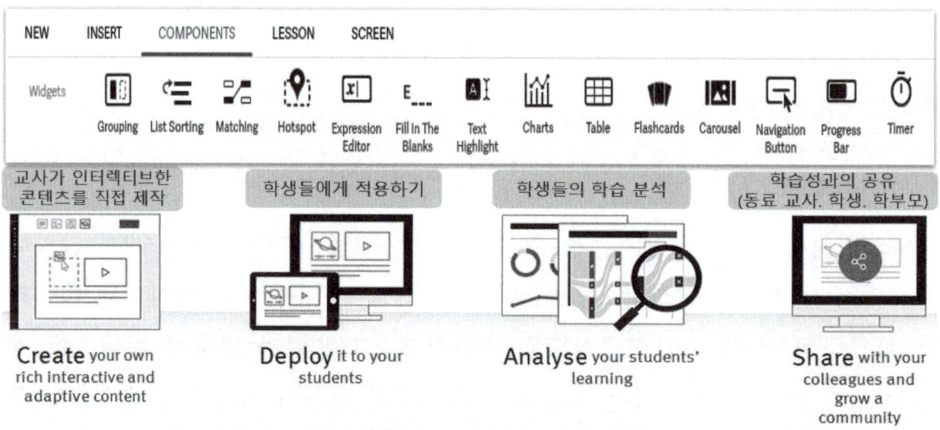

그림 5-5 Smart Sparrow의 메인 화면과 콘텐츠 활용의 주요 기능

출처: Smart Sparrow 웹사이트

3) AI 기반 자동 평가 시스템

인공지능 기반 자동채점 기술은 주관식 문제나 문장 완성 문제 등의 단답형 문제를 자동으로 채점하는 기술이다. 이를 위해 자연어 처리 기술과 머신러닝 기술을 활용하여 채점 모델을 구축하며, 채점 정확도를 높이기 위해 학습 데이터를 이용하여 모델을 학습시킨다. 따라서 교사들은 시간을 효율적으로 관리하면서 학생의 수행에 대한 개인화된 피드백을 제공해 줄 수 있다.

(1) EdX

EdX는 대학과 대학원 수준의 온라인 강의를 제공하는 교육 플랫폼으로, AI 채점 시스템을 활용하여 대규모 온라인 강좌에서 주관식 문제를 포함한 다양한 종류의 문제에 대한 수많은 학생들의 답안을 채점해 준다. 이를 통해 강사는 단시간에 많은 학생들의 답안을 확인하고, 학생들은 실시간으로 피드백을 받을 수 있다. 즉, 머신러닝 알고리즘을 활용하여 채점 모델을 구축하며, 학생들의 답안을 자동으로 분석하여 채점 결과를 제공한다. 또한, 채점 결과를 기반으로 학생들의 학습 성과를 평가하고, 개별적인 피드백을 제공해 준다.

(2) Duolingo

Duolingo도 인공지능 기술을 활용하여 다양한 종류의 문제를 자동으로 채점해 준다. 학생들의 답안을 자동으로 분석하여 채점 결과를 제공하며, 학생들의 학습 성과를 평가하고 맞춤형 학습경로를 제공한다. Duolingo의 자동채점 기술은 매우 정교하게 구현되어 있어서, 학생들이 직접 채점하는 것과 거의 동일한 결과를 제공한다.

(3) Turnitin

Turnitin은 학생들의 논문과 에세이를 플래그하고, 표절 여부를 검사하며, AI 채점 시스템을 사용하여 논문과 에세이의 내용을 분석한다. 이를 통해 교사는 학생들의 표절 여부를 신속하게 확인하고, 학생들은 자신의 논문과 에세이에 대한 피드백을 받을 수 있다.

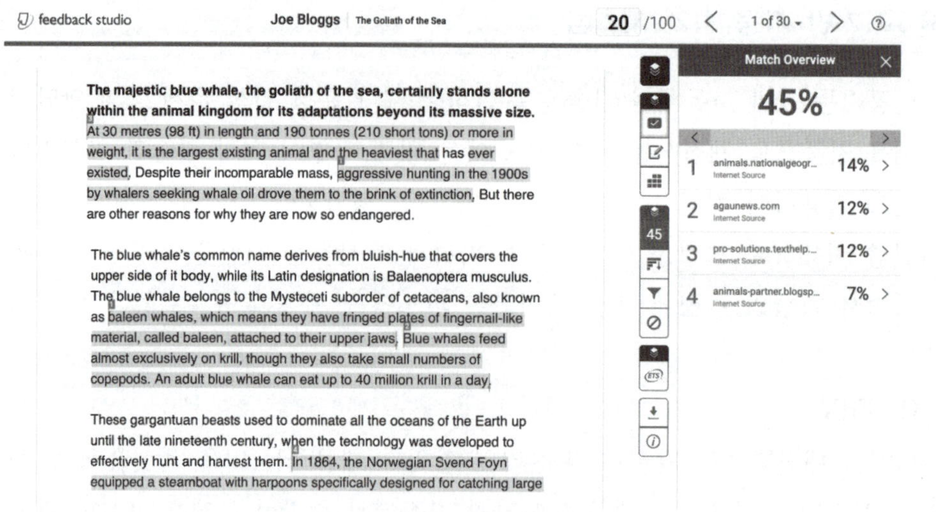

그림 5-6 Turnitin의 에세이 표절 검사 결과

출처: Talking of teaching 웹사이트

(4) Gradescope

Turnitin의 또 다른 플랫폼인 Gradescope는 대학교에서 사용되는 과제, 시험지, 퀴즈 등의 문제를 온라인으로 제출하고 채점하는 시스템이다. AI 채점 기능을 사용하여 학생들의 답안을 채점하고, 수동 채점이 필요한 부분만 교사가 확인하므로, 교사는 수작업으로 채점하는 시간을 단축시키고, 학생들은 실시간으로 채점 결과를 확인할 수 있다.

(5) Coursera

Coursera는 대학과 전문 기관에서 제공하는 온라인 강좌를 제공하는 교육 플랫폼으로, AI 채점 시스템을 사용하여 대규모 강좌에서 수많은 학생들의 답안을 채점한다. Coursera의 AI 채점 시스템은 영상, 음성, 텍스트, 코드 등 다양한 형태의 답안을 자동으로 채점할 수 있다. 이를 통해 교사는 많은 학생들의 답안을 빠르게 확인하고, 학생들은 실시간으로 피드백을 받을 수 있다.

(6) AES(Automated Essay Scoring)

AES는 에세이를 자동으로 채점하는 시스템이다. AES 시스템은 머신러닝 알고리즘을 사용하여 에세이의 내용, 언어 능력, 문법 등을 평가한다. AES 시스템은 대규모 시험에서 사용되며, 교사와 시험 관리자는 단시간에 많은 학생들의 성적을 확인할 수 있다.

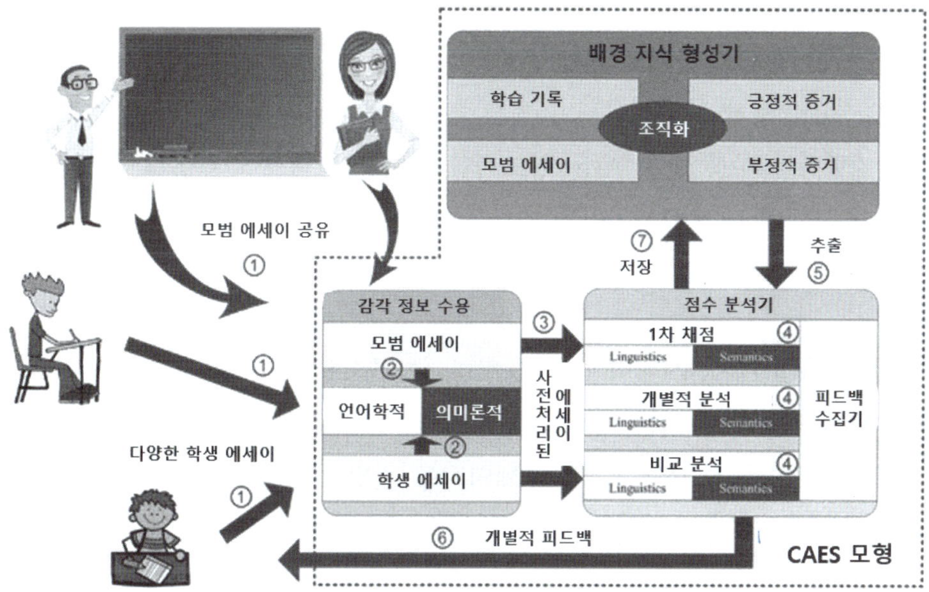

그림 5-7 영어에세이 학습을 위한 AES 평가 모형

출처: Li & Sugumaran(2019)

4. 생성형 AI 활용 미술교육

1) 생성형 AI 기술과 미술 활동의 연관성

GPT-4는 문학 및 예술적 창작의 영역에서도 아이디어 생성 및 평가, 스토리 구성, 자료 수집 및 편집, 내용 구조의 설정, 윤문 및 검토 등의 기초적이고 반복적인 작업의 대부분을 창작자를 대신하여 수행해 줄 수 있다(Radford et al., 2021). 예를 들어, ChatGPT 기반의 대화형 스토리텔링 플랫폼인 AI Dungeon은 사용자가 작성하는 입력에 따라 새로운 스토리 아이디어를 생성하고 스토리를 구성해 준다(Lample et al., 2020). 특히 GPT-4는 텍스트 외의 데이터를 통한 입력과 출력이 가능한데, 이러한 다중 모드(multi-modal) 기능은 대규모 언어모델(LLM)을 바탕으로 한 생성형 AI의 예술적 확장 가능성을 보여준다.

생성형 AI 모델은 다중 모드 처리기능을 통해 텍스트를 넘어서 이미지, 오디오, 그래픽 등의 다양한 형식의 데이터를 처리함으로써, AI가 복잡한 예술 작품을 '이해'하거나 생성하는 능력을 향상시켜 준다. 이러한 이미지와 텍스트를 결합하는 다중 모드 AI는 창조적인 예술 프로젝트에 적용될 수 있는데, 그 초기 모델의 예인 DALL-E는 텍스트 설명을 기반으로 새로운 이미지를 생성함으로써, 예술적 창조에 대한 새로운 가능성을 제시한 바 있다(Ramesh et al., 2021).

물론 ChatGPT나 GPT-4와 같은 생성형 AI 기술을 미술 창작 활동과 미술교육에 활용하는 것에 대한 여러 신중론 및 비판적 관점이 존재한다.

첫째, 창의성의 한계이다. AI는 데이터를 기반으로 학습하며, 그 데이터는 인간이 만든 작품에서 나온다. 따라서 AI가 생성하는 예술은 기본적으로 과거의 데이터와 작품에 기반을 둔 것이고, 이는 AI의 창작 결과물이 완전히 새로운 아이디어나 스타일을 창조하는 데 한계가 있다는 견해가 있다(McCosker & Wilken, 2020). 물론 이러한 비판도 '예술은 모방에서 출발한다'거나 '세상에 완전히 새로운 것은 없'으므로, AI의 창작이나 인간의 창작을 완전히 구별할 수 없다는 반론에서 벗어나기 힘들다.

둘째, 예술적 감각의 경험가능성 문제이다. 인간과 달리 AI는 예술적 판단이나 감정적인 해석을 할 수 있는 주체가 될 수 없다는 주장이 그것인데, 그런 의미에서 생성형 AI를 통해 미술 창작 활동을 하는 것이 예술의 본질적 목적 중의 하나인 '인간의 감정이나 정서적 표현의 가치를 추구하는 일'에 해당하는가라는 의문이 제기될 수 있다(Eisner, 2002). 또한 AI가 자체적으로 독립적인 의사결정 능력이 없기 때문에, AI가 취하는 '선택'은 사전학습된 내용이거나 인간에 의해 프로그래밍된 알고리즘의 결과물일 뿐이라는 견해가 있다. 이는 AI가 진정한 예술 창작 과정에서 필요한 독창적인 생각이나 직관을 가질 수 없음을 의미하므로, AI의 예술적 가능성에 대한 비판적 입장이 된다(Coeckelbergh, 2020).

셋째, 예술적 의미의 한계성이 있다. 예술적 활동의 의미가 인간의 감정, 경험, 사회적 문맥 등과 같은 인간 세계와의 연계성을 통해서만이 평가될 수 있는데, AI의 창작물이 인간 사회와의 연결성이 부족하다면, 그러한 창작물의 예술적 의미는 제한적일 수밖에 없다는 것이다(Du Sautoy, 2019). 즉, AI가 예술작품의 창작을 '흉내' 내더라도 그 작품의 깊이나 의미가 인간 예술가가 갖는 사회적 문제의식, 철학적 이해(세계관), 독창성과 정서적 열정 등을 대체할 수 있는가 하는 문제에 대해서는 그 누구도 확신하기 힘들다.

넷째, 기술적 한계성이다. AI 기술이 시시각각 발전하고 있지만, 인간과 비교하면 여전히 일반화 능력과 추상적 사고, 상황적 이해 등에 한계점을 보인다. 특히 AI가 예술 창작물을 생성하는 데 있어서 예술작품의 맥락성이나 미묘한 뉘앙스를 완벽하게 이해하거나 반영하는 것이 어렵기 때문에(Boden, 2019), 이러한 AI의 예술작품의 수준을 높게 평가하기 어렵다는 견해가 있다.

다섯째, 저작권 문제도 있다. 생성형 AI가 창작물을 만드는 과정은 기존에 사람이 만든 작품을 학습하고 조합한 것이므로, 그 과정의 결과물이 원본 작품의 저작권을 일부 침해할 수 있다는 것도 사실이다(Bridy, 2020). 이와 같은 생성형 AI의 예술적 잠재력에 있어서 많은 한계점과 우려가 존재하지만, AI 기술의 적용이 점점 일상화되어 가는 현실 속에서 AI 기술의 예술적 가능성에 대한 탐색은 의미 있는 논의가 될 수 있다.

2) 생성형 AI의 등장으로 인한 미술교육의 변화

현대인의 경험의 양식(대면 대 비대면 등)이나 소통의 방식(뉴미디어 등) 그리고 학습의 양상(시뮬레이션 학습) 등이 과거와는 사뭇 다르고, 이는 예술적 영감이나 감성, 그리고 창의성이 구현되는 방식에도 큰 영향을 미치고 있다. 특히 AI로 대표되는 기술적 환경은 현대인의 예술성이 발현되고, 그것을 고취하는 방식에도 큰 변화를 가져오고 있고, 그에 따라 미술 창작이나 미술 교육의 목표나 전략도 바뀔 수밖에 없다. 그런 의미에서 AI 기술이 미술 창작에 미치는 내재적(intrinsic), 외재적(extrinsic), 그리고 교육적(pedagogical) 방향성의 세 가지 측면에서 논의해 본다.

(1) AI 기술의 내재적 효과

AI 기술의 내재적 영향은 AI가 미술 창작 자체를 위한 수단이나 도구로서 활용됨과 동시에 창작 활동의 본질을 변화시키는 역할을 가리킨다. 미술 창작 활동에서 AI는 다양한 방식으로 창작 활동을 보조하는 매체(media)임과 동시에 창작의 주체로서 기존의 창작 활동의 개념이나 성격도 변화시키고 있다. 예를 들어, 생성형 인공지능이 미술 창작에 가져온 변화는 크게 창작 과정의 자동화, 작품 분석 및 추천의 역할, 그리고 인터랙티브 미술의 등장 등 세 가지 차원에서 살펴볼 수 있다.

첫째, 창작 과정 자동화는 생성형 AI의 예술적 능동성이나 주체성을 보여주는 가장 대표적인 사례이다. AI는 생성형 알고리즘을 사용하여 창작 과정의 지엽적, 반복적, 관습적 부분을 자동화할 뿐만 아니라, 예술적 목적이나 개념, 브레인스토밍의 단계에서부터 기존의 인간 예술가들이 했던 작업의 일정 부분을 대체할 수 있다. 예를 들어, AI 기반 이미지 편집 툴인 DragGAN은 AI 기술을 기반으로 두 가지 이미지를 합성해 주는데, 이러한 DragGAN은 입력 이미지(input)를 목표 이미지(Target)를 참조하여 변환함에 있어서, 사용자가 일일이 통제하여 작업했던 기존의 툴(UserControllable LT)보다 훨씬 매칭 오류를 줄이면서 보다 효율적이고 만족스럽게 작업을 해낼 수 있다. 이처럼 AI 기술을 활용하면, 기존의 작업툴을 통해 인간 디자이너가 일일이 수행했던 방식보다 훨씬 자원(시간, 노력, 비용 등)을 절약함으로써 인간은 다른 과업에 더 몰입할 수 있도록 도와줄 수 있다.

둘째, 작품 분석 및 추천도 인공지능의 감식안에 대한 새로운 평가가 필요한 영역으로서, 기존의 컴퓨터 그래픽 기술로는 시도하지 못했던 과업이다. AI는 미술 작품의 스타일, 기법, 작품 간의 연관성 등을 파악하고, 사용자의 취향과 선호를 기반으로 작품을 추천하는 시스템을 구축해 줄 수 있다(Iwata et al., 2010). 예를 들어, The Art Genome Project에서는 특정 작품이나 아티스트가 어떤 미술 사조(예: 표현주의, 입체주의 등)와 연결될 수 있는지, 또한 그들의 작품이 특정 테마(예: 자연, 인간의 형상, 정치적 표현 등)나 특정 기법(예: 회화, 입체파, 콜라주 등)에 연결될 수 있는지를 탐색해 볼 수 있다. 이러한 탐색은 미술가들이 자신의 취향과 관심사에 맞는 작품을 더 쉽게 발견하고, 관련된 작품이나 아티스트를 탐색해 볼 수 있도록 도와준다. 물론 이러한 AI 작품 분석 및 추천 툴은 컴퓨터 알고리즘만이 아니라 미술 비평가들의 전문지식과 식견을 바탕으로 데이터 과학자들의 협력을 통해서 개발되는 것이고, 수많은 미술 작품들의 다양성과 복잡성, 그리고 독특성에 대한 이해를 기반으로 만들어져야 할 것이다.

셋째, 인터랙티브 미술의 장르에서도 생성형 인공지능의 활용 가능성을 찾아볼 수 있다. 인터랙티브 미술이란 관객이 작품과 직간접적으로 상호작용할 수 있는 작품을 창작하는 것으로, 관객을 단순한 감상자가 아니라 작품의 일부, 혹은 완성을 위한 요소로 간주한다(Kwastek, 2013). 이러한 미술 형태로는 디지털 미술, 설치 미술, 행위 미술(performance arts) 등이 있었지만, 최근 AI 기술의 도입으로 '인터랙티브'의 방식이 다음 표 5-6과 같이 훨씬 다양해지고 있다.

표 5-6 인터랙티브 미술의 유형의 특성과 AI 활용 미술과의 비교

유형	기존 미술과의 차별성(변화)	상호작용 방식의 변화
디지털 미술	• 표현 매체(media) 및 창작 기법 • 재현(representation) 및 감상 방식 • 재생산성(replication)	• 디지털 매체의 모든 특성 반영 • 공간 초월적(ubiquitous) 창작과 감상 • 복제가능성 증가 ⇒ 저작권/독창성 문제
설치 미술	• 표현 공간의 변화(실내 ⇒ 실외) • 작품 표현의 차원(2D ⇒ 3D/4D) • 작품의 맥락성(미술관 ⇒ 실재 사회)	• 실생활의 요소로서의 미술 작품 • 미술의 추상성에서 구체성의 부각 • 미술 작품의 실제적 가치(실용성) 증가
행위 미술	• 형태의 변화(정적 ⇒ 동적) • 양식성의 변화(visual ⇒ kinetic) • 목표의 변화(감성/감상 ⇒ 행위/실천)	• 작가-관객의 관계성(공동주체성) 변화 • 미술에의 참여방식의 변화 • 미술 활동의 의미(사회적 참여) 변화
AI 활용 미술	• 창작 활동의 생산성/효율성 증가 • 창작의 공동주체로서의 AI • 현실 공간과 가상 공간의 경계 극복	• 미술 창작의 자동화(저작권 문제) • 작가의 역할 변화(인간-AI 상호주체성) • 창작물의 재현공간의 확장(가상 현실)

위 표 5-6과 같이, AI 활용 미술은 기존의 인터랙티브 미술의 여러 특징들에서 보다 확장된 특성들을 가지고 있다. 즉, 디지털 미술의 특성과 비교해서는 창작 매체 및 기법의 변화, 공간 초월적 미술 창작과 감상, 작품의 독창성 문제를 공유하고 있고, 설치 미술의 특성과는 디지털 기기를 통한 표현, 작품의 구체화 및 실사화 가능(3D 프린팅 기술), 그리고 미술 작품의 실용성 증가의 측면에서 공통된 특징을 갖는다. 그리고 행위 미술의 특성과 비교하면, 미술 창작이나 감상에 있어서 인간 작가-관객-AI의 상호협력성과 공동주체성의 측면, 미술활동에의 참여 방식 변화(예: 전문가와 초보자의 경계 해체), 그리고 미술 작품의 실용성이나 사회적 의미를 중요시한다는 점에서 맥락을 같이 한다.

이와 같이 인터랙티브 미술의 관점에서 생성형 인공지능의 등장은 인간 예술가, 관객, 그리고 기술적 매체들의 협력과 공동작업을 통해 예술적 실천에 있어서의 상호얽힘(entanglement)을 실현하는 중요한 동기가 될 수 있다(Noë, 2023). 즉, 기술적 매체를 대표하는 인공지능의 발전이 예술적 상호얽힘의 가능성과 영향력을 확장시킴으로써 철학, 예술, 기술이 하나로 혼융될 수 있음을 보여주는 중요한 매개체가 되고 있고, 이러한 변화가 가져올 예술교육의 가능성도 커지고 있다(Leonard, 2020). 물론 이러한 AI 활용 미술은 미술 창작 활동의 자동화로 인해 창작의 효율성과 생산성이 높아짐과 동시에 창의성의 원천이나 저작권 문제 등의 이슈가 있고, 인간 작가의 역할과 효용성이 줄어들 수 있다는 점과 AI가 미술 창작의 '공동' 주체가 되는 것이 과연 정당한가라는 윤리적 문제를 해결해야 한다는 과제를 안고 있다.

(2) AI 기술의 외재적 효과

AI 기술의 외재적 효과란 AI 활용 미술의 등장에 따라 미술 창작 작업 이외의 측면에서 나타나게 될 변화와 그로 인한 사회적 효과를 의미한다.

첫째, AI 기술의 발전은 인간과 AI의 역할 분배의 문제로 귀결될 것이다. AI 기술이 특이점에 도달하게 된다면, AI가 인간의 지능을 능가하고 자율성이 증대되면서 지능뿐 아니라 창의성의 차원에서도 인간을 뛰어넘게 된다는 것을 의미한다(Kerzweil, 2014). 이는 AI가 미술뿐 아니라 다른 예술적 활동에 있어서도 독자적인 스타일과 기법을 발전시키면서 창작의 주체가 되어 인간 미술가와 협력 혹은 경쟁을 하게 될 수 있다는 것을 의미한다(Bryson, 2017). 지금까지 논의한 바와 같이, 이는 인간 예술가의 역할 축소나 예술 활동의 본질 훼손, 그리고 AI가 보완할 수 없는 인간 본연의 미적 감수성이나 창의력의 가치 소멸과 관련한 많은 우려를 낳기도 한다. 이는 단지 미술 영역에서의 문제가 아니라, 향후 기술적 환경이 급격히 확장되는 사회적 현실 속에서 AI 인간의 역할을 어떻게 구별할 것인가의 문제로 연결될 것이다. 따라서 예술(미술)의 영역에서 AI의 역할과 가능성을, 본고에서 강조하는 arte에서 techne로의 인식변화의 차원에서 어떻게 새롭게 정립할 것인가가 미술계의 과제가 될 것이다.

둘째, AI의 발전은 미술 창작에의 대중의 참여를 확대시키거나 축소시킬 수 있다. 미술 창작의 대중적 확대는 기존 개념의 미술가나 미술 전문가의 역할과 규모가 축소되고 전문가와 대중의 경계가 희미해진다는 것을 의미함과 동시에, 미적 전문성의 개념이나 특성이 보편화될 수도 있다는 것을 의미한다. 즉, AI 기술은 예술 창작의 장벽을 낮추고, 미숙련자의 미술 창작에 대한 접근성을 높여주기도 하지만, 이러한 조건 속에서는 창작의 전문성이란 개념의 기준과 특성이 변화할 수밖에 없다는 것이다. 예를 들어, Meta사가 개발한 AI 이미지 생성기인 Lasco.ai는 ChatGPT와 연동하여 단순한 텍스트 입력만으로 사용자가 원하는 이미지를 생성해 준다. 즉, 컴퓨터 그래픽 프로그램의 작동 방식이나 고도의 그리기 기술이 없더라도 초보자들도 누구나 몇 차례의 프롬프트 입력 방식만으로도 만족할 만한 산출물을 얻을 수 있는 것이다. 이 경우 사용자에게 요구되는 전문성은 이미지 창작의 목적, 원하는 이미지와 관련한 창의적인 아이디어, 그리고 아이디어에 부합하는 이미지 생성을 위한 프롬프트 작성 노하우 정도를 필요로 하는 것이다.

셋째, 가상/증강/확장 현실의 등장에 따른 미술 전문성의 변화이다. 오늘날 점점 가상(virtual)/증강(augmented)/확장(extended) 현실을 구현하는 기술이 발전하고 그러한 기술을 통해 관객들은 다양한 양식과 장르의 미술 창작물들을 더욱 몰입감 있고 생생하게 경험할 수 있게 되었다(Gorban & Tyukin, 2018). 아울러 이러한 가상 현실에 기반한 경험이 점차 일상생활의 다양한 영역으로 확장됨에 따라,

컴퓨터 그래픽 분야의 기술과 전문성의 효용성이 전통적인 미술 분야의 그것과는 비교할 수 없을 만큼 커지고 있다. 예를 들어, 컴퓨터 그래픽 기술은 영화 및 애니메이션 창작업, 비디오 게임 개발업, 산업디자인, 그리고 다양한 형태의 가상 및 증강 현실의 구현을 필요로 하는 분야(교육, 훈련, 여가, 사회적 소통 등)에서 반드시 필요한 기술이고, 이 분야에서 요구하는 창작가의 역량은 사실 전통적인 창작 기법과는 상당히 다르다(McCosker & Wilken, 2020; Yannakakis & Togelius, 2018). 특히 AI 기술의 등장으로 점점 인간 창작가들에게 요구되었던 아이디어 구상, 스토리 설계, 기초 디자인, 스케치, 애니메이션 제작 등의 기법들이 AI에 의해 자동화되어 가고 있는 것이 현실이다(Adhikari et al., 2020). 결국, 이러한 사회적 변화 속에서 미술 창작가의 기술이나 역량을 어떻게 새롭게 설정할 것인가에 대한 선제적인 논의가 필요할 것이다.

물론 위와 같은 AI 기술이 미술 창작 작업에 급속히 확장되는 현실이 가져오게 될 다음 **표 5-7**과 같은 부작용에 대한 논의도 수반되어야 한다.

표 5-7 AI 기술의 외재적 효과와 그에 따른 부작용 우려

구분	AI 기술의 외재적 효과	사회적 부작용(우려)
미술 창작 주체/방식의 변화	• 매체, 창작 기법, 재현방식의 다변화 • 창작 활동의 생산성/효율성 증가 • 미술의 추상성에서 구체성의 부각	• 인간성, 예술성의 본질 변화(훼손 우려) • AI의 등장으로 인한 일자리 감소 • 이미지의 복제가능성/저작권 문제
대중적 참여의 확대	• 예술의 보편화/대중화 • 작가-관객의 관계성(공동주체성) 변화 • 미술작품의 실제적 가치(실용성) 증가	• 예술적 전문성의 개념 혼란 우려 • 인간-AI 공동창작물의 폭증(예술적 가치 훼손의 우려) • 독창성 및 창의성 감소에 대한 우려
가상/증강 현실의 등장	• 현실 공간과 가상 공간의 경계 해체 • 공간초월적(ubiquitous) 창작과 감상 • 창작물 재현공간의 확장(가상 현실)	• 현실-가상 혼란 및 정체성 혼란 문제 • Deepfake 기술로 인한 진실 왜곡 문제 • 현실-가상 경험의 불균형으로 인한 중독

위 **표 5-7**에 정리된 것처럼 AI 기술이 미술 영역에 적용되는 현상은 표 왼쪽에 나열된 내용과 같은 외재적 효과가 있음과 동시에 그에 따른 사회적 부작용을 낳을 우려를 안고 있다. 일례로 Deepfake 툴과 같은 AI 기술을 바탕으

로 이미지나 동영상 자료를 합성하여 재미있는 콘텐츠 생성, 영화 제작, 게임 개발 등의 측면에서 활용하고 있는데, 그 결과물이 표면적인 관찰로는 실재 사물과 거의 판별이 불가능하다. 그로 인해 딥페이크(Deepfake) 기술의 남용은 다양한 방식으로 현실 왜곡이나 조작, 허위 뉴스, 개인의 사생활 침해 등의 사회적 문제를 야기할 수 있다는 점을 유의할 필요가 있다(Suwajanakorn, 2017).

(3) 생성형 AI 시대의 미술 교육의 방향성

위와 같은 AI 기술의 발전으로 인한 미술 창작 활동의 변화에 따라 미술교육의 방향성도 다음 **표 5-8**과 같이 변화될 필요가 있다.

표 5-8 AI 기술의 발전에 따른 미술교육의 방향성

핵심적 변화	내용	키워드
AI 기술을 활용한 맞춤형 예술 경험	AI는 개인의 미적 성향과 능력에 맞춘 맞춤형 교육을 제공하고, 작품의 가치와 미학적 기준을 보다 객관적으로 평가할 수 있게 해준다(Edmonds et al., 2018).	맞춤형/개별화 학습
AI 기술을 활용한 시각적 자극 제공	AI 기술을 활용하여 다양한 작품의 생성, 시각적 자극, 브레인스토밍을 함으로써 창의성을 촉진하고 미적 감각을 향상시킬 수 있다(Chen, 2018).	직관적 경험 창의성 증진
인터랙티브한 미술 학습 경험	실시간으로 자신/타인의 미술 작품들에 대한 검색, 비평, 피드백을 받음으로써 보다 직관적이고 효율성 있게 작품을 개선해 나갈 수 있다(Mavridou et al., 2019).	인터랙티브한 미적 경험 직관적 학습
문제 해결 능력 강화 교육	AI 기술을 활용하여 학생들에게 문제 해결 능력을 강화하는 미술교육 방법을 제공한다(Lubart, 2017).	문제 해결 능력 신장
AI 기술을 활용한 협력적 학습 강화	학생들이 AI를 포함한 다양한 기술적 도구와 매체를 활용하여 미적 감각을 훈련하고 실생활에 응용하는 방법을 배운다(McCormack et al., 2019).	협력적 학습 실생활 응용
데이터 분석을 통한 직관적 학습	AI 및 빅데이터 기술을 활용한 미술 작품의 분석, 특징 및 패턴 파악, 풍부하고 선별적인 작품 감상. 이러한 정보를 활용하여 자신만의 작품을 만들어 나가거나 직관적인 미적 감각을 키울 수 있다(Chen, 2017).	작품 감상 및 비평 빅데이터 활용

위 표 5-8과 같이 AI 기술의 발달은 미술교육의 전략을 맞춤형 지도, 다양하고 창의적인 작품 생성, 보다 인터랙티브한 학습 경험, 순수 미술보다는 실생활 적용 및 문제 해결 능력을 강화하는 교육, 기술적 도구를 활용한 협력적 학습, 그리고 빅데이터 기술을 활용한 감상 및 비평 교육의 방향으로 발전해 갈 수 있을 것이다.

5. 디자인 교육

1) 컴퓨터 디자인 영역별 생성형 AI의 적용성

컴퓨터를 통한 시각 디자인의 영역은 크게 컴퓨터(2D) 그래픽 디자인, 사용자 경험 디자인, 웹 디자인, 그리고 3D 모델링 및 애니메이션으로 나눌 수 있다. 이 네 영역의 중점 과업과 그에 따른 디자이너의 역할은 다음과 같이 정리될 수 있다.

(1) 2D 그래픽 디자인

컴퓨터 기반 그래픽 디자인은 주로 2D 이미지를 활용한 로고, 브랜딩, 일러스트레이션, 패키지 디자인, 출판 등을 포함하고, 각종 디자인 소프트웨어(예: Adobe Photoshop, Illustrator)를 통해 디지털 미디어를 사용하여 시각적 메시지를 만들고 표현하는 데 중점을 둔다. 이러한 컴퓨터 그래픽 디자인에서 생성형 AI 기술은 디자이너가 자동으로 일러스트나 로고를 생성하는 데 도움을 줌으로써, 디자이너는 시간을 절약하고, 더욱 창의적인 아이디어에 집중할 수 있다.

(2) 사용자 경험(UX) 디자인

사용자 경험(UX) 디자인은 다양한 요구나 특성을 가진 사용자가 여러 가지 제품, 서비스, 그리고 시스템을 사용하는 경험이나 편의성을 최적화하는 데 중점을 둔다. 이러한 편의성을 향상시키기 위해 사용성 연구, 사용자 인터페이스 디자인, 그리고 사용자 테스팅 등의 연구가 뒷받침된다. 이 영역에서 생성형 AI는 다양한 특성과 선호도를 가진 수많은 사용자들의 기호를 학습하여 빅데이터와 개인 정보의 차원에서 관리하면서, 이를 바탕으로 개별화된 사용자 경험을 제공하는 데 활용될 수 있다. 사용자 경험 디자이너는 이러한 기술을 통해 사용자 인터페이스를 더욱 효과적이고 직관적으로 개발하는 데 집중하게 된다.

(3) 웹 디자인

웹 디자인은 HTML, CSS, JavaScript와 같은 웹 기술을 활용하여, 웹사이트의 레이아웃, 색상, 글꼴, 이미지, 상호작용 등을 설계함으로써 사용자에게 최종적으로 드러나는 프런트-엔드(Front-end) 인터페이스를 담당한다. 최근 웹 기술의 혁신적 변화는 웹 3.0(Semantic Web)과 웹 4.0(Symbiotic Web)의 등장으로 이어지고 있는데, 웹 3.0은 정보의 의미와 컨텍스트를 이해할 수 있는 보다 진화된 형태의 웹이다. 즉, 웹 페이지의 내용을 컴퓨터가 이해하고 사용자의 질문에 대답하거나 문제를 해결하는 데 사용할 수 있도록 하는 기술을 포함하고 있다. 따라서 웹 3.0은 데이터의 연결성과 개방성을 향상시키기 위해 머신러닝, AI, 자연어 처리 등의 기술을 활용하여 웹의 기능을 향상시키고 있다.

한편 인간과 기계 사이의 상호작용을 특징으로 하는 웹 4.0은 모든 기기와 사용자가 연결되어 있으며, 이들이 실시간으로 정보를 공유하고 상호작용하는 환경을 목표로 한다. 그에 따라 사물인터넷(IoT), AI, 가상 현실(VR), 증강 현실(AR) 등의 기술을 기반으로 구현될 웹 4.0의 환경은 최근 생성형 AI의 등장으로 급속히 현실화되고 있다. 따라서 머지않아 웹 4.0을 통해 사용자들이 더 이상 기존의 마우스나 키보드, 그리고 2차원적 화면을 매개로 인터넷과 소통하는 방식에서 벗어나게 될 것이다. 본고에서 다루고 있는 생성형 AI 기술을 기반으로 한 디자인 툴은 이 웹 4.0의 환경에 접목되어 웹 사이트 레이아웃, 인터랙티브 디자인, 사용자 대응 캐릭터 등의 자동 생성 및 디자인의 최적화를 위한 필수적인 기술이 될 것이다.

(4) 3D 모델링 및 애니메이션

3D 모델링 및 애니메이션은 물리적 또는 가상의 객체를 3D 공간에서 표현함으로써 게임, 영화, 가상 현실, 증강 현실 등에 사용되는 3D 캐릭터와 환경을 구축하기 위한 필수적 요소이다. 특히 이 3D 모델링 영역은 인간 디자이너 수작업만으로는 구현하기 힘든 엄청난 양과 복잡성을 가진 그래픽 작업을 포함하고 있기 때문에, 컴퓨터 그래픽의 도움이 필수적이다. 그런 의미에서 최근 등장한 생성형 AI 기술은 보다 사실적이고 인터랙티브한 3D 모델링 및 애니메이션의 제작 작업을 쉽고 효율적으로 향상시키는 데 결정적 역할을 하게 될 것이다.

생성형 AI의 등장은 딥페이크(Deepfake) 기술을 바탕으로 3D 모델링 분야에 큰 가능성과 논란을 불러일으키고 있다. 딥페이크 기술은 딥러닝 알고리즘을 사용하여 실제와 유사하거나 가공된 이미지나 동영상을 변형 및 생성하는 기술이다. 엄밀히 말하면, 3D 모델링 및 애니메이션 생성을 위해서는 현실 세계의 실사 이미지를 빅데이터를 통해 참조하기는 하지만, 생성된 이미지는 대부분 가공된(fabricated)된 이미지인 것이다. 문제는 이러한 기술이 인물이나 저작권을 가진 이미지를 흉내 낼 경우에는 여러 법적 윤리적 논란의 대상이 될 수 있기 때문에, 디자인 분야에서 신중한 활용이 요구된다는 것이다.

전반적으로 보았을 때, 컴퓨터(2D) 그래픽 디자인에서 사용자 경험 디자인, 웹 디자인(웹1.0~4.0), 그리고 3D 모델링 및 애니메이션의 순서로 그래픽 결과물의 복잡성, 다양식성, 정교성이 증가하는 것으로 이해할 수 있고, 그에 따라 이를 구현할 수 있는 그래픽 기술의 높은 난이도가 요구된다고 볼 수 있다.

2) 디자인 변환 방식별 생성형 AI의 적용

생성형 AI 기술은 다음 네 가지 디자인 변환 방식(목적)—이미지 변환 및 편집, 텍스트 to 이미지 생성, 2D-to-3D 이미지 변환, 동영상 이미지 생성—에 적용될 수 있는데, 본고는 이 네 가지 디자인 유형에 따라 생성형 AI가 어떻게 적용될 수 있는지 분석하고자 한다.

(1) 이미지 변환 및 편집

이미지 변환 및 편집은 디자인 업무의 가장 기본 작업 중 하나이다. 생성형 AI는 디자이너가 원하는 스타일에 맞춰 이미지를 편집하거나 변형하는 데도 사용됨으로써 이러한 작업을 대폭 개선할 수 있다. 디자이너는 특정 요구사항을 충족하는 이미지를 생성하기 위해 AI를 사용할 수 있으며, 이를 통해 시간을 절약하고 생산성을 높일 수 있다.

(2) 텍스트 to 이미지 생성

텍스트를 이미지로 변환하는 AI는 사용자 인터페이스 및 사용자 경험 디자인, 웹 및 앱 개발, 그래픽 및 제품 디자인 등 다양한 디자인 분야에서 활용될 수 있다. 디자이너들에게 텍스트 기반의 아이디어를 즉시 시각적 형태로 변환하는 능력을 제공함으로써 시안을 빠르게 생성하고 수정하는 데 도움이 될 수 있다. 그 결과, 더 효율적인 디자인 프로세스가 가능해지며, 디자이너의 생산성과 창의성을 향상시킬 수 있다.

(3) 2D-to-3D 이미지 변환

전통적으로 3D 모델링은 제품 디자인, 건축, 애니메이션 등 여러 분야에서 중요한 역할을 담당하며, 전문가의 기술과 시간을 많이 요구하며 복잡한 프로세스를 포함하고 있다. 그런데, 생성형 AI를 활용한 2D-to-3D 이미지 변환 기술은 이러한 프로세스를 간소화하고 자동화할 수 있다. 디자이너는 2D 스케치를 사용하여 3D 모델을 생성할 수 있으며, 이를 통해 생산성을 높이고 반복적인 작업을 줄일 수 있다.

(4) 동영상 이미지 생성

동영상 이미지 생성 기술은 애니메이션, 게임 디자인, 광고 및 영화산업에서 혁명을 일으킬 수 있다. 디자이너는 기존의 시간 소모적이고 복잡한 프로세스를 단순화하고, 보다 창의적인 아이디어에 더 집중할 수 있게 됨으로써 더욱 복잡하고 사실적인 시나리오를 생성하는 데 집중할 수 있도록 해준다.

3) 생성형 AI의 활용성과 한계성

본고에서 분석한 여덟 가지 생성형 AI 디자인 툴의 활용성과 한계성은 산출된 디자인 형식에 따라 다음 표 5-9와 같이 정리될 수 있다.

표 5-9 디자인 유형에 따른 생성형 AI의 유용성과 한계

구분	생성형 AI 기술의 활용성	생성형 AI 기술의 문제점(한계성)
이미지 변환 및 편집	• 디자인 작업의 보편화/대중화 • 디자인 활용성, 생활 편의성 증대	• 이미지의 복제가능성/저작권 문제 • 독창성 및 창의성 감소에 대한 우려 • 기초 디자인 작업 전문성의 소멸
텍스트 to 이미지 생성	• 매체, 창작 기법, 재현방식의 다변화 창작 활동의 생산성/효율성 증가 • 작가-관객의 관계성(공동주체성) 변화	• 인간성, 예술성의 본질 변화(훼손 우려) • 양식성(modality)의 경계 붕괴의 부작용 • 텍스트 기반 이미지의 부정확성, 한계성
2D-to-3D 이미지 변환	• 미술의 추상성에서 구체성의 부각 • 미술작품의 실제적 가치(실용성) 증가 • 디자인의 다양식성 가능성 확대	• 현실적 객체와 가상적 객체의 혼동성 • 현실-가상 혼란 및 정체성 혼란 문제 • 현실-가상 경험의 불균형으로 인한 중독
동영상 이미지 생성	• 메타버스 환경의 효율적 구축 • 창작물 재현공간의 확장(가상 현실) • 현실 공간과 가상 공간의 경계 해체 • 공간초월적(ubiquitous) 창작과 감상	• 인간-AI 공동창작물의 폭증(예술적 가치 훼손의 우려) • Deepfake 기술로 인한 진실 왜곡 문제

위 표 5-9에 정리된 바와 같이, 이미지 변환 툴은 초기 AI 기반 이미지 생성기술로도 구현이 가능한 기능으로 매우 일상적이고 범용적인 목적으로 활용될 수 있는 반면, 오남용 문제, 저작권 문제, 그리고 가장 본질적으로 수작업 기술의 퇴화를 유발할 수 있다는 우려를 안고 있다. 텍스트-to-이미지 변환이나 2D-to-3D 이미지 변환은 최근 ChatGPT의 등장에 의해 급격히 대중화 및 보편화되고 있는 상황이다. 이 기술은 일반인의 활용과 각계 디자이너의 활용이 혼재되어 가고 있는 기술이고, 그로 인해 전업 디자이너의 역량이나 전문

성에 대한 새로운 탐색을 촉발하는 기술이다. 마지막으로 비디오 이미지 생성 기술은 상대적으로 고난이도의 완성도와 대량의 데이터를 소모하는 분야이지만, 그만큼 다양한 그래픽 디자인 산업(영화, 광고, 게임, 교육, 메타버스 등)에 미치는 영향력이나 활용성이 점점 커질 수밖에 없는 영역이다. 동시에 딥페이크 기술과의 연관성으로 인해, 생성형 AI가 만들어 내는 동영상 이미지들이 현실 사회의 실재성이나 진실성을 왜곡하게 될 경우 미치게 될 사회적 및 윤리적 영향력에 대한 사회적 논의가 필요한 영역이다.

본고는 위와 같은 생성형 AI 기술의 활용성과 한계성을 바탕으로 다음 사항들을 강조하고자 한다.

① 이미지 형식에 관계없이 생성형 AI 기술의 등장은 디자인 영역에 대한 대중적 접근성과 일상적 활용성, 그리고 효율성(생산성)을 높임으로써, 디자인 분야의 진입장벽을 낮추는 데 크게 기여하고 있다는 것이다.

② 생성형 AI 기술의 발달로 디자인 영역에서의 추상성이나 예술성보다는 구체성과 실용성이 더욱 부각되어질 것이라는 것이다.

③ 매체와 컴퓨터 기술의 발달로 디자인이나 아이디어의 표현 방식(다양식성, 공간초월성, 가상성 등)이 크게 촉진되고 이는 창의성의 증진에도 기여할 수 있다는 것이다.

물론 이러한 디자인 분야의 기술적 도구에의 의존성이 급격히 높아짐으로 인해 예술성과 독창성의 감소하고, 저작권 문제나 디자인 전문성이 훼손되며, 현실(세계, 사물)과 가상의 경계가 모호해진다는 점 등은 당분간 해결해야 할 과제로 남아 있게 될 것이다. 그런 의미에서 마지막으로 생성형 AI 기술이 디자인 교육에 미치는 영향을 논의해 본다.

4) 생성형 AI가 디자인 교육에 미치게 될 효과

본고에서 분석한 AI 디자인 툴의 사례를 놓고 볼 때, 생성형 AI 기술의 등장이 디자인 교육에 미치는 영향을 그 핵심적 기술, 즉 생성적 적대 신경망(GANs), 디퓨전(Diffusion), 이미지 분할 기술(SAM), 대규모 언어모델(LLM)에 따라 다음과 같이 정리할 수 있다.

(1) 생성적 적대 신경망(GANs)

초기 인공지능 기반 이미지 변환 작업의 발전에 중요한 기여를 했던 GANs가 디자인 교육에 주는 시사점은 다음과 같다.

첫째, 학생들은 GANs를 바탕으로 다양한 시각적 스타일, 패턴, 텍스처 등을 생성함으로써, 새로운 디자인 아이디어를 창출하고 다양한 디자인 스타일을 실험할 수 있다.

둘째, 과거의 예술작품이나 디자인 스타일을 기반으로 새로운 작품을 생성해 봄으로써 디자인 트렌드를 이해하고, 현대적이고 실용적인 맥락에 맞게 변형해 보는 연습을 할 수 있다.

셋째, GANs를 활용하여 디자인 프로토타입을 생성함으로써, 실물 모형을 제작하는 것보다 비용과 시간이 효율적이므로, 디자인 연습 및 시뮬레이션 훈련 등에 용이하다.

(2) 디퓨전 기술

최근 생성형 AI에 기반한 디퓨전 기술은 텍스트-to-이미지 생성 과업에서 활발히 활용되고 있는데, 이것이 디자인 교육에 미치는 효과는 다음과 같다.

① 학습할 내용의 시각적 재현을 통해 개념을 시각화하는 훈련을 돕는다.

② 디자인 문제에 대한 창의적 해결책을 제시하고 평가할 기회를 준다. 예를 들어, AttnGAN은 텍스트 설명을 기반으로 세부적으로 풍부한 이미지를 생성해 준다.

③ 디퓨전 기술을 활용하면 이미지, 음악, 비디오, 애니메이션 등 다양한 매체를 통합하여 하나의 작품으로 표현할 수 있다. 따라서 디자인 학생들

은 다양한 매체의 특성과 효과를 조합하여 디자인 작품에 반영하는 연습을 할 수 있다.

④ 디퓨전 기술은 디자인 작업 과정에 대한 이해과 작품 산출의 중간 단계에서 인간 디자이너의 개입을 통해 훨씬 정교하고 활용성 높은 작품을 완성해 낼 수 있다.

⑤ 디퓨전 기술을 활용하여 다양한 작품의 생성, 시각적 자극, 브레인스토밍을 함으로써 창의성을 촉진하고 미적 감각을 향상시킬 수 있다.

(3) 이미지 분할 기술(SAM)

생성형 AI에 기반하여 최근 등장한 이미지 분할 기술(SAM)은 2D to 3D 이미지 변환에 활발히 적용될 수 있고, 이는 디자인 교육에도 다음과 같은 효과를 가져다줄 수 있다.

① 이미지 분할 기술을 활용하면 디자이너들은 복잡한 이미지를 더 작은 구성 요소로 분할하고 각 부분의 특징을 더욱 정교하게 다룰 수 있다. 이를 통해 디자인 작업의 효율성과 정확성을 높일 수 있으며, 디자인 작업에 필요한 시간과 노력을 줄일 수 있다.

② 이미지 분할을 통해 이미지의 각 부분을 개별적으로 처리하고 조작할 수 있으므로, 디자이너들은 이미지의 다양한 부분에 서로 다른 스타일, 효과, 필터 등을 적용하여 다채로운 시각적 효과를 생성하는 연습을 할 수 있다. 이러한 기능은 궁극적으로 인공지능 이미지 생성 툴과 인간 디자이너의 협력이나 시너지를 높이는 데 매우 중요한 요소이다.

③ SAM 기술이 활발히 적용되고 있는 3D 모델링이나 텍스처링은 가상 환경의 디테일을 높이거나 다양한 시각적 효과를 개선하는 데 중요하다.

④ SAM 기술을 적용하면서 공간적 통찰력 훈련이 가능하다. 예를 들어, 2D 이미지를 3D 모델로 변환하는 AI 모델(예: Pix2Vox)을 통해 사물에 대한 3차원적 디자인을 구상하고, 이해하고, 조작하는 능력을 훈련할 수 있다.

(4) 대규모 언어모델(LLM)

생성형 AI의 가장 중요한 잠재력인 대규모 언어모델과 빅데이터를 활용한 이미지 생성 기술이 디자인 교육에 미치는 영향은 다음과 같은 것들이 있다.

① 디자인 학생들은 텍스트로 아이디어를 제안하거나 설명할 수 있으며, 다양한 아이디어를 빠르게 생성하고 시각화함으로써 디자인 아이디어를 더욱 다양하고 창의적으로 발전시킬 수 있다.

② 다양식적(multimodal) 감각과 자극들을 디자인 요소에 포함시켜서 보다 생동감 있고, 실제적인 디자인 결과물을 생성해 볼 수 있다.

③ 3D 모델이나 동영상 작품들을 쉽게 생성해 낼 수 있음으로 인해, 디자인 결과물이 보다 실질적으로 현실 세계를 재현하거나 재구성하는 것이 가능해짐으로써 디자인 학생들은 보다 창의적인 아이디어나 작품의 산출에 집중할 수 있다.

④ 일반인도 전문적 디자인 작업에 참여가 가능함으로써 AI 디자인 툴은 다양한 일상적 필요(프로젝트 수업, 정보전달, 소셜미디어, 자기 홍보 등)에 활용됨으로써, 디자인 작품의 범용성을 높일 수 있다.

하지만 무엇보다도 대규모 언어모델에 기반한 챗봇 형식의 AI 디자인 생성 툴의 가장 중요한 특징은 인간의 사고, 아이디어, 그리고 경험이 축적된 빅데이터의 자료들을 기반으로 디자이너가 원하는 형태나 정교함을 갖춘 시각적 산출물을 쉽게 생성해 낼 수 있다는 것이다. 이러한 막강한 기능은 디자인 과업의 생산성, 효율성, 다양성, 그리고 창조성을 촉진할 수 있다는 긍정적 잠재력을 갖는 반면, 딥페이크 문제나 인간 디자이너의 역할 규정, 인간-AI의 협력 문제, 창의성이나 저작권 문제에 대한 사회적 혼란 등과 같은 부정적 영향력을 갖는다는 사실을 직시할 필요도 있다.

6. 음악교육

1) 생성형 AI의 핵심 원리

생성형 AI는 생성자(Generator)와 감별자(Discriminator)라는 두 개의 신경망이 서로 경쟁하면서 학습하는 GAN(Generative Adversarial Networks) 프레임워크를 기반으로 한다. 여기서 생성자는 주어진 데이터 분포를 학습하고, 이 분포에서 새로운 데이터를 생성하는 역할을 하며, 무작위한 노이즈 벡터를 입력으로 받아 실제 데이터와 유사한 데이터를 생성하려고 노력한다. 반면, 감별자는 생성자가 생성한 데이터와 실제 데이터를 구별하는 역할을 하는데, 생성자의 결과물과 진짜 데이터를 구분하는 방법을 학습하며, 경쟁적인 학습을 통해 결과물의 완성도를 계속 향상시키는 역할을 한다(Goodfellow et al., 2014). 이러한 생성적 적대 신경망(GAN)은 이미지, 비디오, 그래픽 생성과 같은 미술 분야에서는 활발히 활용되어 왔지만, 음악을 생성하는 작업에 있어서는 다음과 같은 이유로 큰 진전을 이루지 못했다.

첫째, 음악은 시간의 예술이라는 점이었다. 음악은 상위 구조(예: 구절)로 이루어진 더 작은 패턴(예: 마디)으로 구성된 계층 구조를 가지며, 시간의 흐름에 따라 나타나는 복합적 소리의 일관성, 리듬, 긴장 및 감정의 흐름과 관련된 구조적 패턴이 융합되어 작품을 완성시키게 되는 것이다. 따라서 이러한 시간의 흐름에 따라 이루어지는 시간 구조(temporal structure)를 고려하는 생성 메커니즘이 필요했다.

둘째, 음악은 일반적으로 여러 악기/트랙으로 구성된다. 예를 들어, 현대 오케스트라는 대체로 브라스, 현악기, 목관악기 및 타악기와 같이 네 가지 다른 섹션으로 구성되며, 록 밴드에는 베이스, 드럼 세트, 기타 및 가능한 보컬이 포함된다. 이러한 다양한 악기의 조성으로 이루어진 트랙이 서로 밀접하게 상호작용하고 시간의 흐름에 따라 서로 종속적으로 펼쳐지는 과정을 구현할 수 있어야 했다.

셋째, 음악 노트는 종종 코드, 아르페지오 또는 멜로디로 그룹화된다. 이러한 다성(polyphony) 음악에 대한 음악 노트에 시간적 순서를 도입하는 것이 일반적이기 않기 때문에, 자연어 생성이나 단성(monophony) 음악의 생성을 다성 음악으로 일반화하는 게 쉽지 않았다(Dong et al., 2018). 예를 들면, 4가지 입력(화음, 스타일, 멜로디, 리듬)을 활용하여 음악을 생성하는 AI 알고리즘인 MuseGAN이 있는데, 이 MuseGAN은 여러 악기의 MIDI 파일을 각각 따로 학습하여 하나의 풍부한 음악으로 조합하는 방식으로 다중 선율, 다중 트랙, 다중 마디를 가진 음악을 생성할 수 있는 모델이다. 다음 **그림 5-8**은 이 MuseGAN이 순차적 GAN을 통해 다중 트랙의 심볼릭 음악을 생성하는 과정을 보여준다(Dong et al., 2018: 38).

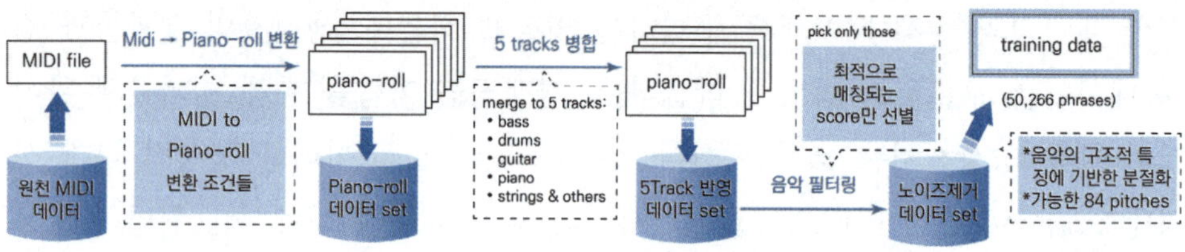

그림 5-8 MuseGAN의 순차적 GAN 알고리즘을 통한 음악 훈련 데이터 셋의 생성과정

위 **그림 5-8**처럼, 생성형 GAN이 새로운 음악을 생성하기 위해서는 원천 MIDI 데이터의 노이즈 문제와 데이터 불균형 문제를 해결해야 하고, 이를 위해 몇 개의 음표만 연주되는 트랙을 병합하거나 베이스, 드럼, 기타, 피아노 및 현으로 압축하여 다중 트랙 피아노 롤을 형성하여, 멜로디, 리듬 및 드럼 트랙을 명확히 분류하기 위해 일치도가 높은 피아노 롤을 분절화하여 선택하는 과정을 거쳐야 한다. 이처럼 이미지를 생성하는 작업과 음악을 생성하는 작업의 기술적 난이도로 인해 AI 기술이 음악 생성의 영역에서는 큰 진전을 보이지 못했던 것으로 이해할 수 있다.

2) 생성형 AI GAN 알고리즘의 차별성

생성형 AI GAN 알고리즘과 기존의 AI 음악 향상기의 차별성을 인지하는 것은 AI 기반 음악 생성 기술의 잠재력을 가늠하기 위한 중요한 요소이다. 앞서 소개하였지만, AI가 인간 작곡가를 대신하여 음악을 만드는 작업에는 다음과 같은 기본 과정이 필요하다(Briot et al., 2020).

첫째, 데이터 수집과 사전 학습의 단계이다. 데이터 수집 단계에서는 작품의 악보, 음원 파일, 가사, 작곡 스타일 등이 포함된 대량의 음악 데이터를 수집하고, 이를 사전 학습을 위해 음표로 변환하거나 음악 구조를 이해하기 쉽도록 데이터를 분해하는 전처리 작업을 수행한다.

둘째, AI 모델 선택과 사전 훈련(학습)의 단계이다. 순환 신경망(RNN), 변형 학습 모델(GAN), 트랜스포머(Transformer) 등과 같은 음악 생성 모델을 선택하여 음악의 패턴, 구조, 음악적 규칙 등을 포함한 대규모 음악 데이터로 학습시킴으로써 AI가 음악을 생성하기 위한 조건들(parameters)을 제공하는 단계이다.

셋째, 실제 음악 생성과 평가 및 수정 단계이다. 학습된 AI 모델을 사용하여 주어진 입력이나 음악적 맥락을 바탕으로 실제로 음악을 생성하는 단계로서, 제시된 결과물들에 대해 제작자의 감성과 주관적 판단을 바탕으로 생성된 음악을 평가하고, 필요한 경우 수정하는 단계이다. 물론 이 외에도 생성된 음악에 대해 라이선싱 작업, 감상자의 피드백, AI 모델을 향상시키기 위한 모델 수정 단계가 이루어질 수 있다.

하지만 생성형 AI 기술의 등장으로 위와 같은 AI 기반 음악 생성 과정에서 음악 Data를 수집하는 과정, 데이터 전처리 과정, AI 알고리즘 모델 선정 및 학습의 과정, 그리고 평가나 수정의 과정에서 인간 작곡가의 개입 없는 음악 생성이 가능해졌다(Bergström et al., 2021; Godwin et al., 2021). 더구나 기초 데이터가 음원 데이터에 한정되었던 기존 방식에 비해, 인간의 언어(text) 입력이나 심지어는 이미지 입력만으로도 음악을 생성하는 것을 가능케 하는 다양식적(multi-modal) 자료 입력이 가능해짐으로써 가사에서 멜로디를 생성하거나(lylic-to-melody), 악보와 오디오를 자유롭게 상호 전환할 수 있게 되었다는 것이다. 예를 들어, Meta사에서 개발한 뮤직젠(MusicGen)은 원하는 음악 스타일을 자연어로 입력하면 음악을 생성해 준다. 학습 데이터에는 저작권 문제가 없는 고음질 음악 파일 1만 개와 악기 소리만 담은 음악 39만 개 파일이 포함됐는데, 일반인들도 1분 내외의 시간 안에 원하는 음악을 언제든지 비용 없이 만들어 낼 수 있게 되었다(Copet et al., 2023).

아울러, 최근 생성형 AI 기반 음악 생성 기술의 또 다른 특징은 다음 **그림 5-9**와 같이 다양식적(multi-modal) 음악 생성이 가능하다는 점이다.

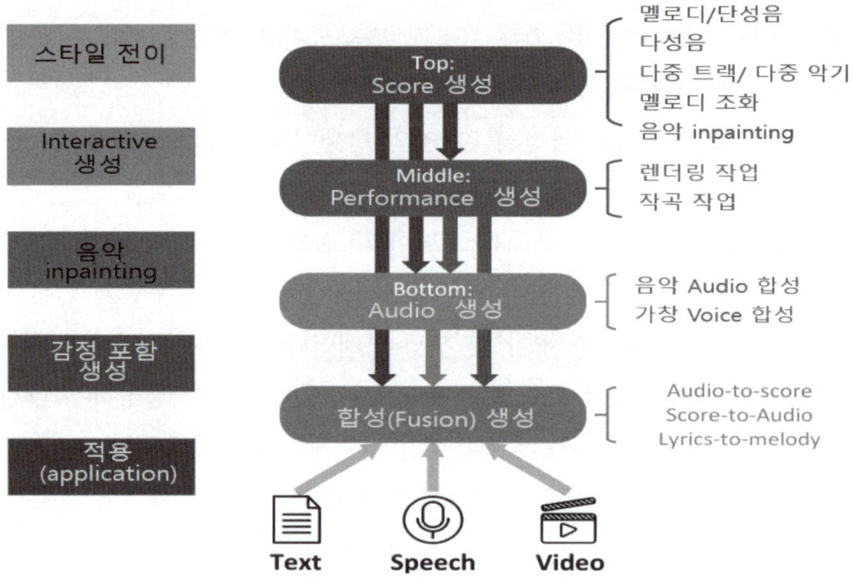

그림 5-9 다양식성에 기반한 생성형 AI 음악

출처: Shulei et al.(2020, p. 3)

위 **그림 5-9**에 보이듯이, 생성형 AI 기술은 소리 데이터가 아닌, 텍스트나 이미지와 같은 다른 입력 소스를 바탕으로도 음악적 요소들을 추출하여 새로운 음악을 생성하는 것이 가능하다. 즉, 대규모 언어모델(Large Language Model, LLM)을 기반으로 수집된 다양식적(multimodal) 원천 데이터를 딥러닝 과정을 거쳐 원하는 새로운 형식의 산출물을 생성해 낼 수 있는 생성형 AI 기술을 음악에 적용할 수 있는 것이다. 다음 **그림 5-10**은 다양식적 데이터를 LLM에 기반한 기

초 모델(foundation model)을 통해 다양한 오디오 산출물로 변환이 가능함을 보여주고 있다.

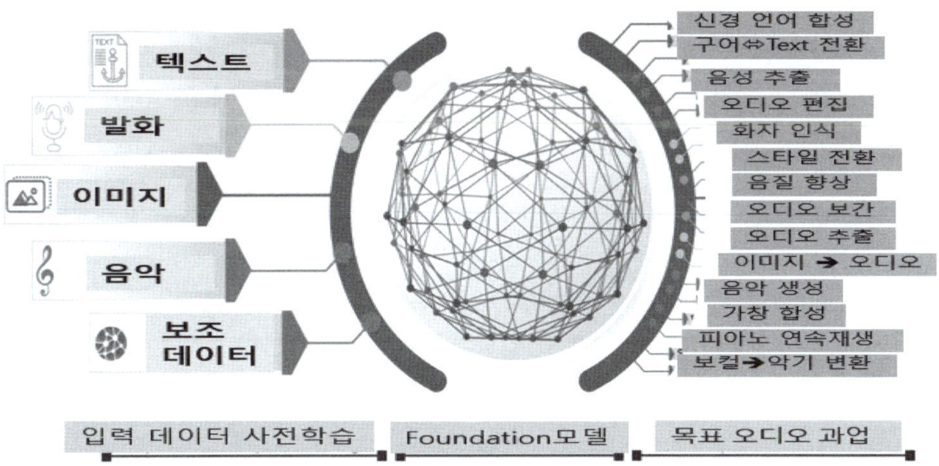

그림 5-10 다양식적 데이터와 LLM을 활용한 Audio AI

출처: Latif(2023, p. 5)

3) 생성형 AI 기반 음악 생성의 핵심 특징

대규모 언어모델을 바탕으로 음악을 생성하는 기술은 방대한 음악 데이터의 활용, 간편한 사용자 인터페이스(UI)의 개발, 그리고 다양식적 접근을 가능케 했다는 점에서 기존의 MIDI나 단순한 AI 음악 향상기와는 차별성을 갖는다.

(1) 방대한 음악 데이터 셋의 활용

생성형 AI는 음악을 생성하기 위해 어떤 데이터를 참조하는가를 보여주는 것이 생성형 AI의 학습 데이터 셋이다. 이러한 학습 데이터 셋은 개발자에 따라 다양한 음악 데이터를 취합하여 데이터 셋을 구성할 수 있는데, 예를 들어, Google AI가 개발한 MusicLM의 경우 다음 **그림 5-11**과 같은 데이터 셋을 구축하여 학습에 활용한다.

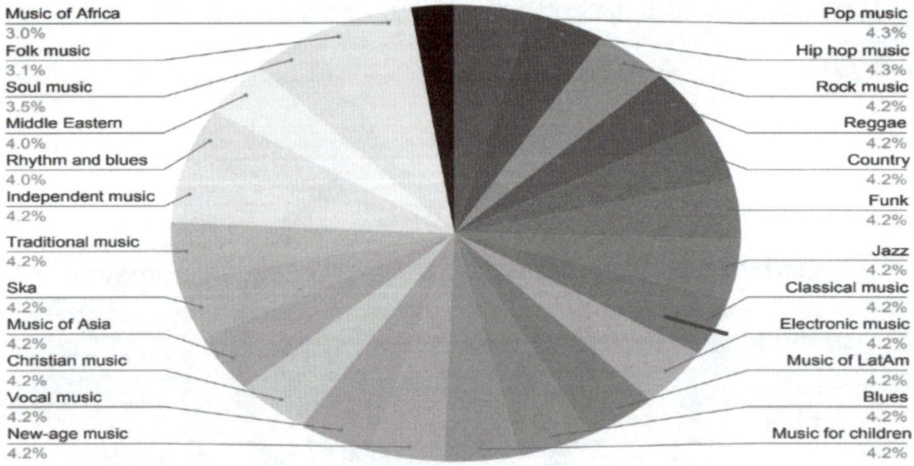

그림 5-11 MusicLM이 참조한 입력 음악데이터 셋의 구성

위의 그림에서 보이듯이, MusicLM은 여러 음악 장르별 음원 데이터들이 균등하게 표집될 수 있도록 모델링한 데이터 셋을 참조하여 음악 데이터를 학습하였다. 이러한 데이터 셋을 기반으로 MusicLM은 다음 **그림 5-12**와 같은 MuLan(텍스트 부호기)과 SoundStream(오디오 복호기), 그리고 이를 변환하는 w2v-BERT(딥러닝 변환기)를 활용하여 음악을 생성하고 있다.

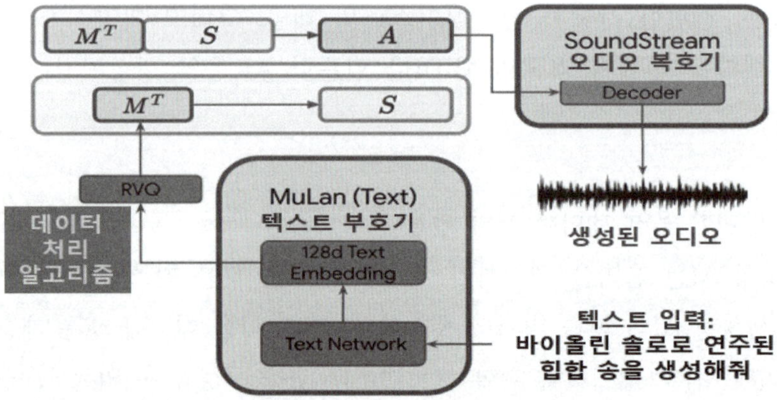

그림 5-12 MusicLM의 생성형 AI 기반 음악 생성 메커니즘

출처: Lamponi(2023)

(2) 초보자도 활용 가능한 쉬운 인터페이스

생성형 AI의 등장은 기존의 MIDI를 활용한 작곡과는 비교할 수 없을 정도로 초보자도 음악 작곡을 가능케 하는 쉬운 AI-보조 작곡 인터페이스를 제공하고 있다. 예를 들어, 생성형 AI를 기반으로 음악을 생성하는 가장 일반적 접근 방식인 text-to-audio 방식으로 음악을 생성하는 인터페이스인 IteraTTA가 있다(Yakura & Goto, 2023). IteraTTA는 텍스트에서 오디오로 음악을 생성하는 과정에서 텍스트 프롬프트(prompt)뿐만 아니라 오디오 프라이어(audio prior: 음성 데이터에 대한 통계적, 음향학적, 또는 음성 신호 처리 관련 정보로서 사용자가 생성하고자 하는 오디오의 특성을 제시하는 것)를 활용하도록 개발된 인터페이스이다. IteraTTA가 음악을 생성하는 과정의 핵심은 다음 다섯 가지이다.

① **IteraTTA 설계**: IteraTTA는 사용자에게 테마 문구를 입력하도록 요청하고, 이를 통해 텍스트 프롬프트를 생성한다. 사용자는 생성된 음악 오디오를 비교하고, 원하는 텍스트 프롬프트를 찾으면 해당 프롬프트를 수정하거나, 원하는 오디오를 찾으면 이를 오디오 프라이어로 사용하여 새로운 음악 오디오를 생성할 수 있다.

② **IteraTTA 구현**: 웹 기반 시스템으로 개발된 IteraTTA는 텍스트 프롬프트를 생성하기 위해 대형 언어 모델과 상호 작용하고, AudioLDM을 사용하여 음악 오디오를 생성한다.

③ **사용자의 다양성**: 사용자들은 다양한 테마 문구를 입력하여 음악 생성 프로세스를 시작할 수 있는데, 이때 IteraTTA는 다양한 사용자들의 텍스트 프롬프트와 훈련 데이터 셋 내의 텍스트 레이블 간의 간극을 줄이면서 원하는 음악을 생성한다.

④ **반복적 탐색**(Iterative Exploration): 사용자들은 반복적으로 텍스트 프롬프트와 오디오 프라이어를 지정하여 결과물을 개선함으로써, 점차 텍스트에서 오디오로 이동하면서 원하는 음악을 생성하게 된다.

⑤ **초보 사용자의 창의성 발휘**: 사용자들은 반복적인 실험을 통해 텍스트 프롬프트를 수정하거나 오디오 프라이어를 지정하며 음악 생성 결과를 조절하는데, 이로써 초보 사용자의 창의성과 음악 생성의 도전성을 높일

수 있다.

정리하자면, 다중의 초보자들이 텍스트 입력과 오디오 프라이어를 통한 반복적 작업으로 창의적이고 도전적인 음악을 생성하게 도와주는 인터페이스인 것이다. 이 과정의 핵심은 다음 **그림 5-13**을 통해 확인할 수 있다(Yakura & Goto, 2023: 1).

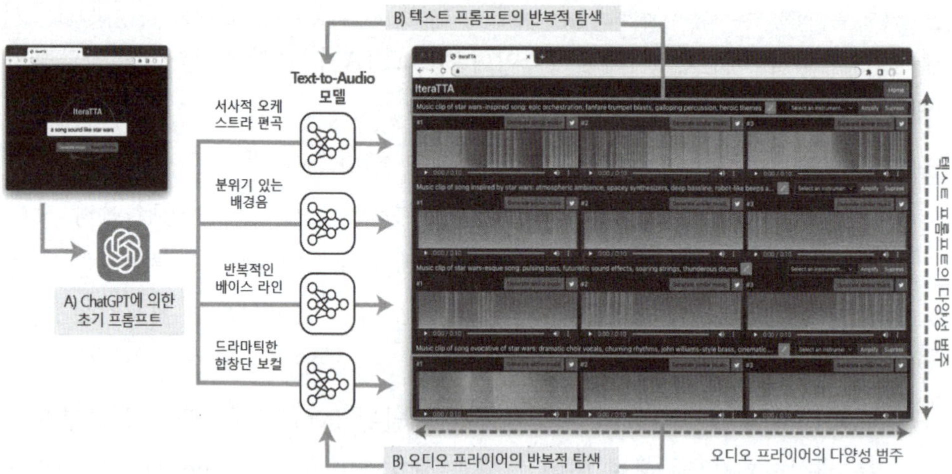

그림 5-13 IteraTTA: 텍스트 프롬프트와 오디오 프라이어의 반복 처리를 통한 음악 생성

위 **그림 5-13**에 나타나듯, IteraTTA는 몇 가지 텍스트 프롬프트와 간단한 오디오 프라이어를 반복 탐색하면서 사용자가 원하는 음악을 생성해 줄 수 있다.

(3) 다양식적(multi-modal) 접근을 통한 음악 생성

최근 생성형 인공지능의 기술적 발전은 기존의 프로그래밍(혹은 코딩) 방식이나 자연어 처리(natural language processing) 기술을 활용하여 인간의 일상어로 소통하는 방식에서 한 단계 더 나아가 이미지, 소리, 동영상 등과 같은 다양식적 입력을 통해서도 인공지능과 소통 및 협력이 가능해졌다는 것이다(Alfaro-Contreras et al.,

2023). 이로써 음악 생성의 과정에서도 인간과 AI는 소리 데이터가 아닌 이미지 데이터를 통해서 소통할 수 있게 되었는데, 그 출발이 바로 '시각화(visualization)'를 통한 인간-AI의 공동 음악 작곡이다. 즉, AI와 인간 작곡가의 협력으로 음악 창작 과정을 향상시킬 때 시각화 기술이 중요한 역할을 할 수 있다. 즉, AI가 음악 작곡 과정 중 생성한 음악과 인간 작곡가의 의도를 시각적으로 표현(예: 음악 구성 요소를 그래픽으로 나타내기)해 줌으로써, 작곡가는 다음 **그림 5-14**와 같이 AI가 생성한 음악을 더 잘 이해하고 수정할 수 있게 되었다(Rau, 2021).

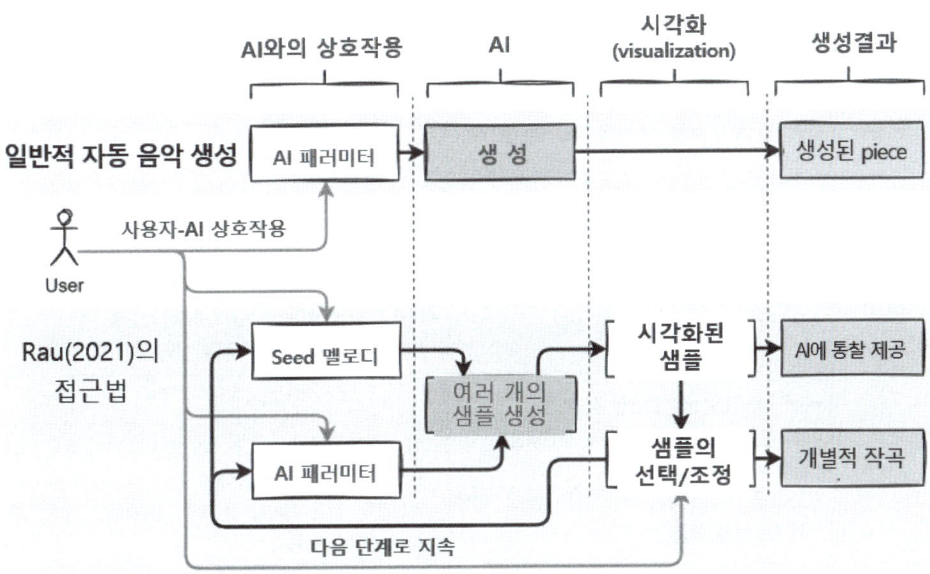

그림 5-14 시각화된 샘플의 조정을 통한 인간-AI의 창작 협력 과정

출처: Rau(2021, p. 22)

위 **그림 5-14**는 사용자가 자신의 예술적 감성과 자율성을 발휘하여 AI가 제안한 멜로디를 반복적인 선택과 조정을 통해 작곡을 수행하는 과정을 보여주는 도식이다. 즉, 인간 작곡가와 AI의 협력적 작업을 촉진할 수 있도록 AI가 생성한 음악을 시각적으로 표현하고 수정할 수 있도록 하는 인터페이스를 통해 인간 작곡가와 AI는 보다 유기적으로 협력하여 음악 작품을 만들어 낼 수 있는 것이다.

4) 생성형 AI 기반 음악 생성 툴의 구체적 사례

(1) 생성형 AI 기반 음악 생성기

최근 출시된 대표적인 생성형 AI 기반 음악 생성기의 주요 기능과 특징, 그리고 활용성을 분석해 보면, 다음 표 5-10과 같다.

표 5-10 주요 생성형 AI 기반 음악 생성기의 기능과 특징

<table>
<tr><th rowspan="2">기기</th><th rowspan="2">주요 기능</th><th colspan="6">기기별 특징</th></tr>
<tr><th>자동화
편의성</th><th>개인화
다양성</th><th>신속성
생산성</th><th>편집성
협업성</th><th>피드백
학습성</th><th>실험성
창의성</th></tr>
<tr><td rowspan="2">Amper Music</td><td rowspan="2">• 사용자가 원하는 음악 스타일과 분위기를 선택하면 AI가 해당 스타일에 맞는 음악을 생성</td><td>√</td><td></td><td>√</td><td></td><td></td><td>√</td></tr>
<tr><td colspan="6">• 작곡부터 비디오 게임에 이르기까지 다양한 분야에 응용 / 로열티 프리</td></tr>
<tr><td rowspan="2">IBM Watson Beat</td><td rowspan="2">• 26,000개의 Billboard Hot 100곡 사용한 강화학습(RNN)
• 노래 작곡, 음계, 코드 진행, 음악 장르를 분석하여 음악의 감정적 특징 살림</td><td>√</td><td></td><td>√</td><td></td><td>√</td><td>√</td></tr>
<tr><td colspan="6">• 음악 작성자를 대체하는 것이 아닌 인간의 창의성을 증강하기 위해 설계
• 빠르고 쉽게 음악을 만들어 창의성 고무
• MIDI 파일과 다양한 악기로 음악 생성</td></tr>
<tr><td rowspan="2">AIVA</td><td rowspan="2">• 강화학습(RNN)을 활용한 작곡
• 방대한 데이터 셋 활용한 AI 사전학습
• 영화 음악 스타일에 중점
• Bach와 Beethoven의 고전 음악을 활용 저작권 문제 해결</td><td>√</td><td>√</td><td>√</td><td>√</td><td>√</td><td>√</td></tr>
<tr><td colspan="6">• AIVA에게 작품의 무드와 속도를 지시하면, 해당 가이드라인을 따라 음악을 생성
• 영화감독, 광고 기획사 및 게임 개발자들을 위한 기술적인 솔루션 제공</td></tr>
<tr><td rowspan="2">Ecrett Music</td><td rowspan="2">• 음악 제작자가 AI를 활용하여 보다 효율적으로 작곡 및 편집</td><td>√</td><td></td><td>√</td><td>√</td><td></td><td>√</td></tr>
<tr><td colspan="6">• 음악 지식이 없는 사용자도 쉽게 사용
• 매월 50만 개 이상의 음악 패턴을 액세스</td></tr>
<tr><td rowspan="2">Boomy</td><td rowspan="2">• 사용자가 가사와 멜로디를 제공하면 AI가 해당 가이드에 따라 노래를 생성
• 빠르고 쉬운 음악 작곡에 중점
• 스트리밍 플랫폼 활용/공유</td><td>√</td><td></td><td>√</td><td></td><td></td><td>√</td></tr>
<tr><td colspan="6">• 사용자 친화적인 인터페이스 제공
• 프로그래밍/기계 학습의 이해 필요 없음
• 수동으로 편집할 수 있는 완전한 악기 트랙을 생성</td></tr>
<tr><td rowspan="2">Google Magenta</td><td rowspan="2">• TensorFlow로 구동되는 오픈 소스 Python 라이브러리이며 강화학습 알고리즘(RNN) 사용
• 창의적인 프로세스에서 기계 학습의 역할을 탐구하며 기존 음악 작업 환경을 보완</td><td>√</td><td></td><td>√</td><td>√</td><td></td><td>√</td></tr>
<tr><td colspan="6">• Continue, Generate, Drumify, Interpolate, Groove와 같은 다양한 음악 작성 도구를 제공
• 기존 DAW(Digital Audio Workstation) 환경과 원활하게 통합하려는 음악가들에게 효과적</td></tr>
</table>

위와 같은 생성형 AI 기반 음악 생성기들은 각각 독특한 특징과 기능을 가지고 개발되었지만, 공통적 특징으로는 ① 빅데이터를 기반으로 다양한 음악 샘플을 보유하고 있다는 점, ② 빠르고 효율적인 음악 생성이 가능하다는 점, ③ 클라우드 기반 플랫폼으로서 시공간적 제약 없이 사용할 수 있는다는 점, 그리고 ④ 다양한 악기, 스타일, 장르를 다룰 수 있는 인터페이스를 제공한다는 점을 들 수 있다.

(2) 생성형 AI 음악의 잠재력

그렇다면 과연 이처럼 생성형 AI에 의해 만들어진 음악이 기존의 히트 음반과 비교해서 어느 정도의 완성도와 청취자의 긍정적인 반응을 가져올 수 있을까? 이에 대해 Birk와 Chakrabarty(2023)는 미국의 음악 공유 플랫폼인 Spotify 플레이 리스트의 히트곡들과 AI가 생성한 음악의 질적 분석을 시도하였는데, 그 핵심 사항을 비교한 내용은 다음 표 5-11과 같다.

표 5-11 AI 생성 음악과 비교군의 음악 특성

Songs	히트 곡	AI 생성 곡	벤치마크 곡1	벤치마크 곡2
곡의 특징	(평균값)	"Dancing with Ghosts"	"I Messed Up"	"Ready for Your Love"
Length(Min.)	3:18	3:18	3:00	2:58
Acoustic-ness	0.41	0.41	0.76	0.87
Instrumental-ness	0.07	0.07	0.05	0.01
Loudness	-9.17	-9.17	-10.8	-8.6
Tempo	118	118	86	104
Danceability	0.61	0.61	0.67	0.79
Energy	0.52	0.52	0.23	0.31
Liveness	0.18	0.18	0.16	0.09
Speechi-ness	0.08	0.08	0.05	0.05
Time Signature	4/4	4/4	4/4	4/4

출처: Birk & Chakrabarty(2023, p. 13)

위 표 5-11에서 보듯이, AI가 Spotify에 올라온 히트곡의 평균적 특성을 지표로 곡을 만들었을 때, 그 곡의 몇몇 특징들은 비교군(벤치마크 곡 1, 2)의 그것과 유의미한 차이(볼드체)를 보였다. 더구나, 이 AI 생성 곡("Dancing with Ghosts")이 실제 음악플랫폼에서의 약 2주간의 스트림 선정 횟수(318회)에서 비교군("I Messed UP" 187회, "Ready for Your Love" 33회)에 비해 압도적 인기를 보였던 것으로 조사되었다. 즉, 히트곡의 평균적 음악의 특성을 모방한 AI 생성 곡이 비교군에 비해 청취자의 호응도에 있어서도 압도적인 결과를 나타냄으로써, AI 생성곡이 음악성이나 대중성에 있어서 큰 가능성을 가진다는 것을 시사한다.

(3) 생성형 AI 기반 음악 툴의 효과

이러한 생성형 AI 기반 음악 제작 툴의 등장은 다음과 같이 작곡가나 음반 제작자의 전문성과 일반인의 접근성에 큰 변화를 가져오게 되었다.

첫째, 일반인들도 프롬프트만을 통해서 원하는 음성, 오디오(효과음), 심지어는 완결성을 갖춘 음악을 생성해 낼 수 있게 되었다. 우선 음성 생성은 Text-to-speech(TTS) 기술에서 출발하여 VALL-E나 SpearTTS 기술을 통해 발화(speech) 데이터를 프롬프트로 활용하여 음성의 음색이나 스타일을 자동으로 변환할 수 있다. 그리고 인공지능 연산 능력의 발달로 현재 이 기술은 단번에(zero-shot 방식) 훈련 데이터 셋 없이 약 3초 정도의 발화 소스만으로도 해당 음성의 음색으로 다양한 발화를 생성해 낼 수 있다(Guo et al., 2023; Wang et al 2023; Yang et al., 2023).

둘째, 아울러 프롬프트 기반 오디오 생성 기술은 인간의 음성뿐 아니라 모든 일상적 소리를 생성해 내는 기술인데, 예를 들어, Make-An-Audio나 AudioLDM은 diffusion 기술을 기반으로 동물, 악기, 환경음 등의 다양한 소리를 텍스트 프롬프트만으로 생성해 낼 수 있다. 이 기술을 통해 어떤 특정 장면을 묘사하는 소리나 특정 상황에서의 배경음, 혹은 특정 이미지를 제공해 주면 그 이미지와 관련된 사운드를 생성해 낼 수 있는 것이다. 이 기술은 음악/오디오의 생성이나 양식 변환에 있어서 다양식적(multi-modal: 텍스트, 이미지, 소리, 동영상, 촉각 등) 소스들을 자유롭게 활용할 수 있게 되었다는 것을 의미한다(Huang et al., 2023; Liu et al., 2023; Kharitonov et al., 2023; Tang et al., 2023).

셋째, 음악 생성 기술은 기존에 MIDI의 활용에서 시작하여 현재의 딥러닝 알고리즘을 통한 생성 기술에 이르기까지 큰 변화를 이루어 왔다. 음악 생성 기술은 앞서 제시한 바와 같이, ① 단성/다성음 생성, ② 다중-트랙/다중 악기 생성, ③ 코드 기반(chord-conditioned) 멜로디 생성, ④ 멜로디 하모니, ⑤ 트랙 기반(track-conditioned) 생성의 유형을 중심으로 발전해 왔다. 이러한 인공지능을 기반으로 생성된 작품의 완성도는 음악성(musicality)과 참신성(novelty)을 모두 만족시켜야 하는데, 이를 위해서는 고품질의 데이터 셋을 구축한 후 이를 AI가 학습하고 사용자가 원하는 만족스러운 작품을 생성해 내기 위한 적절한 모델을 활용할 필요가 있다(Ji et al., 2020). 따라서 일반인들이 생성형 AI 툴을 바탕으로 음악을 제작할 때는 이와 같은 생성된 작품의 음악성과 참신성을 판단할 수 있는 능력이나 소양을 갖추었느냐의 여부가 관건이 될 것이다.

위와 같은 효과로 인해 생성형 AI 기반 음악 창작 툴은 다음과 같이 다양한 측면에서 음악계에 큰 변화를 가져다주게 되었다.

첫째, 음악 접근성 확대 측면: AI를 활용한 음악 생성은 음악 창작과 연주에 대한 높은 기술적 요구를 줄일 수 있으며, 음악에 대한 접근성을 확대해 준다(Gillick, Cartwright, & Finkel, 2018).

둘째, 창의성 개발과 자기 표현의 측면: AI를 활용한 음악 생성은 사용자들이 자신의 음악 아이디어를 실험하고 표현할 수 있는 기회를 제공함으로써, 이는 창의성과 자기 표현 능력을 향상시킬 수 있다(Koops, Neaves, & Gifford, 2015; Sturm et al., 2019b). 특히 생성형 AI는 음악 작곡 과정에서 인간 작곡가를 넘어선 창의성 발휘가 가능하면서도, 음악 작곡자들 간 혹은 인간-AI 간의 상호 작용을 활발하게 하여 음악 작곡 환경의 협업성을 증가시킨다(Suh et al., 2021).

셋째, 음악 치료 및 감정 조절 측면: 음악은 감정 표현 및 심리적 안녕을 촉진할 수 있는 강력한 수단이 될 수 있는데, AI 알고리즘을 통해 개별 사용자들의 기분이나 심리적 상태를 진단한 후, 그에 적합한 음악을 제공해 줌으로써 음악 치료 및 감정 조절에 활용할 수 있다(Tsai & Liang, 2023; Yuan, Zhong, & He, 2021).

넷째, 음악 제작의 창의성과 협력성 개선 측면: AI 시스템은 사용자에게 음악 이론 및 작곡에 대한 통찰력을 제공할 수 있다(Miranda, 2017). 특히 AI 음악 생성 툴은 다양한 악기, 음악 스타일, 장르의 융합과 도전적 창작 작업을 촉발하고, 초보 학습자들에게는 음악 작곡에 대한 이해도를 높이고, 전문작곡가들의 창작 과정을 촉진할 수 있다.

다섯째, 음악 이해 및 음악 교육의 측면: AI 알고리즘에 기반한 감상 및 평가 툴을 개발하면, 이를 이용해 학생들의 연주를 분석하고 음악적 기술을 평가하면서 개선 방향을 제시하는 것이 가능하다. 이처럼 AI 기반 음악 교육 소프트웨어나 툴을 개발한다면, 학교나 학원에서 학생들의 음악 수업에서 개별화된 지원을 제공하고, 교사들의 지도의 효율성을 높이는 데도 도움을 줄 수 있다(Yu et al., 2023).

(4) 생성형 AI 기반 음악 창작에서의 고려사항

생성형 AI 기반 음악 툴의 등장이 가져올 다양한 문제들로는 AI 창작물의 표절 및 저작권 문제, AI 창작의 확산으로 인한 문화/윤리적 여파, 음악적 창의성과 관련한 논란 등이 있다.

① AI 창작물의 표절 및 저작권 문제

그동안 음악계는 예술적 측면에서나 산업적 측면에서 공히 유사성과 표절의 문제와 관련한 논란이 자주 제기되었고, AI 생성 음악의 등장은 이 문제에 대한 대중의 관심을 다시금 불러일으키고 있다. 예를 들어, 2023년 4월 AI가 작곡하고 노래한 “Heart on My Sleeve”이 음악 팬들 사이에서 큰 호응이 일자 팝음악 관련 미디어에서는 기존의 팝 스타 Drake & The Weeknd의 곡을 모방한 것에 대한 큰 논쟁이 이루어졌다. 아티스트, 변호사 및 음악 산업 관계자들 사이에서 AI로 생성된 음악의 인기나 수익권의 소재에 대한 논란이 일어난 반면, 독립음악가들은 저작권이나 표절 문제가 음반산업계를 지배하고 있는 자본주의의 관점이라며 AI 기반 작품 생성의 자율성에 대한 새로운 목소리를 내기도 하였다(Clancy, 2021). 현재, 원작의 저작권 소유자인 Universal Music Group은 해당 곡의 SNS 유통 금지를 주장함에 따라 U. S. 저작권청은 현재까지 작품의 저작권자가 인간이어야 한다는 원칙을 고수하고 있다. 다만 AI로 생성된 음악 작품의 저작권에 어느 정도의 인간 개입이 필요한지에 대한 질문은 여전히 남아 있다(Aziz, 2023; Sag, 2023).

② AI 창작의 확산이 가져올 문화/윤리적 여파

AI가 생성한 (가사를 포함한) 음악이 생산성이나 대중적 영향력이 큰 만큼 다양한 사회적 및 문화적 편견이나 차별성을 양산하는 데 일조할 가능성이 있다 (Reje, 2022). AI 툴이 가사를 생성할 때 가사 내용에 따른 사회/문화적 편견이나 차별성에 따라 윤리적 문제가 발생할 수 있으며, 기존 가수의 평판에 손상을 주거나 예술적 스타일의 전통을 파괴할 수도 있다(Veltman, 2023). 이러한 문제에 대처하기 위해 엔터테인먼트 산업을 포함한 40개 이상의 아티스트, 퍼포머, 작가 등을 대표하는 단체들이 "인간 예술가 캠페인(Human Artistry Campaign)"을 통해 인간 예술과 창작의 고유 가치를 강조하고, 기술과 기회주의의 충돌을 조정하고, 남용이나 차별의 문화가 양산될 가능성에 대비한 원칙을 세우고자 노력하고 있다. 이 캠페인이 제시한 "인간의 창의성과 성취를 위해 인공지능 응용 프로그램을 지원하기 위한 핵심 원칙"은 다음과 같다(Human Artistry campaign, 2023).

- 기술은 오랫동안 인간의 표현을 강화해 왔으며, AI도 다르지 않을 것이다.
- 인간이 창작한 작품은 우리 삶에서 중요한 역할을 계속할 것이다.
- 저작권 보호 작품 및 전문 공연가의 목소리나 표현을 사용하려면 모든 권리 보유자로부터 허가 및 시장 라이센싱이 필요하다.
- 정부는 AI 개발자가 허가나 보상 없이 창작자를 악용할 수 있는 새로운 저작권 또는 기타 지적 재산 면제를 남발해서는 안 된다.
- 저작권은 오직 인간의 지적 창의성의 고유한 가치를 보호해야 한다.
- 신뢰성과 투명성은 AI의 성공과 창작자의 보호에 필수적이다.
- 창작자의 이익이 모든 정책 결정에서 반영되어야 한다.

③ 음악적 창의성과 관련한 논란

생성형 AI의 등장이 궁극적으로 음악적 창의성을 저해할 것인가에 대한 문제는 뜨거운 논란거리이다. 현직 음악 프로듀서들은 AI 음악 생성 툴이 창의성과 독창성 결핍을 야기할 수 있다(29.7%)는 의견과 더불어, AI가 생성한 음악과 관련된 윤리 및 법적 문제에 대한 고민(24%), 그리고 AI 툴로 인한 음악 프로듀서들의 일자리 상실에 대한 우려(18.6%)를 표명한 바 있다(Zlatic, 2023). 이러한 여러 우려들과는 달리, AI 툴의 등장이 창의성 및 변화 촉진을 바탕으로 음악계 전반의 발전에 기여할 수 있다는 관점도 존재하는데, 그 근거는 다음 세 가지로 압축될 수 있다.

첫째, AI 기술이 인류 문명에 큰 변화와 발전을 초래하고 있듯이, 음악계에도 매우 큰 잠재력을 가지고 있다는 것이다. 예를 들어, 스톡홀름과 로스앤젤레스를 기반으로 하는 Snafu Records 레이블(https://www.snafurecords.com/)은 21세기에 걸맞은 음반 레이블을 목표로 AI 기술을 활용하여 혁신적 작품과 잠재적인 스타들을 양성하고 있다.

둘째, AI 툴의 대중화는 음악 창작이나 음반 산업에 있어서 기존 대형 음반 제작사의 자본주의적 독점이나 지배에 저항하여 보다 자율적이고 창의적인 창작 활동의 가능성을 확대해 줄 수 있다. 예를 들어, 예술과 창작 프로세스를 보다 민주적이고 포용적인 방식으로 추진하고자 하는 창의성의 민주화(Democratic Creativity)란 개념은 다양성과 포용성, 공동 협력, 포괄적 접근, 예술의 사회적 역할, 그리고 자율성과 투명성을 강조한다(Browne, 2014). 이 아이디어를 AI 음악 창작 툴의 등장에 적용한다면, 음악 창작 활동의 근본적 목적에 주목함으로써 아티스트의 지위 및 AI 생성 음악에 대한 인식의 변화를 촉발할 수 있다.

셋째, 기술적 발전을 기반으로 한 예술(활동)의 통합과 관련한 변화가 있다. 기존의 예술 영역은 음악, 미술, 무용, 연극 등과 같은 예체능 영역들은 대체로 고립되고 독자적 발전의 과정을 거쳐 왔다. 하지만, 현대사회의 예술적 트렌드는 매체나 미디어의 혼성성을 바탕으로 다양식성과 융합성을 반영함으로써 새로운 표현 양식과 예술적 창의성에 도전하는 경향을 갖는다. 예를 들어, 과학기술적 도구를 활용하여 새로운 표현 양식과 예술적 창의성의 탐구하는 EAT(Experiments in Art and Technology) 연구(La Prade, 2002), 음악, 미술, 무용, 연극과 같은 예체능 영역들이 서로 혼합하여 새로운 형태의 예술 작품을 창조하는 방식(고윤화, 2022; 김무규, 2023; 허은지, 2023), 창조적 사회를 위한 예술융합적 서비스에 대한 연구(Civit et al., 2022) 등은 과학기술의 총아인 AI가 음악과 접목하여 어떤 새로운 장르를 창조해 낼 수 있을지를 탐색하는 연구들이라고 볼 수 있다.

참고문헌

박휴용(2021). 4차산업혁명과 인공지능 시대의 포스트휴먼 학습론. 전주: 전북대 출판문화원.

박휴용(2023). 인공지능 (AI) 기반 영어학습 챗봇의 원리와 기능, 그리고 영어학습에의 활용가능성. Multimedia-Assisted Language Learning, 26(2).

홍금원, 이연수, 김민정, 이승욱, 이주영, 임해창(2008). 한국어 모바일 대화형 에이전트 시스템. 한국컴퓨터정보학회논문지, 13(6), 263-271.

Adhikari, K., Yang, X., & Yang, X. (2020). CAD-Net: A Context-Aware Detection Network for Objects in Remote Sensing Imagery. *IEEE Transactions on Geoscience and Remote Sensing, 58*(4), 2841-2853.

Aziz, A. (2023). Artificial intelligence produced original work: A new approach to copyright protection and ownership. *European Journal of Artificial Intelligence and Machine Learning*, *2*(2), 9-16.

Bergström, M., Johansson, L., Karon Klefbom, E., Lundberg, A., Löfgren, V., & Sönnergaard, M. (2021). Apply evolutionary algorithms for music generation. Unpublished Bachelor's Thesis. Chalmers University of Technology.

Berthelius (2023). The future of music: Exploring the AI revolution and its impact on music creation and distribution. Retrived Mar, 5, 2023, from https://medium.com/@berthelius/the-future-of-music-exploring-the-ai-revolution-and-its-impact-on-music-creation-and-distribution-1814eea4fc14

Birk, J., & Chakrabarty, M. (2023). Manufacturing hits: A data-driven AI approach to releasing a pop song in 2022. *Atlantic Marketing Journal*, *12*(2), 2.

Boden, M. (2019). Creativity and artificial intelligence. *Artificial Intelligence, 230*, 60-73.

Bosi, M., Pretto, N., Guarise, M., & Canazza, S. (2021). Sound and music computing using AI: Designing a standard(2021. 6.). In *Proceeding of 18th Sound Music Computer Conference*(SMC'21).

Bowman, D. A., McMahan, R. P., & Ragan, E. D. (2012). Questioning naturalism in 3D user interfaces. *Communications of the ACM, 55*(9), 78-88.

Bridy, A. (2020). The evolution of authorship: Work made by code. *Columbia Journal of Law & the Arts, 43*(4), 395-432.

Briot, J. P., Hadjeres, G., & Pachet, F. D. (2020). *Deep learning techniques for music generation* (Vol. 1). Heidelberg: Springer.

Brock, A., Donahue, J., & Simonyan, K. (2018). Large scale GAN training for high fidelity natural image synthesis. arXiv preprint *arXiv:1809.11096.*

Browne, C. (2014). 10 between creative democracy and democratic creativity. In Vrasidas Karales (Eds.), *Cornelius Castoriadis and Radical Democracy* (pp. 196-217). Leiden, Brill Academic Publishers.

Brumberger, E. (2007). Visual communication in the workplace: A survey of practice. *Technical Communication Quarterly, 16(*4), 369-395.

Chen, X., Zou, D., Xie, H., Cheng, G., & Liu, C. (2022). Two decades of artificial intelligence in education. *Educational Technology & Society, 25*(1), 28-47.

Choi, E., & Lee, J. H. (2020). Developing chatbots with machine learning: A survey. *Multimodal Technologies and Interaction, 4*(3), 54.

Coeckelbergh, M. (2020). *AI art: Machine visions and warped dreams.* Springer International Publishing.

Dede, C. (2009). Immersive interfaces for engagement and learning. *Science, 323*(5910), 66-69.

Drott, E. (2021). Copyright, compensation, and commons in the music AI industry. *Creative Industries Journal*, *14*(2), 190-207.

Floridi, L. (2014). *The 4th revolution: How the infosphere is reshaping human reality.* Oxford University Press.

Fryer, L., & Carpenter, R. (2006). Bots as language learning tools. *Language Learning & Technology*, *10*(3), 8-14.

Gauthier, D., & Jenkin, M. (2017). *Graphics for multimedia and the World Wide Web*. Pearson Education.

Giannino, (2023). AI Music: The Future of Music in 2023. Retrived on Jan. 24, 2024 from https://boxmining.com/ai-music-the-future-of-music-in-2023/

Goodfellow, I., Pouget-Abadie, J., Mirza, M., Xu, B., Warde-Farley, D., Ozair, S., Courville, A., & Bengio, Y. (2014). Generative adversarial nets. In Advances in neural information processing systems, 2672-2680.

Gorban, A. N., & Tyukin, I. Y. (2018). Blessing of dimensionality: Mathematical foundations of the statistical physics of data. *Philosophical Transactions of the Royal Society A: Mathematical, Physical and Engineering Sciences, 376*(2118), 20170237.

Guo, Z., Leng, Y., Wu, Y., Zhao, S., & Tan, X. (2023). PromptTTS: Controllable text-to-speech with text descriptions(2023, June). In *ICASSP 2023-2023 IEEE International Conference on Acoustics, Speech and Signal Processing* (ICASSP) (pp. 1-5). IEEE.

Halevy, A., Norvig, P., & Pereira, F. (2009). The unreasonable effectiveness of data. *IEEE Intelligent Systems*, *24*(2), 8-12.

Hochreiter, S., & Schmidhuber, J. (1997). Long short-term memory. *Neural computation*, *9*(8), 1735-1780.

Holland, S. (2013). Artificial Intelligence in Music Education: a critical review. *Readings in Music and Artificial Intelligence*, *1*, 239-274.

Huang, C. Z. A. (2019). Deep Learning for Music Composition: Generation, Recommendation and Control. Unpublished doctoral dissertation. Harvard University.

Human Artistry campaign (2023). Core Principles for Artificial Intelligence Applications.
Retrived on Jan. 12, 2024 from https://www.humanartistrycampaign.com/

International MIDI Association. (1983). About MIDI. Retrived on Jan. 9, 2024 from https://web.archive.org/web/20170408141240/http://midi.org/aboutmidi/timeline.php

Ji, S., Luo, J., & Yang, X. (2020). A comprehensive survey on deep music generation: Multi-level representations, algorithms, evaluations, and future directions. arXiv preprint *arXiv:2011.06801.*

Johnson, L., & Williams, M. (2020). An AI-enhanced music education app for learning to play the piano. *Journal of Music Education Technology*, *3*(2), 45-58.

Johnson, W. L., & Wu, S. (2008). Assessing aptitude for learning with a serious game for foreign language and culture. *Proceedings of Intelligent Tutoring Systems: 9th International Conference,* ITS 2008, 9, 520-529. Springer Berlin Heidelberg.

Kaliakatsos-Papakostas, M., Floros, A., & Vrahatis, M. N. (2020). Artificial intelligence methods for music generation: a review and future perspectives. *Nature-Inspired Computation and Swarm Intelligence, 1 Jan 2020*, 217-245.

Kerlow, I. V. (2004). *The art of 3D computer animation and effects.* Wiley.

Kharitonov, E., Vincent, D., Borsos, Z., Marinier, R., Girgin, S., Pietquin, O., Sharifi, M., Tagliasacchim M., & Zeghidour, N. (2023). Speak, read and prompt: High-fidelity text-to-speech with minimal supervision. *Transactions of the Association for Computational Linguistics, 11,* 1703-1718.

Khobragade, S., Kathole, A., Kadam, C., & Shelake, R. (2023). Enhancement in music player system using AI. *EPRA International Journal of Research and Development, 8*(3), 154-156.

Koops, H. W., Neaves, P., & Gifford, T. (2015). The Creative Implications of Algorithmic Music Composition: A New Musical Empiricism. *Leonardo, 48*(2), 125-131.

Li, T. L., Chan, A. B., & Chun, A. H. (2010). Automatic musical pattern feature extraction using convolutional neural network. Proceedings of IMECS(March 17-19, 201).

McCloud, S. (2006). *Making comics: Storytelling secrets of comics, manga, and graphic novels*. HarperCollins Publishers.

McCosker, A., & Wilken, R. (2020). Machine vision, computer art and the infrastructure of AI. *Media International Australia, 177*(1), 77-89.

Nielsen, J. (2000). *Designing web usability: The practice of simplicity.* New Riders Publishing.

Park, J., & Lee, K. (2021). The economics of humanoid robot deployment in the service sector. *Technological Forecasting and Social Change, 163,* 120437.

Radford, A., Wu, J., Child, R., Luan, D., Amodei, D., & Sutskever, I. (2021). Language models are few-shot learners. *OpenAI Blog.* https://openai.com/blog/language-models/

Radu, I. (2014). Augmented reality in education: A meta-review and cross-media analysis. *Personal and ubiquitous computing, 18*(6), 1533-1543.

Rau, S. (2021). *Visualization for human-AI collaborative music composition.* Unpublished master's thesis. Stuttgart: Universität Stuttgart.

Rehak, B. R. (2004). Toward an archaeology of MIDI. In Cox, Christoph (Eds.), *Audio Culture: Readings in Modern Music* (pp. 393-405). NY: Continuum.

Roads, C. (1996). *The computer music tutorial*. MA: MIT press.

Ropez(dProgrammar) (2023). RNN, LSTM & GRU. Retrived on Dec. 22, 2023 from http://dprogrammer.org/rnn-lstm-gru

Sabin, J., Jones, P., & Nichols, P. (2014). Nonlinear systems-digital design and fabrication. *Architectural Design, 84*(2), 118-127.

Sag, M. (2023). Copyright safety for generative AI. *Houston Law Review, 61*(2),

295-347.

Sturm, B. L., Iglesias, M., Ben-Tal, O., Miron, M., & Gómez, E. (2019a). Artificial intelligence and music: Open questions of copyright law and engineering praxis. *In Arts*, *8*(3), 115.

Sturm, B. L., Santos, J. F., Ben-Tal, O., Korshunova, I., & Marchini, M. (2019b). Machine learning research that matters for music creation: A case study. *Journal of New Music Research*, *48*(1), 36-55.

Suh, M., Youngblom, E., Terry, M., & Cai, C. J. (May 07, 2021). AI as social glue: uncovering the roles of deep generative AI during social music composition. In Proceedings of the 2021 CHI conference on human factors in computing systems (pp. 1-11).

Suwajanakorn, S., Seitz, S. M., & Kemelmacher-Shlizerman, I. (2017). Synthesizing Obama: Learning lip sync from audio. *ACM Transactions on Graphics (ToG)*, *36*(4), 1-13.

Tang, Z., Yang, Z., Zhu, C., Zeng, M., & Bansal, M. (2023). Any-to-any generation via composable diffusion. https://codi-gen.github.io

Tigre-Moura, F., & Maw, C. (2021). Artificial intelligence became Beethoven: How do listeners and music professionals perceive artificially composed music?. *Journal of Consumer Marketing*, *38*(2), 137-146.

Yoon, Y., & Park, M. (2020). Artificial intelligence and elementary English education: Focusing on the status and development direction of chatbots. *Korean Elementary Education*, *31*, 77-90.

ALEKS 웹사이트: https://www.aleks.com/about_aleks

Carnegie Learning 웹사이트:
https://www.carnegielearning.com/blog/mathbook-is-here/

Ditch That Textbook 웹사이트: https://ditchthattextbook.com/

Smart Sparrow 웹사이트: https://www.smartsparrow.com/

Talking of teaching 웹사이트: https://blogs.nottingham.ac.uk/talkingofteaching/

Chapter 06

학업성취도 예측에서 통계분석과 머신러닝의 차이

신인수

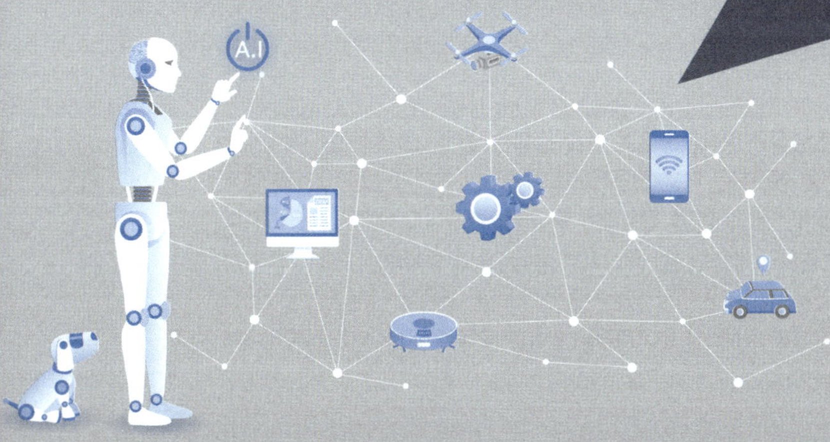

교육의 성과나 청소년 범죄를 예측하는 것은 매우 중요한 일이다. 학생들을 교육목적에 맞게 분류하고, 학업성취를 예측하는 데는 전통적으로 통계적인 분석기법들이 사용되었다. 최근에는 머신러닝 및 딥러닝 알고리즘을 활용하여 학생들을 분류하고, 학업성취를 예측하고 있다. 이 장에서는 전통적인 통계분석과 머신러닝 알고리즘이 학생들을 분류하고, 학업성취를 예측하는 데 있어서 어떠한 차이가 있는지를 살펴보고, 교육적 시사점을 탐색하고자 한다. 전통적인 통계분석과 머신러닝 알고리즘을 활용한 교육데이터 사이언스의 의미에 대해서도 이해하고 학습한다.

1. 교육데이터 분석과 머신러닝의 개요

머신러닝(machine learning)은 많은 양의 데이터를 바탕으로 한 학습을 통해 보다 나은 예측과 군집화를 수행하고 의사결정 전략을 내리기 위한 컴퓨터 알고리즘을 연구하는 인공지능(AI)의 한 분야이다(Hull, 2021; Jenga et al., 2023). 머신러닝이라는 용어는 1959년 IBM의 연구원이었던 아서 사무엘의 논문「Some Studies in Machine Learning Using the Game of Checkers」에서 처음으로 등장한 것으로, 컴퓨터 프로그램이 학습을 통해 주어진 과업을 수행할 수 있도록 하는 것을 의미한다고 할 수 있다(김의중, 2023)[1]. 머신러닝 개념이 등장하기 이전의 인공지능 연구에서는 인간이 정보처리와 관련된 규칙을 일일이 규정하여 직접 프로그래밍 언어로 코딩한 뒤 이를 컴퓨터에서 실행함으로써 의사결정을 내리는 규칙 기반(rule-based) 방법론이 주로 적용되었지만, 컴퓨터 성능의 비약적인 향상을 바탕으로 주어진 데이터를 활용해 기계가 스스로 학습을 수행하여 의사결정을 내리는 머신러닝이 발전하면서 인공지능 연구는 새로운 전환점을 맞이하게 되었다(백천현 외, 2023).

이러한 머신러닝은 데이터를 통한 학습이 수행되는 방식에 따라 크게 지도학습(supervised learning)과 비지도학습(unsupervised learning), 준지도학습(semi-supervised learning), 강화학습(reinforcement learning)으로 구분된다.[2]

1) 머신러닝에서 머신(machine)이란 프로그래밍이 가능한 컴퓨터를 말한다(김의중, 2023).
2) 준지도학습은 지도학습과 비지도학습의 교차점을 가리키는 용어로 두 학습 유형의 특징이 공존하는 분야이기 때문에 학자에 따라 준지도학습을 제외한 지도학습과 비지도학습, 강화학습의 세 가지 유형으로 머신러닝을 구분하기도 한다.

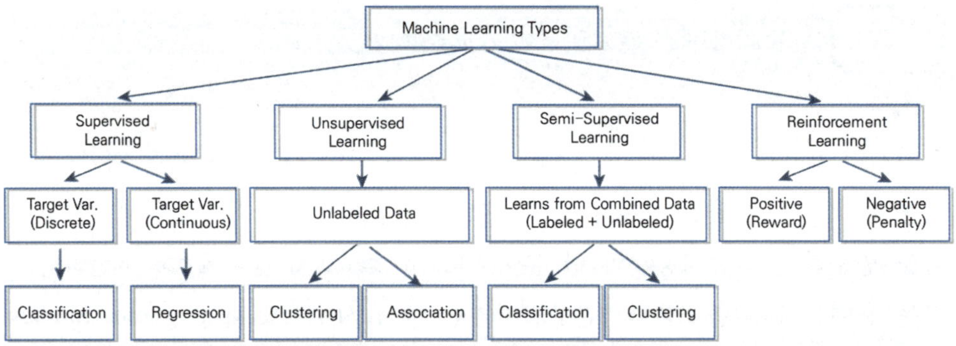

그림 6-1 머신러닝의 종류

출처: Sarker(2021)

1) 지도학습(supervised learning)

지도학습은 데이터와 데이터에 대한 설명(혹은 정답)인 레이블(label)의 쌍으로 구성된 데이터셋(dataset)을 통해 학습을 수행한 뒤, 주어진 데이터를 분류(classification)하거나 새로운 데이터에 대한 레이블을 예측(predict) 또는 추론(inference)하는 것을 주된 목적으로 한다(Burkov, 2019; Murphy, 2012; 김의중, 2023). 각각의 목적에 따른 지도학습 방법이 실생활에서 어떻게 사용되는지를 살펴보면 다음과 같다. 먼저 분류는 머신러닝에서 가장 넓게 사용되는 것으로 스팸 이메일을 분류하거나 이미지를 분류하는 것, 글씨를 인식하거나 사람의 얼굴을 검출하고 인식하는 데 사용된다(Murphy, 2012). 예측은 주식시장의 미래 변화를 예측하거나 의학적 진단에서 몸속의 특정 항원의 양을 예측하는 것, 날씨와 시간 데이터 등을 통해 건물 내 온도를 예측하는 데 사용되기도 한다(Murphy, 2012). 지도학습의 세부 유형으로는 회귀(regression)와 의사결정나무(decision tree), 랜덤포레스트(random forest), k-최근접이웃(kNN), 나이브베이즈(Naive-Bayes), 서포트벡터머신(SVM), 인공신경망(ANN) 등을 들 수 있다(Hull, 2021).

2) 비지도학습(unsupervised learning)

비지도학습은 레이블이 주어지지 않은 데이터셋을 통해 학습을 수행하는 방식으로, 데이터 내에서 의미 있는 결과를 탐색하고 패턴을 식별하여 군집화(clustering)를 수행하거나 데이터의 차원 축소(dimensionality reduction)를 수행하는 것을 목적으로 한다(Burkov, 2019; Hull, 2021; Murphy, 2012; 김의중, 2023). 데이터와 레이블 간의 관계를 학습하는 지도학습과는 달리 데이터 간의 관계를 학습하여 서로 관련 있는 데이터를 군집화하는 비지도학습은 데이터의 구조를 이해하는 데 도움을 준다(Glassner, 2021; Hull, 2021). 실생활에서 비지도학습은 온라인 공간에서 이용자가 특정 물건을 구입하거나 웹 서핑 동작을 수행하는 것을 바탕으로 이들을 군집화하여 이용자에게 특화된 광고를 제공하는 데 사용되거나 천문학이나 생물학 등에서 학술적 연구 목적 달성을 위해 사용되기도 하며, 자연어 처리(NLP)의 구문분석 등에 사용되기도 한다(Murphy, 2012). 이러한 비지도학습의 세부 유형으로는 K-평균(K-means), 밀도 기반 군집화(density-based clustering), 주성분 분석(PCA) 등을 들 수 있다(Hull, 2021; 김의중, 2023).

3) 준지도학습(semi-supervised learning)

준지도학습은 지도학습과 비지도학습의 교차점으로, 레이블이 주어진 데이터와 레이블이 주어지지 않은 데이터가 합쳐진 데이터셋을 함께 사용해 학습을 수행하는 방식을 말한다(Burkov, 2019; Hull, 2021). 준지도학습은 지도학습과 마찬가지로 예측을 목적으로 하며, 보다 효과적인 예측을 수행하는 모델을 찾기 위해 레이블이 주어지지 않은 데이터를 레이블이 주어진 데이터와 함께 활용한다(Burkov, 2019; Hull, 2021).

4) 강화학습(reinforcement learning)

강화학습은 기계가 특정한 환경하에서 스스로 작동하면서 변화하는 환경의 상태(state)를 인식해 그에 따른 상호작용으로서 일련의 결정(또는 동작)을 내리는 것을 학습하는 방식을 말한다(Burkov, 2019; Hull, 2021). 이 과정에서 기계는 각 결정에 따른 보상 또는 처벌을 피드백 받으며 보상을 최대화하는 방향으로 최적의 결정을 학습해 출력하게 된다(Burkov, 2019; Hull, 2021; Murphy, 2012; 김의중, 2023; 천인국, 2023). 시행착오를 통해 경험이 쌓이게 되면 기계는 점차적으로 더 나은 선택을 할 수 있게 된다(Glassner, 2021). 수년 전 세계적으로 큰 이목을 끌었던 알파고(AlphaGo)가 바로 이 강화학습을 기반으로 한 인공지능의 대표적인 예이다.

5) 인공지능의 강화학습과 교육심리학의 강화학습

강화를 통한 학습이라는 공통 원리를 공유하면서도 상당히 다른 맥락에서 적용되며 뚜렷한 특성을 가지고 있다. 먼저 유사점은 다음과 같다.

첫째, 강화 원칙: 둘 다 강화 개념을 학습의 핵심 메커니즘으로 사용한다. 보상(긍정적 강화)이든 처벌(부정적 강화)이든 강화는 학습자에게 피드백 역할을 한다.

둘째, 행동 수정: 두 분야 모두에서 강화의 목적은 원하는 행동이나 반응의 가능성을 높이는 것이다. 긍정적인 결과는 반복 행동을 장려하는 반면, 부정적인 결과는 반복 행동을 억제한다.

셋째, 시행착오 학습: 둘 다 어느 정도의 탐색이나 시행착오를 수반한다. 인간이든 인공 에이전트이든 학습자는 어떤 행동이 최상의 결과로 이어지는지 알아내기 위해 다양한 전략을 시도한다.

넷째, 시간에 따른 적응과 학습: 두 접근 방식 모두 시간이 지남에 따라 발생하는 학습을 포함한다. 학습자가 더 많은 강화 피드백을 받을수록 그들의 행동이나 전략은 더욱 세련되고 효과적이다.

두 접근의 차이점은 다음과 같다.

첫째, 상황 및 적용: AI 강화 학습은 기계 학습에 적용되며 디지털 환경과 상호 작용하여 의사 결정을 내릴 수 있도록 인공 에이전트를 교육하는 데 중점을 둔다. 게임 플레이, 로봇공학, 자율 시스템과 같은 다양한 애플리케이션에 사용된다. 하지만, 교육 심리학 강화 학습은 인간 학습에 관심이 있으며 실제 교육환경에 적용된다. 이는 학생들이 다양한 형태의 강화에 반응하여 학습하고 행동하는 방식을 이해하고 개선하는 데 사용된다.

둘째, 강화의 성격: AI 강화는 일반적으로 명확하고 정량화 가능한 보상 신호 또는 피드백(예: 게임의 포인트 또는 작업의 오류 감소)을 사용한다. 하지만, 교육 심리학에서 강화는 언어적 칭찬, 성적, 사회적 인정, 본질적인 만족 등을 포함하여 더욱 복잡하고 다양할 수 있다.

셋째, 학습환경의 복잡성: AI 환경은 일반적으로 특정 규칙과 매개변수를 사용하여 제어되고 시뮬레이션 된 설정이다. 교육 심리학에서 인간의 학습은 다양하고 통제되지 않으며 종종 예측할 수 없는 실제 환경에서 논의된다.

넷째, 학습 모델: AI는 수학적 모델과 알고리즘을 활용한다. 학습과정은 미리 정의된 특정 목표나 보상 기능의 최적화를 기반으로 한다. 하지만, 교육 심리학에서는 인지적, 정서적, 사회적 측면을 포함한다. 개인적, 문화적, 상황적 요소를 포함한 광범위한 요인의 영향을 받는다.

다섯째, 피드백 및 조정: AI에서 피드백은 즉각적이고 에이전트의 특정 작업과 직접적으로 연결된다. 적응 프로세스는 알고리즘을 기반으로 하며 데이터 기반이다. 하지만 교육 심리학에서 피드백은 즉각적이거나 지연될 수 있으며 항상 특정 조치와 직접적으로 연결되지 않을 수도 있다. 적응에는 복잡한 인지적, 정서적 처리가 포함된다.

두 가지 형태의 강화학습 모두 강화를 통한 학습 개념을 기반으로 하지만 적용, 강화의 성격, 학습이 이루어지는 환경은 현저히 다르다. AI 강화 학습은 정의된 매개변수 내에서 알고리즘 및 계산 학습에 중점을 두는 반면, 교육 심리학의 강화 학습은 더 광범위하고 복잡한 범위의 인간 학습 경험을 포괄한다.

6) 교육 데이터 분석에서 머신러닝의 발전과정

첫째, 초기 단계(1950년대-1960년대): 머신러닝의 시초는 컴퓨터 과학과 인공지능 분야의 초기 발전 단계와 함께 이루어졌다. 이 당시에는 주로 신경망 모델과 결정 트리와 같은 기본적인 머신러닝 알고리즘이 개발되었다.

둘째, 전통적인 머신러닝 기법(1970년대-1990년대): 1970년대와 1980년대에는 데이터 마이닝 및 패턴 인식과 관련된 여러 전통적인 머신러닝 기법들이 개발되었다. 이러한 기법들은 주로 통계학, 패턴 인식 및 최적화 이론에서 유래했다.

셋째, 지식 기반 시스템(1980년대-1990년대): 1980년대와 1990년대에는 지식 기반 시스템이라고 불리는 머신러닝 방법이 발전했다. 이 방법은 전문가 지식을 바탕으로 하는 시스템을 구축하여 문제를 해결했다.

넷째, 대규모 데이터와 딥러닝(2000년대 이후): 2000년대 이후에는 대규모 데이터의 활용과 딥러닝의 발전이 머신러닝 분야를 혁신적으로 변화시켰다. 딥러닝은 인공 신경망을 이용하여 복잡한 패턴을 학습하고 해석할 수 있는 강력한 도구로 자리 잡았다.

다섯째, 개인화 학습 및 학습분석(2010년대 이후): 최근 몇 년간, 개인화 학습 및 학습분석을 위한 머신러닝 기법의 발전이 주목받고 있다. 학습자의 특성과 상황을 고려하여 맞춤형 학습 경험을 제공하고, 학습과정을 분석하여 효율적인 교육 정책을 수립하는 데 사용된다.

7) 교육 데이터 분석에서 머신러닝의 활용분야

첫째, 개별 학습 경험의 개인화: 머신러닝은 학생들의 학습 스타일, 성과, 행동 패턴 등을 분석하여 개별 학습 경험을 개인화하는 데 사용된다. 학습자의 강점과 약점을 파악하여 맞춤형 학습경로를 제공하거나 개별적인 피드백을 제공함으로써 학습 효율성을 높일 수 있다.

둘째, 학습자 진단 및 예측: 머신러닝은 학습자의 학습 성과 및 행동을 분석하여 학습에 대한 진단을 내릴 수 있다. 또한 학습자의 미래 성과를 예측하여 조기 개입을 통해 학습자의 성과를 향상시키는 데 도움이 될 수 있다.

셋째, 학습 콘텐츠 및 교육 프로그램 개선: 머신러닝은 학습자의 피드백과 데이터를 기반으로 학습 콘텐츠 및 교육 프로그램을 개선하는 데 활용된다. 학습자들의 반응과 행동 데이터를 분석하여 적절한 콘텐츠를 제공하거나 교육 프로그램을 수정함으로써 학습효과를 향상시킬 수 있다.

넷째, 학습관리 및 의사 결정 지원: 머신러닝은 학습 관리자나 교사들에게 학습환경을 관리하고 의사 결정을 지원하는 데 도움이 된다. 예를 들어, 학습자의 진행 상황을 모니터링하고 개입이 필요한 경우 신속하게 대응할 수 있다.

2. 교육 분야에 사용되는 전통적 통계분석과 교육데이터 사이언스

전통적인 통계분석은 주요 변수들 간의 관계(특히 독립변수와 종속변수)에 관한 가설과 분석모델에 대한 여러 통계적 가정을 바탕으로 데이터에 대한 분석을 수행하는 반면, 머신러닝은 가설보다는 데이터 자체의 특성을 기반으로 더 적은 가정을 사용하여 분석모델을 도출한다(Grendas et al., 2022; Hull, 2021; Jenga et al., 2023). 전통적인 통계 방법은 교육 연구에서 데이터를 분석하고, 추론을 도출하고, 학업 성취도 및 기타 교육 결과에 대한 예측을 하기 위해 광범위하게 사용되고 있다.

1) 전통적인 통계분석의 종류

첫째, 기술통계: 평균, 중앙값, 최빈값 등은 데이터 세트의 일반적인 값을 요약하는 중심 경향의 측정값이다. 표준편차 및 분산은 평균을 중심으로 데이터 포인트의 분포와 변량을 설명한다.

둘째, T-테스트: 두 그룹의 평균 간에 유의미한 차이가 있는지 확인하는 데 사용된다. 예를 들어, 남학생과 여학생의 시험 점수를 비교한다.

셋째, ANOVA(분산 분석): 세 개 이상의 그룹 간의 평균을 비교하는 데 사용된다. 예를 들어, 다양한 교육 프로그램에서 학생들의 성과를 분석한다.

넷째, 카이제곱 검정: 관측된 분포가 우연에 의한 것일 가능성을 평가하기 위해 범주형 데이터에 사용된다. 예를 들어, 학생들이 선호하는 학습 스타일과 전공 사이에 유의미한 연관성이 있는지 조사한다.

다섯째, 상관관계 및 회귀분석: 피어슨 상관관계는 두 연속형 변수 간 관계의 강도와 방향을 측정한다. 단순선형회귀는 두 변수 사이의 선형 관계를 조사하여 다른 변수를 기반으로 한 변수를 예측할 수 있다. 다중 회귀 분석은 하나의 종속 변수와 두 개 이상의 독립변수 간의 관계를 탐색한다. 학업성취나 청소년 비행 등에 대한 다양한 요인의 영향을 평가하기 위한 교육 연구에 특히 유용하다.

여섯째, 요인 분석: 데이터 세트의 변수 간의 기본 관계를 식별하는 데 사용된다. 예를 들어, 설문조사 데이터를 기반으로 학생 참여의 다양한 측면을 식별하는 데 사용할 수 있다.

전통적인 통계 방법은 현장 교사 및 교육 연구자들에게 강력한 도구이다. 데이터 분석, 가설 검정 및 결론 도출을 위한 강력한 프레임워크를 제공한다. 그러나 통계 방법의 선택은 연구 질문, 데이터의 성격, 각 통계 기법의 기본 가정과 일치해야 한다는 점에 유의해야 한다. 교육 데이터가 더욱 복잡해지고 방대해짐에 따라 전통적인 통계 기법을 보완하기 위해 머신러닝 기술을 포함한 고급 방법의 통합이 점점 늘어나고 있다. 최근에는 학습과학이나 교육데이터 사이언스 분야 등이 각광 받고 있다.

2) 전통적인 통계분석의 문제점 및 한계

첫째, 선형 가정: 전통적인 통계분석은 종종 데이터가 선형적인 관계를 가진다고 가정한다. 그러나 교육 데이터는 종종 복잡하고 비선형적인 패턴을 포함할 수 있으며, 이러한 경우에는 선형 모델이 부적절할 수 있다.

둘째, 고차원 데이터: 교육 분야의 데이터는 종종 다차원적이고 많은 변수를 포함한다. 이러한 고차원 데이터를 다루는 데 전통적인 통계분석 기법은 한계가 있을 수 있다. 변수 선택, 다중공선성 등의 문제가 발생할 수 있다.

셋째, 가정(assumption): 전통적인 통계분석에서는 종종 특정 가정이 데이터에 적합한지 여부에 대한 검토가 필요하다. 이러한 가정이 충족되지 못할 경우 분석 결과가 타당하지 않을 수 있다.

넷째, 비선형 관계 및 상호작용: 교육 데이터에서는 변수 간의 비선형 관계나 상호작용이 중요한 경우가 많다. 이러한 복잡한 관계를 고려하지 않을 경우 분석 결과가 부정확할 수 있다.

다섯째, 모델의 제한성: 전통적인 통계 모델은 종종 모델의 복잡성이 제한될 수 있다. 따라서 데이터의 복잡한 패턴을 잘 설명하지 못할 수 있다.

여섯째, 데이터 전처리의 한계: 교육 데이터는 종종 불완전하거나 노이즈가 많을 수 있다. 전통적인 통계분석에서는 이러한 데이터의 전처리가 어려울 수 있다.

이러한 한계와 문제점은 전통적인 통계분석이 교육 데이터를 다루는 데 부딪히는 주요 도전과 고려 사항이라고 할 수 있다. 이러한 한계를 극복하고 보완하기 위해 머신러닝 및 딥러닝과 같은 현대적인 데이터 분석 기법이 교육 분야에 도입되고 있다.

3) 교육데이터 사이언스의 등장

첫째, 통계분석과 머신러닝: 통계분석과 머신러닝은 모두 데이터를 분석하여 패턴을 발견하고 예측하는 데 사용된다. 그러나 접근 방식은 다르다. 통계분석은 주로 확률적인 모델을 사용하여 데이터를 설명하고 예측하지만, 머신러닝은 주어진 데이터를 기반으로 패턴을 학습하고 예측하기 위해 다양한 알고리즘과 기술을 사용한다.

둘째, 교육 데이터 과학과 머신러닝/통계분석: 교육 데이터 과학은 교육 분야에서 데이터를 분석하여 학습과 교육에 관한 인사이트를 얻는 것을 목표로 한다. 학습자의 특성, 학습경로, 성과 등을 이해하고 개인화된 학습 경험을 제공한다. 교육 데이터 과학은 통계분석과 머신러닝 기술을 사용하여 데이터를 분석하고 모델을 개발한다.

셋째, 상호 보완적 관계: 통계분석과 머신러닝은 교육 데이터 과학에서 상호 보완적으로 사용될 수 있다. 통계분석은 교육 데이터의 패턴을 이해하고 설명하고, 머신러닝은 더 복잡한 패턴을 발견하고 예측하는 데 사용될 수 있다. 통계분석과 머신러닝 알고리즘을 함께 사용함으로써 교육 데이터 과학은 보다 풍부하고 유용한 결과를 얻을 수 있다. 통계분석, 머신러닝, 그리고 교육

데이터 과학은 서로 관련이 있으며, 현대의 데이터 중심적인 접근 방식을 촉진하고 교육 분야에서 데이터 기반의 의사 결정을 지원하고 있다.

4) 교육데이터 사이언스의 역사적 발전과정

첫째, 데이터 수집과 기술 발전(2000년대 이전): 2000년대 이전에는 교육 분야에서 데이터 수집 및 분석이 주로 수동적이었다. 대부분의 교육 데이터는 학생 성적, 출결, 시험 결과 등을 포함하는 관리 시스템에서 추출되었다. 데이터 과학과 관련된 기술이 발전하기 시작했지만, 교육 분야에 적용된 경우는 제한적이었다.

둘째, 데이터 과학 및 머신러닝의 부상(2000년대 후반 - 2010년대 초반): 2000년대 후반부터는 데이터 과학과 머신러닝 기술의 발전이 빠르게 진행되었다. 대용량 데이터 처리 기술 및 머신러닝 알고리즘의 발전이 교육 분야에서도 주목받기 시작했다. 학생들의 학습 패턴을 분석하고 예측하기 위한 연구가 활발해지면서 교육 데이터 과학 분야가 형성되기 시작했다.

셋째, 교육 데이터 과학의 부상(2010년대 중반 - 현재): 2010년대 중반 이후, 교육 데이터 과학이 더욱 발전하고 성장하였다. 학교, 대학, 교육 기관 등에서 데이터 분석 및 머신러닝을 활용한 프로젝트와 연구가 증가하였다. 많은 교육 기관에서는 학습분석 및 개인화 학습을 위해 데이터 과학 팀을 구축하고 교육 데이터 과학자를 채용하는 추세이다. 교육 데이터 과학의 활용은 학습자의 학습 경험을 개선하고 교육의 효율성을 높이는 데 큰 역할을 하고 있다.

넷째, 미래 전망: 미래에는 교육 데이터 과학이 더욱 중요해질 전망이다. 학습분석, 학습자 진단, 개인화 학습, 교육 정책의 개선 등 다양한 분야에서 데이터 과학의 활용이 더욱 확대될 것으로 예상된다. 또한, 인공지능 및 딥러닝과 같은 최신 기술의 발전과 함께 교육 데이터 과학이 더욱 발전할 것이다. 교육 데이터 과학은 최근 몇 년간 꾸준히 발전해 온 비교적 새로운 분야이며, 미래에는 더욱 중요한 역할을 할 것이다.

3. 교육 분야에서 사용되는 머신러닝 알고리즘

1) 분류 및 클러스터링

학습 행동이나 성과를 기준으로 학생을 그룹화하고 성적이나 중퇴 위험과 같은 결과를 예측하는 데 사용된다.

첫째, 분류(Classification)

① **로지스틱 회귀**(Logistic Regression): 학생들의 성적을 예측하거나 학업 성과를 분류하는 데 사용될 수 있다. 학업 성적을 기반으로 학생들을 합격/불합격으로 분류하는 데에 활용될 수 있다.

② **결정 트리**(Decision Trees): 학생들의 행동 패턴을 기반으로 학업 성과를 예측하거나 학습자 그룹을 분류하는 데 사용될 수 있다.

③ **서포트 벡터 머신**(Support Vector Machine, SVM): 학업 성과를 예측하거나 학습자의 행동을 분류하는 데 사용될 수 있다. SVM은 다양한 학습자 그룹을 분류하거나 학업 성과를 예측하는 데에 효과적이다.

둘째, 클러스터링(Clustering)

① **K-평균**(K-Means): 학생들의 학습 스타일이나 성적 패턴을 기반으로 유사한 학습자 그룹을 형성하는 데 사용될 수 있다. 교육자는 각 그룹에 맞춤형 학습 경험을 제공할 수 있다.

② **계층적 클러스터링**(Hierarchical Clustering): 학생들의 학습 성과나 행동 패턴에 따라 계층적인 클러스터를 형성하여 학생 그룹을 분류하는 데 사용될 수 있다.

머신러닝 알고리즘들은 교육 분야에서 학습자 그룹화, 학업 성과 예측, 개별화된 학습 경험 제공 등 다양한 목적으로 활용될 수 있다. 머신러닝 알고리즘들을 학습하고 이해함으로써 교육 분야에서 데이터 기반 의사 결정에 활용할 수 있다.

2) 자연어 처리(NLP)

자동 에세이 채점, 피드백 시스템, 학생 피드백 감정 분석에 적용된다.

첫째, 머신러닝 알고리즘

① **나이브 베이즈**(Naive Bayes): 텍스트 분류 및 감성 분석과 같은 작업에서 효과적으로 사용된다. 각 단어의 등장 빈도와 문서 내에서의 위치를 고려하여 문서의 분류를 예측한다.

② **서포트 벡터 머신**(Support Vector Machine, SVM): 텍스트 분류와 특성 추출에서 사용된다. SVM은 텍스트 분류 작업에서 선형 및 비선형 결정 경계를 찾아내는 데에 사용된다.

③ **k-최근접이웃**(k-Nearest Neighbors, k-NN): 텍스트 분류 및 특성 추출에 사용된다. 특히, 비슷한 텍스트 문서들을 찾아내는 데에 활용될 수 있다.

둘째, 딥러닝 알고리즘

① **순환 신경망**(Recurrent Neural Networks, RNNs): 순서가 있는 데이터(시계열 데이터, 문장 등)를 처리하는 데 사용된다. 텍스트 생성, 감성 분석, 기계 번역 등에 활용된다.

② **임베딩**(Embedding): 단어를 벡터 공간에 매핑하는 기술로, 단어의 의미와 관계를 반영하는 임베딩 벡터를 학습한다. 단어 임베딩을 사용하여 자연어 처리 모델의 성능을 향상시킨다.

③ **트랜스포머**(Transformer): 최근에 등장한 딥러닝 아키텍처로, 자연어 처리에서 기계 번역, 요약, 질문 응답 등의 작업에 사용된다. 트랜스포머는 어텐션 메커니즘을 기반으로 하며, 긴 시퀀스 데이터를 처리하는 데 효과적이다.

3) 추천 시스템

학습자의 선호도와 과거 행동을 기반으로 학습자에게 리소스, 강좌 또는 활동을 제안하는 데 사용된다.

첫째, 신경망 기반 추천 시스템(Neural Network-Based Recommender Systems): 사용자의 행동 데이터나 아이템의 콘텐츠를 입력으로 받아 다양한 신경망 구조를 사용하여 사용자에게 맞춤형 추천을 제공한다. 예를 들어, 사용자-아이템 행렬을 입력으로 받아서 잠재 요인을 학습하는 오토인코더(Autoencoder) 기반 추천 시스템이 있다.

둘째, 시퀀스 모델(Sequence Models): 사용자의 시간적인 변화나 행동의 시퀀스를 고려하여 추천을 수행하는 모델이다. LSTM(Long Short-Term Memory)이나 GRU(Gated Recurrent Unit)와 같은 시퀀스 모델을 사용하여 사용자의 시간적인 행동 패턴을 고려한 추천을 수행할 수 있다.

4) 딥러닝

언어 학습 앱의 음성 인식 또는 시각적 데이터 분석과 같은 복잡한 작업에 사용되어 온라인 과정 중 학생 참여를 이해한다.

① **순환 신경망**(RNN, Recurrent Neural Networks): 순서가 있는 데이터(예: 시계열 데이터, 자연어)를 처리하는 데 사용된다. 감성 분석, 기계 번역, 텍스트 생성 등의 자연어 처리 작업에 활용되고, 이전 시간 단계의 출력을 현재 시간 단계의 입력으로 사용하여 순환적인 구조를 가진다.

② **합성곱 신경망**(CNN, Convolutional Neural Networks): 주로 이미지 분석에 사용되며, 지역적인 패턴을 감지하여 전체 이미지를 분류한다. 이미지 분류, 객체 탐지, 이미지 생성 등의 작업에 활용되고, 합성곱 계층과 풀링 계층을 통해 특징을 추출하고 분류한다.

③ **트랜스포머**(Transformer): 자연어 처리를 위한 딥러닝 아키텍처로, 어텐션 메커니즘을 중심으로 구성된다. 기계 번역, 요약, 질문 응답 등의 자연어 처리 작업에 사용되고, 시퀀스 데이터를 다루는 데 효과적이며, 멀티헤

드 어텐션을 사용하여 단어 간의 의존 관계를 모델링한다.

④ 오토인코더(Autoencoder): 입력 데이터를 잠재 공간으로 인코딩하고, 다시 디코딩하여 입력 데이터를 재구성하는 신경망 구조이다. 데이터 압축, 특성 추출, 노이즈 제거 등의 작업에 사용되고, 입력과 출력이 동일한 구조를 가지며, 중간의 잠재 공간은 데이터의 특성을 학습하는 데 사용된다.

⑤ 강화학습(Reinforcement Learning): 에이전트가 환경과 상호작용하여 보상을 최대화하는 방향으로 학습하는 방법이다. 게임 플레이, 로봇 제어, 자율 주행 등의 작업에 사용되고, 시행착오를 통해 학습하며, 보상을 최대화하는 정책을 학습한다.

5) 교육 분야에서 ML의 미래

교육 분야에서 ML의 미래는 보다 적응력 있고 반응성이 뛰어나며 개인화된 학습 경험을 만드는 데 맞춰져 있다. 학습과정을 더 잘 이해하고, 교육 성과를 향상시키며, 학습자의 다양한 요구사항을 해결하기 위해 고급 AI 및 ML 기술을 사용하는 방법을 모색하고 있다. 그러나 교육에 ML을 성공적으로 통합하려면 데이터 개인 정보 보호, 윤리적 고려 사항과 관련된 문제를 해결하고 기술이 교육 및 학습의 필수 인간 요소를 대체하는 것이 아니라 강화하도록 보장하는 것도 중요하다.

4. 교육 분야에서 사용되는 전통적 통계분석과 머신러닝 알고리즘의 철학적, 방법론적, 활용상 차이

1) 철학적 차이

첫째, 전통적인 통계: 주로 추론, 즉 표본을 기반으로 인구에 대한 예측을 하고 이러한 예측의 신뢰성을 결정하는 것과 관련이 있다. 연역적인 접근을 주로 한다. 가설이나 이론으로 시작하여 통계 테스트를 사용하여 이를 확인하거나 반박하는 경우가 많다. 통계적 방법은 데이터 분포, 분산 등에 대한 가정을 기반으로 한다. 결과의 타당성은 데이터 가정의 충족 여부에 달려 있다. 통계적 분석에서는 이론적 가정을 기반으로 사전에 설정된 가설을 검정하는데, 가설은 주로 연구자나 분석가에 의해 사전에 세워진 것이며, 데이터를 통해 이 가설을 검정하고 결론을 도출한다. 통계적 분석에서는 사전 지식이 중요한 역할을 하는데, 가설을 설정하고 분석을 진행할 때, 해당 분야에 대한 이론적 지식과 과거 연구 결과를 고려하여 가설을 세우게 된다. 따라서 전통적인 통계분석을 활용할 때는 전공지식과 함께 선행연구에 대한 충분한 검토, 분석이 요구된다.

둘째, 머신러닝: 주로 정확한 예측을 하는 데 중점을 둔다. 예측이 이루어진 이유를 이해하는 것은 종종 부차적이고, 데이터 기반 모델이다. ML은 특정 가설을 테스트하기보다는 주어진 데이터세트에 대한 모델 성능에 더 관심이 있다. 통계적 방법과는 달리 최소한의 가정만 요구한다. ML 알고리즘은 데이터 구조에 대해 더 적은 가정을 하는 경우가 많다. 변수 간의 복잡하고 비선형적인 관계와 상호 작용을 처리할 수 있다. 머신러닝은 데이터로부터 패턴을 발견하고 모델을 학습하는 귀납적인 방식을 사용한다. 데이터에서 발견된 패턴을 기반으로 모델을 구축하고 예측을 수행한다. 머신러닝에서는 데이터가 중심이 되며, 이론적인 가정에 의존하지 않고 데이터로부터 직접적으로 학습된다. 사전 지식보다는 데이터의 양과 품질이 중요하다. 빅데이터가 필요하고 컴퓨팅 파워가 요청되는 이유이다.

전통적인 통계분석은 주로 수학적인 이론과 통계학의 원리에 근거하여 발전해 왔다. 데이터를 통해 인과 관계를 해석하고 판단하는 과정을 강조한다. 반면에 머신러닝 알고리즘은 컴퓨터 과학 및 인공 지능 분야에서 비롯되었으며, 주로 데이터에서 패턴을 탐색하고 예측하는 데 중점을 둔다. 전통적인 통계분석에서는 보통 사전에 정의된 모델을 사용하고, 변수 간의 관계를 해석 가능한 방식으로 모델링한다. 반면에 머신러닝은 종종 유연하고 비선형적인 모델을 사용하며, 데이터로부터 모델을 자동으로 학습하고 최적화한다. 이로 인해 머신러닝 모델은 종종 해석이 어렵고 블랙박스로 여겨질 수 있다. 최근 인공지능 공학 분야에서는 설명 가능한 인공지능에 대해 연구하고 있다.

2) 방법론적 차이

통계 모델은 종종 단순성과 해석 가능성을 강조한다. 모델은 일반적으로 선형이거나 변수 간의 관계를 직접적으로 이해할 수 있는 변환을 포함한다. 많은 통계 방법은 데이터 크기에 따라 결정되는 고정된 수의 독립변수를 포함하고 특정 가정(예: 정규성)을 충족하는 데이터에 크게 의존하는 모수적 방법이다. 일반화를 위해 적절한 표본 크기를 결정하기 위해 계산이 필요한 경우가 많다.

반면에 ML 모델, 특히 딥러닝 모델은 매우 복잡할 수 있으며("블랙박스") 쉽게 해석할 수 있도록 설계되지 않았다. ML은 훨씬 더 많은 수의 매개변수를 처리할 수 있으며 많은 알고리즘은 비모수적이다. 즉, 특정 데이터 분포를 가정하지 않고 데이터 크기에 따라 확장할 수 있다. ML 알고리즘은 제대로 작동하려면 대규모 데이터 세트가 필요한 경우가 많으며 기존 통계의 기본인 이론적 샘플 크기 계산에는 관심이 덜하다.

3) 모델 선택

첫째, 모델 선택: 가설 기반 vs. 데이터 기반－통계분석은 보통 사전에 가설을 설정하고 해당 가설을 검정하는 데 중점을 둔다. 통계 모델을 선택할 때는 이 가설을 테스트하는 데 적합한 모델을 선택하게 되지만, 머신러닝 알고리즘은 데이터 기반의 접근 방식이다. 즉, 주어진 데이터로부터 패턴을 학습하고 모델을 구축한다. 머신러닝에서 모델 선택은 데이터와 문제의 특성에 기반하여 이루어지며, 특별한 사전 가정 없이 다양한 모델을 탐색할 수 있다.

둘째, 모델 복잡성: 통계 모델은 주로 간단하고 해석 가능한 모델을 선호한다. 가설 검정과 모델의 해석 가능성을 고려하기 때문이다. 반면에 머신러닝 모델은 종종 더 복잡한 모델을 사용한다. 빅데이터로부터 더 정확한 예측을 얻기 위해 유연한 모델이 필요하기 때문이다. 머신러닝에서는 모델의 복잡성과 성능 사이의 균형을 고려하여 모델을 선택한다.

4) 일반화 vs. 해석 가능성

통계모델은 주로 일반화 가능성과 해석 가능성을 균형 있게 고려하여 선택한다. 모델의 결과를 이해하고 해석하기 위해 중요하기 때문이다. 머신러닝에서는 일반화 성능을 최적화하는 것이 주요 목표이고, 모델의 해석 가능성은 부차적인 고려 사항일 수 있다. 다만, 최근의 머신러닝 및 딥러닝에서는 해석 가능한 모델 개발에 대해 연구 중이며, 관심이 많다. 통계분석에서 모델 선택은 가설 검정과 해석 가능성을 중심으로 이루어지며, 일반적으로 간단하고 해석 가능한 모델을 선호한다. 머신러닝에서는 데이터 기반의 접근 방식을 취하며, 일반화 성능을 최적화하기 위해 더 복잡한 모델을 탐색하며, 해석 가능성은 상대적으로 부차적인 고려 사항이다.

5) 데이터에 대한 가정, 데이터 전처리 및 강인성

첫째, 가정의 유무: 통계분석은 보통 모델을 구축할 때 데이터에 대한 명확한 가정을 세우고, 해당 가정이 데이터에 적용될 수 있는지를 확인한다. 통계분석에서 가정은 주로 데이터의 분포, 독립성, 등분산성 등과 관련되어 있다. 머신러닝 알고리즘은 데이터에 대한 가정을 크게 의존하지 않는다. 데이터로부터 패턴을 학습하여 모델을 구축하며, 주어진 문제를 해결하는 데 주목적이 있다.

둘째, 데이터 전처리: 통계분석에서는 데이터의 가정을 충족시키기 위해 종종 데이터 전처리가 필요하다. 이상치 처리, 결측치 처리, 데이터 정규화 등의 작업이 수행될 수 있다. 머신러닝에서는 데이터의 가정을 최소화하기 때문에 종종 데이터의 전처리 과정이 상대적으로 단순하다. 머신러닝에서도 정규화 등 가정을 준수하도록 데이터를 전처리하기도 한다.

셋째, 모델의 강인성: 통계모델은 종종 데이터의 가정을 충족하지 못할 경우 예측 성능이 크게 저하될 수 있다. 통계모델은 데이터의 가정에 상당히 민감하다. 머신러닝 알고리즘은 종종 데이터의 가정을 무시하고도 상당한 예측 성능을 보일 수 있다. 머신러닝 알고리즘이 데이터의 복잡한 패턴을 학습할 수 있는 능력이 있기 때문이다. 통계분석은 데이터에 대한 명시적인 가정을 세우고, 해당 가정을 충족시키는 데 필요한 데이터 전처리가 요구된다. 머신러닝 알고리즘은 데이터 분포에 관한 가정을 최소화하고, 데이터로부터 패턴을 학습하여 모델을 구축하여 데이터로부터 학습하는 데 목적이 있다.

6) 확장성

첫째, 모델 복잡성과 유연성: 통계분석에서는 간단하고 해석 가능한 모델을 사용하는 경향이 있다. 모델의 복잡성을 제한하고, 데이터에 내재된 패턴을 해석 가능한 형태로 추론하기 위함이다. 머신러닝 알고리즘은 주로 복잡하고 유연한 모델을 사용한다. 머신러닝이 대용량의 데이터에서 미세한 패턴을 발견하고 다양한 유형의 문제에 대응할 수 있는 능력을 가지고 있기 때문이다.

둘째, 학습 시간과 자원 요구: 통계분석에서는 일반적으로 간단한 모델을 사용하기 때문에 학습 시간과 자원 요구가 비교적 적고, 이는 모델의 확장성을 제한할 수 있다. 머신러닝 알고리즘은 종종 복잡한 모델을 사용하고 대용량의 데이터를 처리해야 하기 때문에 학습 시간과 자원 요구가 더 많을 수 있다. 그러나 최근에는 대규모 분산 학습 및 GPU 가속화와 같은 기술이 발전하면서 이러한 문제를 완화하는 방법이 개발되고 있다.

셋째, 적용 범위와 일반화: 통계분석은 주로 특정 가정하에서의 추론에 중점을 둔다. 특정 가정이 충족되지 않는 경우 모델의 성능이 저하될 수 있다. 머신러닝 알고리즘은 데이터 기반으로 모델을 학습하기 때문에 더 넓은 범위의 문제에 대응할 수 있다. 머신러닝 모델도 과적합이나 일반화 문제와 같은 문제 및 도전에 직면할 수 있다.

통계분석은 주로 해석 가능성과 모델의 간결성을 중시하는 분석에 사용되고, 머신러닝은 대규모 데이터셋과 복잡한 문제에 대응하는 데 사용되므로 교육 분야에서 의사결정의 목적에 비추어 분석기법을 선택해야 한다.

7) 결과해석

첫째, 인과관계 추론: 통계분석은 종종 인과관계를 추론하는 데 목적이 있다. 통계적 가설 검정을 통해 변수 간의 인과 관계를 파악하고 결과를 해석한다. 머신러닝 알고리즘은 주로 예측에 중점을 두기 때문에 인과 관계를 추론하는 데 직접적으로 사용되지는 않는다. 머신러닝 모델의 예측 결과를 통해 특정 변수가 결과에 미치는 영향을 간접적으로 파악할 수 있다.

둘째, 해석 가능성: 통계분석에서는 결과를 해석하기 위해 종종 모델의 계수, p-value 등의 통계적 지표를 활용한다. 통계적 지표를 통해 변수 간의 관계를 이해하고 결과를 설명한다. 머신러닝 알고리즘은 블랙박스 모델로 간주되며, 모델 내부의 결정 과정을 해석하기 어려울 수 있다. 최근에는 해석 가능한 머신러닝 모델과 결과 해석 기법이 연구되고 있다.

셋째, 일반화 가능성: 통계분석 결과는 종종 표본 집단에 대한 일반화 가능성을 강조한다. 샘플링된 데이터를 통해 전체 모집단에 대한 추론을 한다. 머신러닝 알고리즘은 주로 학습 데이터에 대한 예측 성능을 최적화하는 데 중점을 두며, 특히 과적합을 방지하고 일반화 성능을 향상시키는 것에 관심이 있다.

넷째, 결과 해석의 복잡성: 통계분석은 통계적인 지표와 분석 결과를 통해 결과를 해석하는 데 비교적 직관적이다. 머신러닝 알고리즘의 결과 해석은 종종 모델의 복잡성과 해석 가능성의 한계로 인해 어려울 수 있다. 최근에는 해석 가능한 머신러닝 모델과 결과 해석 기법이 발전하면서 이러한 어려움을 극복하는 노력 및 연구가 수행되고 있다.

교육 데이터 분석에서 전통적인 통계 방법과 기계 학습 기술 사이의 선택은 연구 질문, 데이터 세트의 성격과 크기, 분석의 특정 목표(예: 설명 대 예측)에 따라 결정되어야 한다. 각 접근 방식의 철학적, 방법론적 기반을 이해하면 연구자와 실무자가 정보에 입각한 결정을 내리고 두 접근의 장점을 활용할 수 있다.

8) 데이터 개인 정보 보호

첫째, 데이터 사용 목적: 통계분석은 데이터를 사용하여 특정 가설을 검정하거나 인사이트를 도출하기 위해 데이터를 분석한다. 데이터 분석은 통계적인 의미를 가지며, 개인 식별 정보의 보호가 상대적으로 더 용이할 수 있다. 머신러닝 알고리즘은 데이터로부터 패턴을 학습하고 예측하기 위해 사용되는데, 보다 개인화된 모델을 만들기 위해 개인 식별 정보에 대한 접근성을 필요로 한다.

둘째, 데이터 유형 및 민감성: 통계분석에서는 적은 수의 변수 및 간단한 데이터 유형을 다루는 경우가 많다. 따라서 데이터의 민감성을 관리하기가 더 쉽다. 머신러닝 알고리즘은 대규모의 다양한 유형의 데이터를 다루며, 개인 식별 정보를 보호하는 데 더욱 신경 써야 한다.

셋째, 모델의 해석 가능성: 통계분석에서는 모델의 해석 가능성을 매우 중요시한다. 선행연구분석을 토대로 간단하고 해석 가능한 모델을 사용하는 경향이 있다. 결과를 보다 명확하게 해석하고, 개인 식별 정보를 포함한 데이터의 민감성을 줄일 수 있다. 머신러닝 알고리즘은 복잡하고 블랙박스 형태의 모델을 사용하는데, 모델의 결과를 해석하기 어렵게 하고, 개인 정보 보호의 측면에서 어려울 수 있다.

넷째, 데이터 노출 가능성: 머신러닝 모델을 학습시키기 위해서는 대규모의 데이터가 필요하고, 데이터에는 종종 개인정보가 포함되어 있을 수 있다. 모델에 제공하는 과정에서 개인정보의 노출이 발생할 수 있다.

통계분석은 보다 간단하고 해석 가능한 모델을 사용하며, 데이터의 민감성을 관리하는 데 상대적으로 더 효과적일 수 있다. 머신러닝 알고리즘은 보다 복잡하고 개인화된 모델을 만들기 위해 더 많은 데이터 접근성이 필요하며, 이는 개인 정보 보호의 측면에서 보다 신중한 접근이 요구된다.

9) 윤리적 문제

첫째, 알고리즘의 투명성과 해석 가능성: 통계분석은 주로 간단하고 해석 가능한 모델을 사용하는 경향이 있어서 모델의 결과와 결정 과정을 이해하고 해석하기 쉽다. 결과를 검증하고 예측의 타당성을 평가하는 데 도움이 될 수 있다. 머신러닝 알고리즘은 종종 복잡하고 블랙박스 형태의 모델을 사용하는데, 이는 모델의 결과를 이해하기 어렵게 만들고 예측에 대한 타당성을 보장하기 어려울 수 있다. 투명성 부족은 머신러닝 모델이 내재한 편견이나 오류를 식별하고 수정하는 것을 어렵게 할 수 있다.

둘째, 데이터의 사용 목적: 통계분석은 주로 가설 검정이나 인사이트 도출을 위해 사용되며, 데이터의 사용 목적이 명확하다. 머신러닝 알고리즘은 예측이나 분류 등의 의사결정에 사용되는데, 데이터의 사용이 보다 개인화되고 영향력이 더 큰 결정에 영향을 미칠 수 있다.

셋째, 모델의 편향과 공정성: 통계분석에서도 모델의 편향과 공정성은 중요한 문제다. 그러나 머신러닝 알고리즘은 데이터로부터 모델을 학습하므로 학습 데이터에 내재된 편향이 모델에 반영될 수 있다. 머신러닝 모델은 특정 그룹이나 개인에 대한 공정하지 않은 예측을 할 수 있다. 인종, 성별, 사회 경제적 지위 등과 관련된 편향을 갖게 될 수 있다.

넷째, 예측의 영향력: 머신러닝 알고리즘이 사회적인 예측이나 의사결정에 사용될 때, 그 결과가 개인 또는 집단의 삶에 큰 영향을 줄 수 있다. 예측의 정확성과 공정성이 중요한 윤리적 고려 사항이 된다.

통계분석과 머신러닝 알고리즘은 각각 투명성, 데이터 사용 목적, 모델의 편향과 공정성, 예측의 영향력 등의 다양한 윤리적 문제를 다르게 다룬다. 두 분야 모두 데이터 및 모델의 사용에 대한 윤리적 고려 사항을 고려해야 한다.

10) 도메인 지식의 필요성

첫째, 통계분석의 도메인 지식: 통계분석에서는 해당 분야에 대한 전문 지식이 필요하다. 데이터의 특성과 변수 간의 관계에 대한 이해가 필요하며, 통계적 기법을 적용하고 결과를 해석하는 데 도메인 지식이 중요하다. 의료 분야에서 통계분석을 수행할 때 의학적인 지식이 필요하며, 경제학적 데이터를 분석할 때는 경제학에 대한 이해가 필요하다.

둘째, 머신러닝 알고리즘의 도메인 지식: 머신러닝에서도 도메인 지식은 중요하다. 머신러닝은 주로 데이터로부터 패턴을 학습하는 데 중점을 둔다. 따라서 특정 분야에 대한 전문 지식보다는 데이터의 특성을 이해하고 모델을 구축하고 평가하는 데 필요한 기술적 지식이 더 중요할 수 있다. 머신러닝에서는 데이터 전처리, 특징 선택, 모델 선택 등의 기술적인 측면에 대한 이해가 필요하다.

셋째, 모델의 해석과 해석력: 통계분석에서는 주로 간단하고 해석 가능한 모델을 사용하는 경향이 있으며, 이는 도메인 지식을 바탕으로 결과를 해석하는 데 도움이 된다. 머신러닝 알고리즘은 종종 복잡한 블랙박스 모델을 사용하고 이를 해석하기 어려울 수 있다. 머신러닝에서는 모델의 결과를 해석하고 신뢰할 수 있도록 도메인 지식이 부족할 때도 해석 가능한 기술을 사용하는 데 중점을 둘 수 있다.

통계분석과 머신러닝 알고리즘 모두 도메인 지식의 중요성을 인정하지만, 각각의 방법론에서의 도메인 지식의 역할은 다를 수 있다. 통계분석은 결과를 해석하는 데 도메인 지식이 더 중요할 수 있으며, 머신러닝은 데이터의 특성과 기술적인 측면에 대한 이해가 더 중요할 수 있다.

11) 교육데이터 사이언스(educational data science)의 등장과 활용

데이터 과학(data science)의 원칙과 기술을 교육 분야에 적용하여 교육 시스템을 분석하고 개선하는 학문 분야이다. 교육과학, 정보기술, 통계학 등의 다양한 학문 분야를 융합하여 교육에 관련된 데이터를 수집, 분석, 해석하여 의사결정에 활용한다. 교육데이터 사이언스의 목표는 다음과 같다.

첫째, 학습분석: 학습자의 행동과 성과를 추적하고 분석하여 학습 프로세스를 이해하고 개선한다.

둘째, 개별화된 학습: 개별 학습자의 특성과 요구에 맞춘 맞춤형 교육을 제공하기 위해 데이터를 활용한다.

셋째, 학습자 지원 시스템: 학습자들이 학습과정에서 발생하는 어려움을 식별하고 학습자 지원 시스템을 개발하여 개별적으로 지원한다.

넷째, 교사 지원: 교사들의 수업을 분석하고 개선하기 위해 데이터를 활용하여 교사들에게 지원을 제공한다.

다섯째, 정책 및 의사결정: 교육 정책과 의사결정을 지원하기 위해 데이터를 분석하여 교육 시스템의 효율성과 효과성을 평가하고 개선한다.

교육데이터 사이언스는 학습과 교육에 대한 이해를 높이고 학습자들의 성공을 증진시키는 데 기여한다. 교육데이터 사이언스는 통계분석과 머신러닝 기술을 사용하여 교육 데이터를 분석하고 교육 시스템을 개선하는 데 중점을 둔다. 데이터 기반의 의사결정을 통해 학습자의 성과를 향상시키고 교육 시스템을 최적화하는 것을 목표로 한다. 교육데이터 사이언스는 통계분석의 기법을 활용하여 데이터를 탐색하고 머신러닝 알고리즘을 적용하여 예측 모델을 구축하고 학습자에게 맞춤형 지원을 제공하는 등 다양한 방식으로 활용될 수 있다.

5. 교육 분야에서의 전통적인 통계분석 및 머신러닝 활용 사례

교육학 분야에서 머신러닝은 학업성취도 예측, 졸업여부뿐만 아니라 재범위험성 예측이나 핫스팟(범죄다발지역) 예측, 범죄 패턴 분석 등 범죄예측 분야에 주로 사용되고 있다(Jenga et al., 2023; Shah et al., 2021). 청소년 일탈이나 범죄예측은 잠재적 피해자를 보호하고 개인의 자유와 재산을 보호할 수 있을 뿐 아니라 사전에 청소년의 일탈이나 범죄를 방지함으로써 교육적 효과를 거두고, 청소년 일탈이나 청소년 범죄 대응에 사용되는 예산을 절감할 수 있다는 점에서 그 중요성이 매우 크다고 할 수 있다(Shah et al., 2021). 이에 많은 학자들은 머신러닝을 활용하여 보다 정확한 학업성취도 예측 및 청소년 일탈, 범죄예측을 수행하기 위한 시도를 계속하고 있다. 먼저 학생 중퇴율 문제를 해결하기 위해 전통적인 통계 기법과 기계 학습 알고리즘을 모두 적용한 교육 분야의 사례 연구를 고려해 볼 수 있다. 목표는 어떤 학생이 중도 탈락할 위험이 있는지 예측하고 이러한 위험에 기여하는 요인을 이해하는 것이다.

사례 1 대학생 중도 탈락률 예측

현재 국내 대학은 학생 중퇴율이 증가하는 것을 우려하고 있다. 대학에서는 중도탈락 위험에 처한 학생들을 조기에 식별하여 적시에 지원과 개입을 제공하기를 원한다. 인구통계 정보, 학업 성취도, 학습관리 시스템의 참여 지표, 학생 복지에 관한 설문 조사 응답을 포함하는 데이터 세트를 수집한다.

1) 전통적인 통계적 접근 방식

첫째, 데이터 분석 및 가설 테스트: 연구자들은 낮은 성적, 낮은 학습활동 참여도, 부정적인 웰빙 지표 등의 요인이 높은 중퇴율과 관련이 있다는 가설로 시작한다. 기술통계는 데이터를 요약하는 데 사용되며, 추리통계(예: 로지스틱 회귀)는 가설 검증에 사용한다.

둘째, 모델링: 가정된 요인을 기반으로 탈락 가능성을 예측하기 위해 로지스틱 회귀 모델을 적용한다. 모델은 각 요인에 대한 계수를 제공하여 탈락 가능성과의 관계의 강도와 방향을 제공한다.

셋째, 해석: 로지스틱 회귀분석 결과는 회귀계수의 기울기, p 값과 신뢰 구간을 해석한다. 학습활동 참여 계수가 음수이고 유의미하다면 학습활동 참여도가 높을수록 중퇴 위험이 낮아진다는 의미이다. 모델의 전반적인 예측 정확도가 평가되지만, 주요 초점은 독립변수 요인과 탈락 위험 간의 관계를 이해하는 것이다.

2) 머신러닝 접근 방식

첫째, 기능 엔지니어링(feature engineering)[3] 및 모델 선택: 데이터는 사전 처리되고 기능 엔지니어링이 수행되어 상호 작용에 대한 분석이 쉽다. 선형관계뿐만 아니라 비선형 변환을 포함한 포괄적인 잠재적 예측 변수 세트를 생성할 수 있다. 다양한 기계 학습 모델(예: 의사결정 트리, 랜덤 포레스트, 그래디언트 부스팅 머신)이 고려된다.

둘째, 모델 학습 및 검증: 모델은 데이터의 일부를 학습하고 별도의 검증 세트 또는 교차 검증을 통해 성능을 검증한다. 모델 평가에는 정확도, 정밀도, 재현율, AUC-ROC 등의 성능 지표가 사용된다.

셋째, 모델 해석 및 적용: 검증 결과를 바탕으로 가장 성능이 좋은 모델이 선정된다. 기능 중요도 점수는 다양한 예측 변수의 상대적 중요성을 이해하기 위해 분석한다. 모델은 위험에 처한 학생을 예측하는 데 사용되며, 예측은 개입 대상을 지정하는 데 사용된다. 모델이 뛰어난 예측 성능을 제공할 수 있지만 예측 변수와 결과 간의 관계 해석은 기존 통계 모델보다 더 복잡한 경우가 많다.

넷째, 비교 및 통찰력: 전통적인 통계 접근 방식은 중도탈락률에 영향을 미치는 요인에 대한 명확한 통찰력을 제공하며 근본적인 원인을 이해하는 데 유용하다. 머신러닝 알고리즘 적용은 잠재적으로 예측이 더 정확하지만 통계분석과 유사한 수준의 해석 가능성을 제공하지 않을 수 있다(사용된 알고리즘에 따라 다름).

다섯째, 예측 성능: 기계 학습 알고리즘, 특히 앙상블 방법은 복잡한 비선형 관계 및 상호 작용을 모델링하는 기능으로 인해 예측 정확도 측면에서 로지스틱 회귀 모델보다 성능이 뛰어날 가능성이 높다.

여섯째, 실행 가능성: 통계분석과 머신러닝 알고리즘 모두 실행 가능한 통찰력을 제공하지만 그 방식은 서로 다르다. 전통적인 통계는 해결될 수 있는 중요한 요소를 강조하는 반면, 기계 학습은 위험에 처한 특정 학생을 식별하여 표적화된 개입이 가능하다.

---

3) 특성 엔지니어링(Feature Engineering)이란, 원시 데이터(raw data)를 머신러닝 알고리즘이나 모델에 적용하기 쉽도록 변환하거나 새로운 특성을 만들어내는 과정을 의미이다.

사례 2 학생 학업 성취도 예측

중고등학교에서는 기초학력 미달 등 학업 성적이 저조할 위험이 있는 학생을 사전에 식별하는 것을 목표로 한다. 학교는 학생의 인구통계학적 정보, 출석 기록, 성적, 표준화된 시험 결과로 구성된 데이터세트를 수집한다. 목표는 이 데이터를 분석하여 학업 성취도를 예측함으로써 기초학력 미달을 방지하기 위해 추가 지원이 필요한 학생들을 위한 조기 개입을 가능하게 하는 것이다.

1) 전통적인 통계적 접근 방식

첫째, 탐색적 데이터 분석 및 가설 수립: 초기 분석에는 기술통계를 활용하여 데이터를 요약하고 변수 간의 관계를 시각화하는 작업이 포함된다. 교사 및 연구자들은 선행연구분석을 통해 출석률, 이전 성적, 사회경제적 지위와 같은 요인이 학생의 성적에 큰 영향을 미친다고 가정한다.

둘째, 모델 개발: 학생의 성적을 종속변수로, 가정된 요인 SES(사회경제적 수준), 성별, 전학기 성적 등을 독립변수로 처리하여 다중선형회귀모형을 구축한다. 이 모델은 다른 변수를 일정하게 유지하면서 각 요소의 단위 변화에 대해 예상되는 성과 변화를 나타내는 계수를 제공하여 각 요소와 성과 간의 관계를 정량화하는 것을 목표로 한다.

셋째, 모델 평가 및 해석: 모델의 적합도는 R-제곱 및 수정된 R-제곱과 같은 측정항목을 사용하여 평가한다. 각 예측 변수의 유의성은 효과크기, 효과크기에 대한 p 값과 신뢰 구간을 기반으로 평가한다. 이 모델은 어떤 요인이 학업 성취도에 대한 통계적으로 유의미한 예측 변수인지에 대한 통찰력을 제공한다.

2) 머신러닝 접근 방식

첫째, 데이터 전처리 및 기능 엔지니어링: 데이터 세트는 결측치를 처리하고, 범주형 변수를 인코딩하고, 수치 특성을 정규화 또는 표준화하기 위해 전처리를 거친다. 복잡한 관계를 포착하기 위해 상호 작용 용어 또는 다항식 특성을 생성하기 위해 특성 엔지니어링을 수행한다.

둘째, 모델 선택 및 훈련: 다양한 기계 학습 모델(예: Random Forest, Gradient Boosting, Support Vector Machines)은 비선형성 및 상호 작용 효과를 처리하는 능력을 기반으로 선택한다. 모델은 하이퍼파라미터를 최적화하고 과적합을 완화하기 위해 교차 검증을 사용하여 데이터의 하위 집합에 대해 학습된다.

셋째, 모델 평가 및 적용: 모델은 평균 제곱 오차(MSE) 또는 평균 절대 오차(MAE)와 같은 측정항목을 사용하여 예측 정확도를 기반으로 평가한다. 학생의 성적을 예측하기 위해 가장 성과가 좋은 모델이 선택된다. 모델의 기능 중요도 측정은 어떤 요인이 학업 성적을 가장 강력하게 예측하는지에 대한 통찰력을 제공한다.

넷째, 비교 및 통찰력: 기존 통계 모델은 명확한 해석 가능성을 제공하므로 학업 성과에 대한 각 예측 변수의 영향을 더 쉽게 이해할 수 있다. 기계 학습 모델, 특히 더 복잡한 모델은 더 높은 예측 정확도를 제공할 수 있지만 해석 가능성은 낮아진다.

다섯째, 모델 복잡성 및 가정: 기존 통계 방법은 데이터 분포 및 관계(예: 선형성)에 대한 가정에 의존하는 경우가 많다. 기계 학습 방법은 엄격한 가정 없이 더 복잡하고 비선형적인 관계를 포착할 수 있지만 효과적으로 수행하려면 더 큰 데이터 세트가 필요하다.

여섯째, 실행 가능한 통찰력: 두 접근 방식 모두 실행 가능한 통찰력을 제공한다. 전통적인 통계는 성과에 영향을 미치는 중요한 요소를 강조함으로써 정책결정 및 의사결정을 돕는다. 기계 학습은 위험에 처한 학생을 보다 정확하게 식별하여 표적화된 개입을 허용하지만 예측에 기여하는 기본 요소를 이해하려면 추가 분석이 필요할 수 있다.

이 사례 연구에서 전통적인 통계 기술과 기계 학습 알고리즘 사이의 선택은 분석의 특정 목표(이해 대 예측), 데이터의 성격, 분석 및 개입에 사용할 수 있는 리소스에 따라 달라진다. 두 접근 방식 모두 데이터 기반 의사결정을 통해 학생 성과를 향상시키려는 의사결정에 도움을 준다.

6. 교육 분야 머신러닝, 전통적 통계분석 적용 시 주의할 점

1) 데이터 개인정보 보호 및 보안

교육 데이터 수집 및 분석에는 민감한 정보가 포함되는 경우가 많다. 데이터 침해, 데이터 오용, 학생 개인정보 침해와 관련된 상당한 위험이 있다. 엄격한 데이터 개인 정보 보호 규정(예: 유럽의 GDPR[4], 미국의 FERPA[5])을 준수하고 데이터가 익명화되도록 보장하며 데이터를 보호하기 위한 강력한 보안 조치를 구현해야 한다.

2) 편견과 공정성

기계 학습 모델과 기존 통계 방법 모두 데이터에 존재하는 기존 편견을 영속시켜 불공정하거나 차별적인 결과를 초래할 수 있다. 연구자는 편견을 식별하고 완화하기 위해 모델을 엄격하게 테스트하고 개선해야 한다. 알고리즘이 공정하고 특정 학생 그룹에 불이익을 주지 않도록 하는 것이 중요하다. 보통 교육 분야 측정모형에서는 특정 인종이나 집단에 대한 차별문항기능(differential item functioning) 여부를 검토하고 있다.

---

4) 유럽의 GDPR(General Data Protection Regulation)은 2018년에 시행된 개인정보 보호법. GDPR은 유럽연합(EU) 및 유럽경제지역(European Economic Area, EEA) 내에서 개인 데이터의 수집, 보관, 처리 및 전송에 관한 규정을 통합하고 강화

5) 미국의 FERPA(Family Educational Rights and Privacy Act)는 1974년에 제정된 법률로, 학생들의 교육기록과 개인정보를 보호하는 목적으로 만들어짐

3) 해석 가능성 및 설명 가능성

많은 고급 기계 학습 모델은 "블랙박스"로 간주되어 특정 예측이나 결정에 어떻게 도달하는지 이해하기 어렵다. 예측력과 해석 가능성의 균형을 맞추는 것이 중요하다. 연구자들은 정확하고 해석 가능한 모델을 개발하는 것을 목표로 삼거나 LIME[6] 또는 SHAP[7]와 같은 기술을 사용하여 복잡한 모델 예측을 설명해야 한다.

4) 일반화 가능성 및 이전 가능성

한 교육환경에서 개발된 모델은 인구통계, 교육 시스템, 문화적 요인의 차이로 인해 다른 환경에서는 제대로 작동하지 않을 수 있다. 연구자는 한 맥락에서 다른 맥락으로 결과를 일반화할 때 주의해야 한다. 모델이 다양한 환경에서 적용 가능하고 효과적인지 확인하려면 철저한 검증과 조정이 필요하다.

5) AI와 자동화의 윤리적인 사용

교육에 AI를 사용하면 인간 교사를 대체할 가능성, 교육을 정량화할 수 있는 지표로 축소, 학습의 사회적, 정서적 측면을 무시하는 등 윤리적 우려가 제기된다. 인간 교사를 대체하기보다는 증강을 강조하고, 학습 경험을 지원 및 향상하기 위해 자동화된 시스템을 사용하고, 교육의 전체적인 성격을 존중해야 한다.

6) 기술에 대한 의존성

학생, 교사, 학교가 AI 및 기계 학습 시스템에 의존하게 되어 잠재적으로 비

---

6) LIME(Local Interpretable Model-agnostic Explanations)는 머신러닝 모델의 예측을 해석 가능한 방식으로 설명하는 데 사용되는 도구이다.

7) SHAP(Shapley Additive Explanations)는 머신러닝 모델의 예측을 해석하는 데 사용되는 도구이다. SHAP는 Shapley 값의 개념을 기반으로 하여 각 특성(feature)이 모델의 예측에 얼마나 기여하는지를 설명한다.

판적 사고 및 문제 해결 능력이 상실되는 기술에 대한 과도한 의존의 위험이 있다. 기술은 기본적인 교육 및 학습 과정을 대체하는 것이 아니라 교육을 지원하고 강화하는 도구로 사용해야 한다. 균형을 유지하고 교육의 인간적 측면이 보존되도록 하는 것이 중요하다.

7) 다양한 분야의 전문성이 필요

기계 학습, 통계, 교육 이론에 대한 깊은 이해가 필요하며, 이는 이러한 모든 분야에 정통하지 않은 전문가에게는 장벽이 될 수 있다. 여러 분야 간의 협업이 필수적이다. 개발된 솔루션이 포괄적이고 효과적이며 윤리적으로 건전하도록 보장하기 위해 이러한 분야의 교차점에서 작업하는 팀에는 기계 학습, 통계, 교육, 윤리 및 기타 관련 분야의 전문가가 포함되어야 한다.

7. 머신러닝, 통계분석, 교육이 교차하는 분야에서 교육 분야 데이터 과학자로 성장하기 위한 공부방법

머신러닝, 전통적인 통계, 교육이 교차하는 분야에서 데이터 과학자로 성장하려면 이러한 각 영역에서 견고한 기반을 구축한 다음 이를 효과적으로 통합하는 방법을 배우는 것이 필수적이다. 학제간 분야에서 성장을 위한 체계적인 학습 순서는 다음과 같다.

1) 기본 지식

첫째, 통계 및 확률: 평균, 중앙값, 모드, 분산, 표준편차와 같은 기본 개념을 이해한다. 확률 분포, 가설 검정, 신뢰 구간 및 통계적 유의성에 대해 학습한다.

둘째 교육 이론 및 원리: 교육학 이론, 학습 모델, 교육 심리학에 대해 학습하고, 현대 교육 시스템의 목표, 과제 및 역할을 이해한다.

2) 소프트웨어 기술

첫째, 프로그래밍(Python/R): Python 또는 R과 같이 데이터 과학에서 일반적으로 사용되는 프로그래밍 언어를 학습한다. Pandas, NumPy(Python) 또는 dplyr, ggplot2(R)와 같은 라이브러리를 사용하여 데이터를 조작하고 분석하는 방법을 이해하고 실습한다.

둘째, 데이터 처리 및 시각화: 데이터 전처리 방법(결측값 처리, 데이터 정리 및 변환)을 이해한다. 데이터를 효과적으로 탐색하고 표현하기 위한 마스터 데이터 시각화 도구 및 기술을 학습한다.

셋째, 머신러닝 기초: 지도학습과 비지도학습의 기본 알고리즘을 이해한다. 모델 평가 및 검증 기술을 학습한다.

넷째, 교육 응용통계: 가설 검증, 학습 성과 측정, 실험 데이터 분석을 위해 교육 연구에 통계적 방법을 적용하는 방법을 학습한다.

3) 기계 학습 및 데이터 과학의 고급 주제

첫째, 고급 기계 학습: 신경망, 앙상블 방법, 서포트 벡터 머신과 같은 복잡한 알고리즘에 대해 이해한다. 교육 데이터와 관련된 경우 자연어 처리 및 컴퓨터 비전과 같은 주제를 학습한다.

둘째, 빅데이터 기술: 대규모 교육 데이터를 다루는 경우 Hadoop[8], Spark 및 해당 생태계와 같은 빅데이터 프레임워크 및 기술에 대해 이해한다.

셋째, 윤리 및 데이터 개인정보 보호: 교육 데이터를 중심으로 데이터 개인정보 보호와 관련된 윤리적 고려 사항 및 법적 틀을 연구한다.

넷째, 해서 가능한 기계 학습: 기계 학습 모델을 해석 가능하고 설명 가능하게 만드는 기술을 연구한다.

8) Hadoop은 대규모 데이터를 분산 처리하는 데 사용되는 오픈 소스 분산 컴퓨팅 프레임워크이다. Hadoop은 아파치 소프트웨어 재단에서 개발, 대용량의 데이터를 효율적으로 처리하고 저장하기 위한 목적으로 설계됨.

4) 통합과 전문화

첫째, 교육 전용 머신러닝 애플리케이션: 적응형 학습 시스템, 학생 성과 예측 분석, 자동채점 시스템 등 교육에 기계 학습이 구체적으로 어떻게 적용되는지 학습한다.

둘째, 프로젝트 기반 학습: 데이터 과학, 머신러닝, 교육 이론을 결합한 실습 프로젝트에 참여하여 교육 부문의 실제 문제를 해결하는 방법을 이해한다.

셋째, 지속적인 학습: 최신 연구 소식을 받아보고, 워크숍에 참석하고, 포럼, 컨퍼런스, 온라인 플랫폼을 통해 커뮤니티와 소통한다.

5) 소프트 스킬 및 커뮤니케이션

첫째, 협업 기술: 교육자, 관리자 및 정책 입안자의 관점을 이해하고 존중하면서 학제간 팀에서 효과적으로 일하는 방법을 학습한다.

둘째, 효과적인 의사소통: 명확하고 설득력 있는 설명과 시각화를 통해 복잡한 기술적 결과를 교육 분야의 비기술적 이해관계자에게 전달하는 능력을 개발한다. 머신러닝, 전통적인 통계, 교육의 교차점에서 데이터 과학자가 되는 것은 지속적인 학습과 통합의 여정이다. 기술적 역량과 교육적 맥락에 대한 이해 및 윤리적 고려 사항의 균형을 맞추면 진화하는 이 분야에 의미 있는 기여를 할 수 있게 될 것이다.

8. 머신러닝을 활용한 국내외 연구

1) 국내 선행연구 결과

국내 교육학 분야에서 머신러닝을 활용한 연구들을 살펴본 결과, 국내 연구의 경우에도 국외 연구와 마찬가지로 먼저 설명 중심의 통계모형과 예측 중심의 기계학습을 방법론적으로 비교한 연구(구소희 등 2020), 증거정책에서의 빅데이터에 관한 연구(김선영, 2020), 대학생들의 중도탈락 예측(김현규, 2023; 문명현, 김길재, 2023; 문지영, 조명근; 2023; 정제영, 선미숙, 정민지, 2015), 진로 예측, 학습부진 및 학업성취도 예측(박미현, 허균, 2021; 박소영, 정혜원, 2020; 이정은, 김다솜, 조일현, 2020; 이현우, 이종문, 차윤미, 2021; 정혜원, 김아름, 백예은, 2021; 조헌국; 2018), 범죄예측(범죄 발생 위험 장소 예측, 범죄 관련 위험요인 예측 등)을 위해 머신러닝 기법을 사용하는 경우가 많았다. 구체적으로는 금융범죄 예방과 관련하여 머신러닝 기법을 적용하거나(이승용, 이주락, 2020; 최병호, 조남욱, 2022; 황석진, 2022), 머신러닝 기법을 활용해 재범위험성(정용찬 외, 2021)이나 청소년의 온라인 비행요인(이택호 외, 2023)을 예측하는 요인들을 분석하는 연구가 수행되었다. 또한 성범죄나 다크웹상 범죄와 같은 특정 범죄 유형의 수사에 머신러닝 기법의 적용 가능성을 탐색하는 연구도 수행된 바 있다(박웅신, 2023; 윤현식 외, 2020). 이 밖에도 시·공간 데이터 등을 활용하여 여러 머신러닝 기법을 통한 범죄예측 모델을 구축하고 이들 간 성능을 비교하는 연구도 수행되었으며 해당 연구에서는 랜덤포레스트 기법이 가장 좋은 성능을 보이는 것으로 확인되었다(김동영·정성원, 2021; 허선영 외, 2018).

기존 연구들을 종합해 본 결과 국내 연구에서 사용된 머신러닝 기법은 주로 의사결정나무나 인공신경망, 서포트벡터머신, 랜덤포레스트, k-최근접이웃 등으로, 현재 지도학습 기법이 범죄 관련 연구에 활발히 적용되고 있음을 파악할 수 있었다. 이와 함께 다수의 연구에서 머신러닝 분석을 위한 데이터가 연구자들에게 공개되지 않거나, 학습을 위한 다양한 정보를 포함하고 있는 양질의 데이터가 부족하다는 점이 반복적으로 지적되고 있는 점을 통해 볼 때, 머신러닝 기법을 활용한 교육학 연구의 활성화를 위해서는 이러한 데이터 관련 문제가 우선적으로 해결되어야 함이 확인되었다.

2) 외국 선행연구 결과

머신러닝을 활용한 범죄예측 연구들에 대해 분석한 Shah와 동료들의 연구(2021)에 따르면, 범죄예측에는 회귀, 의사결정나무, 앙상블 모델, k-최근접이웃, 랜덤 포레스트, 서포트벡터머신, 심층신경망(DNN), 나이브베이즈 등 매우 다양한 머신러닝 기법들이 폭넓게 활용되고 있는 것으로 나타났다(Shah et al., 2021).

또한 기존 연구들을 살펴보면 단일한 머신러닝 기법을 적용해 범죄를 예측하는 연구들도 있지만, 범죄예측의 정확도를 더욱 향상시키기 위해 여러 머신러닝 기법을 함께 적용해 범죄예측을 수행한 뒤 그 결과를 비교하여 가장 높은 예측 정확도를 보이는 기법을 제시하는 방식으로 수행된 연구도 상당히 많은 것으로 나타났다(Jenga et al., 2023; Shah et al., 2021).

2010년부터 2022년까지 머신러닝을 활용한 범죄예측 관련 연구에 관한 체계적 문헌고찰을 수행한 Jenga와 동료들(2023)의 연구에 따르면 범죄예측을 위한 머신러닝 알고리즘 구현을 위해 사용된 자료는 실제 범죄 기록이나 교통 데이터, 위치 데이터, 시각(CCTV) 데이터, 텍스트 데이터(소셜 미디어 플랫폼, 신문 등) 등으로, 이러한 데이터에서 범죄 유형, 날짜, 위치/지리정보, 범죄자/피해자 관련 변수 등이 머신러닝 분석을 위해 활용된 대표적인 특징(feature)인 것으로 나타났다(Jenga et al., 2023). 전체 분석대상 연구의 절반 이상이 지도학습 유형의 머신러닝 알고리즘을 사용하였고 구체적인 알고리즘으로는 인공신경망, 랜덤포레스트, kNN 알고리즘이 가장 많이 사용된 것으로 나타났다(Jenga et al., 2023). 이때 모델 간 성능을 비교하기 위해 활용된 평가 지표로는 정확도(accuracy), 평균제곱근오차(RMSE), 평균제곱오차(MSE), 평균절대오차(MAE), 정밀도(precision), 재현율(recall), F1 점수, AUC 등인 것으로 확인되었다(Jenga et al., 2023). 이와 함께 머신러닝을 활용한 범죄예측 분석에서 겪게 되는 한계나 문제점으로는 ① 데이터 수집, ② 데이터 저장 및 보안, ③ 데이터 전처리, ④ 성능 문제인 것으로 확인되었다(Jenga et al., 2023).

그밖에 머신러닝을 활용한 빅데이터 분석과 방법론에 대한 연구들이 있다(Cho, 2023; Choi, 2027; 서혜선, 2021; 유진은, 2016; 윤혜경, 최승배, 김태영, 2022; 한신갑, 2015).

마지막으로 기존 연구들에서 제시된 후속 연구에 관한 제언을 종합한 결과, 설명 가능한 인공지능(explainable artificial intelligence, XAI) 모델 또는 해석 가능한 머신러닝(interpretable machine learning) 모델의 개발, 준지도학습/비지도학습 기반 범죄예측 모델 개발, 모델 성능의 향상을 위한 새로운 딥러닝 모델 사용, 범죄예측을 위한 오픈소스 도구 개발, 국가 간 범죄예측 모델 분석을 통한 모델 간 공통점 분석 등이 향후 머신러닝을 활용한 범죄예측 분석 관련 연구에서 이루어져야 하는 연구의 방향으로 확인되었다(Jenga et al., 2023).

교육연구에서 전통적인 통계분석 기법의 설명 중심 전략에서는 연구자가 선행연구를 중심으로 파악한 이론을 바탕으로 연역적인 가설을 먼저 설정한다. 그리고 가설을 검증하기 위해 종속변수 혹은 결과변수를 타당하게 설명할 수 있는 독립변수 혹은 예측변수를 선택하게 된다. 따라서 투입한 독립변수들이 종속변수 혹은 결과변수에 미치는 영향력을 비교할 수 있다. 하지만, 표본의 사례수가 너무 커지는 경우 검증력(power)이 커져서 전체적인 예측력이 낮아질 수 있는 문제점 혹은 특징을 가지고 있다. 반면에 머신러닝 알고리즘의 예측 중심 전략은 전통적인 통계분석과 달리 빅데이터에서 수천 개의 독립변수 혹은 예측변수를 활용할 수 있다는 장점이 있다. 따라서 전통적인 통계분석에서 이론 중심으로 논의하는 변수 이외에 예측 중심 전략이기 때문에 그동안 간과해 왔던 중요한 변수를 찾아내는 데 효율적인 분석방법이다. 다만 귀납적인 분석결과에 의한 접근법이고, 데이터에 의해 학습하는 특징을 가지고 있어서 이론적인 설명이나 해석이 어렵다(유진은, 2015). 학업성취도의 예측이나 청소년 일탈행위, 범죄행위 등을 예측하고 교육적 처방을 위한 의사결정을 위해서는 연구목적, 데이터의 충분성 등을 고려하여야 할 것이다. 전통적인 통계분석과 머신러닝 알고리즘을 통한 교육데이터 사이언스에 대한 학습과 교육이 필요한 시점이다.

참고문헌

구소희, 맹세호, 박수진, 조영일(2021). 설명중심의 통계모형과 예측중심의 기계학습의 비교. 인문사회 21, 12(2), 245-260.

김동영, 정성원(2021). 시 · 공간 데이터를 활용한 머신러닝 기반 범죄예측모형 비교. 대한건축학회논문집, 37(1), 135-143.

김선영(2020). 증거기반 정책에서의 빅데이터에 관한 연구. 한국정책학회보, 29(1), 69-91.

김의중(2023). 알고리즘으로 배우는 인공지능, 머신러닝, 딥러닝. 경기: 미리어드스페이스.

김현규(2023). 대학생들의 중도 탈락 예측을 위한 신경망과 그레디언트 부스팅 머신의 성능 비교. 한국컴퓨터정보학회논문지, 28(8), 49-58.

문명현, 김길재(2023). 머신러닝을 활용한 4 년제 대학 중도탈락률 예측요인 탐색. 교육재정경제연구, 32(2), 57-77.

문지영, 조명근(2023). 대학생 학업 중단 예방을 위한 기계학습 기반 모형 탐색. 교육평가연구, 36(2), 289-313.

박미현, 허균(2021). 머신러닝 분류기법을 적용한 중학생의 학습 부진 예측모형 개발연구: 대구교육종단자료를 중심으로. 교육공학연구, 37(3), 627-648.

박소영, 정혜원(2020). 중학생의 진로 결정 예측변수 탐색: 머신러닝 기법 적용. 아시아교육연구, 21(3), 727-753.

박웅신(2023). 다크웹상 범죄정보 자동 수집 · 분석 플랫폼 도입의 고려사항 연구. 형사정책, 35(3), 297-327.

백천현, 정용주, 김영진(2023). 머신러닝 입문 개념과 연습. 서울: 비앤엠북스.

서혜선(2021). 선형모형의 선택에 관한 통계적 기계학습: 변수선택법의 비교연구. Journal of The Korean Data Analysis Society, 23(6), 2643-2653.

유진은(2016). 데이터 마이닝 기법을 통한 교육 패널데이터 분석: 벌점회귀모형과 KYPS 자료. 아시아교육연구, 17(3), 1-19.

윤혜경, 최승배, 김태영(2022). 딥러닝 모형을 활용한 교육 빅데이터 분석 논의. Journal of The Korean Data Analysis Society, 24(3), 1149-1157.

윤현식, 윤영호, 박현재(2020). 머신러닝을 통한 SNS 상의 성매매 알선 홍보 글 탐지의 효율성 제고방안 연구. 한국지역정보화학회지, 23(3), 43-65.

이승용, 이주락(2020). 빅데이터와 FDS를 활용한 보이스피싱 피해 예측 방법 연구. 시큐리티 연구, 62, 185-203.

이정은, 김다솜, 조일현(2020). 동영상 기반 학습환경에서 머신러닝을 활용한 행동로그의 학업성취 예측 모형 탐색. 컴퓨터교육학회 논문지, 23(2), 53-64.

이택호, 서연정, 박지수, 윤웅장, 한윤선(2023). 랜덤포레스트 기반 온라인 비행 주요 예측변인 탐색 -보호관찰 청소년 및 일반청소년을 대상으로-. 청소년학연구, 30(3), 255-290.

이현우, 이종문, 차윤미(2021). 머신러닝 기반의 학업성취 예측 모형 탐색: 대학의 오프라인 수업을 중심으로. 교육방법연구, 33(1), 29-46.

정용찬, 서혜란, 박지혜, 이수정(2021). PCL-R의 재범예측요인에 관한 연구: 의사결정나무 분석과 랜덤포레스트 기법을 중심으로. 한국경찰연구, 20(2), 163-190.

정제영, 선미숙, 정민지(2015). 대학생의 중도탈락에 영향을 미치는 대학수준 요인 분석. 아시아교육연구, 16(4), 57-76.

정혜원, 김아름, 백예은(2021). 국가수준 학업성취도 평가 결과에 기반한 고등학생의 학업성취도 예측 변인 탐색. 중등교육연구, 69(4), 493-526.

조헌국(2018). 머신 러닝을 활용한 이러닝 학습환경에서의 학습자 성취 예측 모형 탐색. 학습자중심교과교육연구, 18(21), 553-572.

천인국(2023). 인공지능 파이썬으로 배우는 머신러닝과 딥러닝(2판). 경기: 인피니티북스.

최병호, 조남욱(2022). 머신러닝을 이용한 선불전자지급수단의 이상금융거래 탐지 연구. 한국전자거래학회지, 27(2), 65-77.

한신갑(2015). 빅데이터와 사회과학하기: 자료기반의 변화와 분석전략의 재구상. 한국사회학, 49(2), 161-192.

허선영, 김주영, 문태헌(2018). 머신러닝기반 범죄발생 위험지역 예측. 한국지리정보연구학회지, 21(4), 64-80.

황석진(2022). AI를 활용한 FDS(사기거래탐지시스템)의 연구. 시큐리티 연구, 71, 189-212.

Burkov, A. (2019). 수식과 간결한 설명을 바탕으로 하는 핵심 머신러닝. 남기혁 · 이용진 · 윤여찬 옮김. 서울: 에이콘출판.

Cho, M.-H. (2023). Comparison of Prediction Accuracy Between Regression Analysis and Deep Learning, and Empirical Analysis of The Importance of Techniques for Optimizing Deep Learning Models. *The Journal of the Korea institute of electronic communication sciences*, *18*(2), 299-304.

Choi, D.-S. (2017). Problems of big data analysis education and their solutions.

Journal of the Korea Convergence Society, *8*(12), 265-274.

Glassner, A. (2021). 그림으로 배우는 딥러닝. 김창엽 · 소재현 옮김. 서울: 에이콘출판.

Grendas, L. N., Chiapella, L., Rodante, D. E., & Daray, F. M. (2022). Comparison of traditional model-based statistical methods with machine learning for the prediction of suicide behaviour. *Journal of psychiatric research*, *145*, 85-91.

Jenga, K., Catal, C., & Kar, G. (2023). Machine learning in crime prediction. *Journal of Ambient Intelligence and Humanized Computing*, *14*(3), 2887-2913.

Hull, J. C. (2021). 존 헐의 비즈니스 금융 머신러닝: 데이터사이언스 세계로의 초대. 이기홍 옮김. 서울: 에이콘출판.

Murphy, K. P. (2012). 머신러닝. 노영찬 옮김. 서울: 에이콘출판.

Sarker, I. H. (2021). Machine learning: Algorithms, real-world applications and research directions. *SN computer science*, *2*(3), 160.

Shah, N., Bhagat, N., & Shah, M. (2021). Crime forecasting: a machine learning and computer vision approach to crime prediction and prevention. *Visual Computing for Industry, Biomedicine, and Art*, *4*, 1-14.

나가는 말

인공지능의 비약적인 발전은 학교교육의 내용이나 형식의 지엽적인 변화 차원이 아니라, 학교교육의 목적, 인재상, 지식관, 그리고 교수학습의 패러다임 자체를 근본적으로 변화시키고 있다. 이 책은 이를 'AI 기반 융합교육'이라는 제목 아래 'AI 기반 학습의 원리,' '디지털 기반 학습환경과 학습심리,' '컴퓨팅 사고력 함양을 위한 교수학습 설계', '생성형 인공지능을 활용한 교수학습법,' 그리고 '학업성취도 예측을 위한 빅데이터 활용' 등의 주제를 통해 깊이 있게 다루었다.

미래 사회는 인공지능의 발전과 빅데이터 시대의 등장에 힘입어 학습과 소통의 방식이 크게 변화될 것이며, 그에 따라 미래의 인재상과 학교교육의 역할도 크게 변할 것이다. 분절적 지식이나 관념적 지식은 점점 효용성을 잃게 되고, 다양한 지식을 실천적으로 연결하고 보다 창의적 및 비판적으로 사고하며, 기술적 도구를 효과적으로 활용할 줄 아는 인재가 미래사회를 주도하게 될 것이다.

이 책이 강조하는 '디지털 기반 미래 학습'은 학습환경과 매체의 변화, 학습의 목표나 수단의 변화, 인간과 기술적 도구들의 상호의존성에 기반한 새로운 학습의 비전을 바탕으로 하고 있다. 구체적인 예로, 비판적 미디어(디지털) 리터러시, 컴퓨팅 사고력, 생성형 인공지능 활용 학습 등이 그러한 새로운 학습의 목표나 방향성이 어떠한 것인지 잘 보여준다.

이 책에서 다룬 'AI 기반 융합교육'의 필요성과 실현가능성은 미래의 교사와 학습자들에게 새로운 비전을 제시하며, 기존의 학교교육에 근본적인 변화를 요구하고 있다. 사실 이러한 변화는 이미 가정과 사회에서 시작되고 있으며, 학교교육을 통해 제도화되고 정착되는 것에 약간의 시간이 필요할 뿐이다. 이 책에서 소개되고 논의된 이론적, 실천적 통찰들이 AI 융합교육의 안정적인 정착에 작은 도움이 되기를 기대한다.

저자 소개

대표저자: 박휴용

위스콘신대(University of Wisconsin-Madison), 교육과정 및 수업(Curriculum and Instruction) 전공, 박사(Ph.D.) 2008년

현 전북대학교 교육학과 교수, 전북대학교 교육문제연구소장

〈주요 저서〉

다문화교육론(2016, 동문사)

포스트휴머니즘과 교육의 미래(2019, 전북대학교출판문화원)

4차산업혁명과 인공지능시대의 포스트휴먼학습론(2021, 전북대학교출판문화원)

인공지능기반교육의 원리와 실제(2023, 양서원)

신인수

플로리다주립대(Florida State University), 측정 및 통계(Measurement and Statistics) 전공, 박사(Ph.D.) 2009년

현 동국대학교 교육대학원 교수

임선아

캘리포니아대(University of California, Santa Barbara), 교수학습(Teaching & Learning) 전공, 박사(Ph.D.) 2010년

현 전북대학교 교육학과 교수

〈주요 저서〉

행동수정(Garry Martin & Joseph Pear 공저)(공역, 2012, 학지사)

성취동기: 교수-학습에서 성취력을 높이기 위한 방안(M. Kay Alderman 저)(공역, 2015, 학지사)

교육심리학(공저, 2022, 도서출판 신정)

임다미

플로리다주립대(Florida State University), 교육공학(Instructional Systems) 전공, 박사(Ph.D.) 2012년

현 국립공주대학교 교육학과 부교수

〈주요 저서〉

인공지능학습(Donald Clark 저)(공역, 2022, 박영story)

문정미

미주리주립대(University of Missouri-Columbia), 교육정책(Educational Policy) 전공, 박사(Ph.D.) 2021년

현 전북대학교 SSK 디지털 기반 교수학습 연구단 전임연구원

AI 기반 융합교육의
이론과 실천

초판 1쇄 인쇄 / 2024년 3월 20일
초판 1쇄 발행 / 2024년 3월 25일

•

공저자 / 박휴용 · 신인수 · 임선아
임다미 · 문정미
발행인 / 이 중 수
발행처 / **동 문 사**

•

서울특별시 서대문구 홍제원 1길 12
(홍제동 137-8)
Tel: 02)736-3718(대), 736-3710, 3720
Fax: 02)736-3719
등록번호: 1974.04.27. 제9-17호
가격: 20,000원

•

ISBN: 979-11-6328-584-7 (93370)
E-mail: dong736@naver.com
www.dongmunsa.com